BIODIVERSITÄT

Artenvielfalt fotografiert und erzählt von
Hanspeter Latour

WEBERVERLAG.CH

Biodiversität
Artenvielfalt fotografiert und erzählt von
Hanspeter Latour

Impressum

Alle Angaben in diesem Buch wurden vom Autor nach bestem Wissen und Gewissen erstellt und von ihm und dem Verlag mit Sorgfalt geprüft. Inhaltliche Fehler sind dennoch nicht auszuschliessen. Daher erfolgen alle Angaben ohne Gewähr. Weder Autor noch Verlag übernehmen Verantwortung für etwaige Unstimmigkeiten.

Alle Rechte vorbehalten, einschliesslich derjenigen des auszugsweisen Abdrucks und der elektronischen Wiedergabe.

© 2022 Weber Verlag AG, CH-3645 Thun/Gwatt

Fotos und Texte
Hanspeter Latour

Portrait Cover
Thomas Binggeli

Foto Backcover
Thilde Latour

Foto Raffael Aye
zvg

Weber Verlag AG

Gestaltung / Satz
Shana Hirschi

Bildbearbeitung
Adrian Aellig

Lektorat
Samuel Krähenbühl

Korrektorat
Heinz Zürcher

ISBN 978-3-03818-381-5

www.weberverlag.ch

Die Weber Verlag AG wird vom Bundesamt für Kultur mit einem Strukturbeitrag für die Jahre 2021–2024 unterstützt.

INHALTSVERZEICHNIS

Einleitung	**6**
Vorwort	**8**
Januar	**12**
Februar	**46**
März	**76**
April	**110**
Mai	**142**
Juni	**176**
Juli	**208**
August	**242**
September	**274**
Oktober	**308**
November	**342**
Dezember	**374**
Nachwort aus Köln	**408**
Dank	**410**
Autor	**412**

EINLEITUNG Die drei Ebenen der Biodiversität

Das wissenschaftliche Kompetenzzentrum Forum Biodiversität Schweiz SCNAT umschreibt auf seiner Plattform das Wort Biodiversität mit biologischer Vielfalt oder der Vielfalt des Lebens. Tiere, Pflanzen, Pilze und Mikroorganismen gehören dazu, sowie Ökosysteme und eben auch der Mensch. Präzisierend wird noch auf die drei Ebenen Artenvielfalt, genetische Vielfalt und die Vielfalt der Ökosysteme hingewiesen.

Seit meiner Kindheit habe ich mich für die Natur interessiert. Mein Vater war ein grosser Naturfreund und insbesondere ein Kenner der einheimischen Vogelwelt. Bei uns wurde die Vielfalt, Verschiedenheit und Wichtigkeit unserer Pflanzen und Tiere betont. Gegenüber Naturschutzgebieten waren wir sehr respektvoll und wussten, dass sie zum Erhalt gewisser Arten und Lebensräume nötig waren. Das Wort Biodiversität kannte ich damals noch nicht.

Das war vor gut 65 Jahren. Heute beschreiben mehrheitlich wissenschaftliche Ausdrücke den offensichtlich bedenklichen Zustand unserer Natur. Die Experten verstehen immer mehr über die Zusammenhänge. Dafür die Allgemeinheit immer weniger. Tönt hart, aber entspricht meinen Erfahrungen bei Auftritten ausserhalb von Naturschutzorganisationen und entspricht dem Aussehen vieler unserer Gärten und Landschaften.

Meine Beobachtungen, Fotografien und Erzählungen mache ich ohne wissenschaftlichen Hintergrund, dafür hoffentlich für die durchschnittlich naturinteressierte Bevölkerung verständlich und selbst erlebbar. Ich möchte dabei gerne zeigen, wie viel Grossartiges es in unserer Natur noch gibt. Und ich möchte dazu anhalten, diese Vielfalt mit der nötigen Verhältnismässigkeit zu schützen und zu fördern. Das Wort Biodiversität habe ich als Titel gewählt, damit der heute geläufige und sicher passende, aber nicht immer verstandene Begriff hoffentlich für mehr Menschen verständlicher wird. Dabei habe ich 365 Beobachtungen und Geschichten aus dem Fundus der letzten Jahre, unaufgeräumt und nur grob der Jahreszeit entsprechend, zu einem Jahr Biodiversität zusammengestellt.

Unaufgeräumt werden Sie sich fragen. Ja wie oft hörte ich von meiner Mutter: «Chasch de ga schutte, wett d Ufgabe gmacht hesch u ds Zimmer ufgrumt isch.» Kein Wunder, dass aufzuräumen in der Schweiz nicht als Arbeit, sondern als Pflicht gilt. Die Schweiz ist aufgeräumt. Eindrücklich zu erkennen aus der Luft, wenn sie bei guter Sicht über die Schweiz fliegen und die exakt kartierten, aufgeräumten Gärten und Landschaften sehen. Für unsere Gewohnheiten und Lebensformen vielleicht vorteilhaft, aber nachteilig für die Biodiversität. Es fehlt an Ökoflächen und insbesondere an deren natürlichen, unauffälligen, für den Fortbestand vieler Arten unerlässlichen Vernetzungsstrukturen.

Nur in einem unaufgeräumten Buch war es mir möglich, nebst Spektakulärem auch Unscheinbarem eine Buchseite widmen zu können. Ganz im Zeichen der Biodiversität und in Erinnerung an das Vergissmeinnicht. Wikipedia kann entnommen werden, dass sein volkstümlicher Name vermutlich einer deutschen Sage aus dem Mittelalter entstammt, wonach die kleine Pflanze Gott bat, sie nicht zu vergessen. Mittlerweile wurde der Name in zahlreiche andere Sprachen übertragen, womit ich zum Schluss meiner Einleitung belegen kann, dass dem Schutz der Artenvielfalt weltweit eine grosse Bedeutung zukommt.

Herzlich Ihr

Hanspeter Latour

Blauschillernder Feuerfalter auf Vergissmeinnicht.

VORWORT

«Biodiversität – 365 Beobachtungen und Geschichten.» Der Titel könnte nicht passender sein für ein Buch über die Natur. Denn genau das macht die Vielfalt der Natur – oder die Biodiversität, wie sie heute oft genannt wird – aus: Beobachtungen, Geschichten, Emotionen und Geheimnisse. Vor einigen Jahren führte BirdLife eine Kampagne mit dem Titel «Biodiversität – Vielfalt ist Reichtum» durch. Die biologische Vielfalt ist wirklich ein unschätzbarer Reichtum. Ob Jung oder Alt, ob Berglerin oder Städter, ob Tierschützer oder Jägerin, ob Handwerkerin oder Akademiker: Fast alle von uns haben unzählige faszinierende Entdeckungen und schöne Beobachtungen in der Natur gemacht. Hanspeter Latour erzählt uns hier 365 tolle Beispiele – wie gewohnt mit viel Witz und Charme.

Die Natur und eine intakte Biodiversität bieten uns Menschen schöne Beobachtungen und noch viel mehr. Studien zeigen, dass wir uns in natürlichen Ökosystemen besser erholen können, nachher leistungsfähiger sind und sich sogar positive Effekte auf die Gesundheit einstellen, zum Beispiel auf den Blutdruck. Ein vielfältigeres Morgenkonzert von zahlreichen verschiedenen Vogelarten macht Menschen unbewusst glücklicher als ein mageres Konzert von nur wenigen Vogelarten. Intakte Ökosysteme tragen auch zur Reduktion von Hochwassern, Erosion und der Auswirkungen des Klimawandels bei. Dieser Nutzen in unterschiedlichen Bereichen für die Menschheit wird unter dem Begriff Ökosystemleistungen zusammengefasst.

Auf der Titelseite dieses Buches sind Widderchen, Kleinschmetterlinge und eine Schwebfliege zu sehen, die eine Witwenblume besuchen. Das erinnert an die unendlich wichtige Bestäubungsleistung von Insekten. Rund ein Drittel der weltweiten Nahrungsmittelernte hängt von Bestäubung ab. Die Honigbiene ist dabei das bekannteste Beispiel. Sie ist aber bei weitem nicht die einzige Art, die grosse Bestäubungsleistungen erbringt. Wildbienen, Zweiflügler, Schmetterlinge, ja sogar Käfer und Vögel erbringen ebenfalls Bestäubungsleistungen.

Eine hohe Biodiversität ist darum eine Rückversicherung für unsere Nahrungsmittelproduktion und andere Ökosystemleistungen. Wenn eine Art aufgrund von zukünftigen Umweltbedingungen wie zum Beispiel ungünstigen Temperaturen oder Krankheiten zeitweise oder dauerhaft ausfällt, dann können andere Arten ihre Aufgaben wenigstens teilweise kompensieren. Sogar Arten, die heute eine relativ geringe Rolle für die Nahrungsmittelproduktion spielen, können unter veränderten Bedingungen eine grosse Bedeutung erlangen.

Die Biodiversität hat jedoch in der Schweiz seit Jahrzehnten mehr und mehr abgenommen. Die Schweiz hat den geringsten Anteil an Naturschutzgebieten von allen Ländern Europas und die längsten roten Listen. Der Bund spielt auf Zeit, statt die ökologische Infrastruktur zehn Jahre nach dem entsprechenden Bundesratsbeschluss endlich aufzubauen. Bereits heute sind gewisse Ökosystemleistungen beeinträchtigt. Mit dem Verlust an Biodiversität riskieren wir aber auch deren Rückversicherungsfunktion für die Zukunft. Um mich des Jargons von Hanspeter Latour zu bedienen: Wenn er dringend gebraucht wird, ist dann kein Ersatzspieler mehr auf der Bank – und ein Gränni nützt uns dann auch nichts. Deshalb ist das Engagement von uns allen für die Biodiversität, für intakte Ökosysteme, für die Natur so ungemein wichtig!

Alle, wirklich alle, können etwas zum Schutz der Biodiversität in der Schweiz beitragen. Wir können im Garten einheimische Büsche oder Bäume pflanzen, beim Mähen einen Teil der Wiese stehen lassen, damit Insekten weiterhin Blütennahrung finden, oder Kleinstrukturen erstellen. Sogar wer keinen Garten hat, kann auf dem Balkon im Kleinen etwas davon umsetzen. Beim Einkaufen können wir auf biodiversitätsfördernde Produkte achten. Und bei den nächsten Wahlen die Kandidatinnen und Kandidaten weniger auf das Parteibüchlein in der Tasche, dafür mehr auf die Natur im Herzen prüfen. Die Möglichkeiten für ein Engagement zugunsten der Natur und der Biodiversität sind zahlreich. Deshalb schätzt sich BirdLife Schweiz ungemein

VORWORT

glücklich, in Hanspeter Latour einen engagierten, kompetenten und eloquenten Partner und Fürsprecher für die Natur zu haben. Ihm gelingt es, uns Tag für Tag neu für die Natur zu begeistern. In den spannenden, süffig geschriebenen Geschichten finden sich unzählige kleine Tipps, wie wir alle jetzt und hier mit kleinen Beiträgen etwas für die Natur vor unseren Haustüren tun können. Warten war gestern!

Hanspeter Latour und der Natur wünsche ich im Namen von BirdLife Schweiz, dass dieses Buch eine grosse Verbreitung findet. Es ist einer von vielen wichtigen Beiträgen, damit uns der Schutz und die Förderung der Biodiversität gelingt – und so auch künftige Generationen von den immensen Ökosystemleistungen der Natur profitieren können!

Im Januar 2022

Raffael Ayé,
Geschäftsführer BirdLife Schweiz

JANUAR

1. Januar

Das fängt ja gut an!

Ich beantworte eine E-Mail von Hans-Peter Wymann, einem Schmetterlingsexperten und Freund von mir, betreffend Schmetterlinge und Landwirtschaft.

Im Chalet im Innereriz fällt mir dabei irgendetwas von oben auf den Laptop. Ich höre aber nur den Aufprall, sehe und finde auch auf dem Boden nichts. Merkwürdig, denke ich und schreibe weiter. Nach ungefähr fünf Minuten wiederholt sich der Vorfall. Jetzt entdecke ich auf der Tastatur des Laptops ein nicht gerade kleines Insekt. Es wurde wohl vom Licht angezogen. Verrückt, denke ich. Genau in diesem Augenblick, in der bereits späten Neujahrsnacht, in der ich mich mit Schmetterlingen und dem Schutz der Natur befasse, passiert das. Damit mir das Insekt nicht entkommt, klappe ich den Laptopdeckel zu und hole den Fotoapparat, um das unerwartete Ereignis zu dokumentieren. Rasch war das Insekt mit Hilfe meiner Unterlagen identifiziert. Es handelt sich um eine Nordamerikanische Kiefernwanze. Das gemäss der einschlägigen Literatur zur Gattung der Randwanzen gehörende Insekt wurde vor nicht allzu langer Zeit vermutlich mit Frachtgut nach Europa und schon bald auch in die Schweiz eingeschleppt. Die in Nadelbäumen lebende Wanze ist für die Menschen ungefährlich und richtet in der Natur kaum Schäden an. Weil die Wanzen gerne in grösseren Gruppen auftreten und als Schutz vor der Winterkälte öfters Häuser aufsuchen, werden sie aber als Lästlinge empfunden. So war es auch in meinem Fall und ich habe die Wanze in den frischen Winterschnee entlassen.

Nordamerikanische Kiefernwanze auf der Tastatur meines Laptops (oben) und Zeichnung von Jürg Zettel (unten).

Immer, wenn ich eine Frage über Insekten habe, darf ich meinen lieben Bekannten, den emeritierten Biologie-Professor Jürg Zettel, kontaktieren. Also wollte ich auch diesmal meine Erkenntnis absichern und schickte ihm noch in der Neujahrsnacht ein Mail samt Foto. Andertags bekam ich die Bestätigung mit einem überraschenden Hinweis. Jürg sei gerade daran, eine solche Wanze zu zeichnen, und er werde mir nach der Fertigstellung eine Kopie der Zeichnung zustellen. Das Anfertigen solcher Zeichnungen (aber auch anderer Naturobjekten zum Beispiel im botanischen Bereich) ist eines seiner Hobbys.

Die nebenstehenden Bilder dürfen als Beispiel für die wahrheitsgetreue Wiedergabe der folgenden, in diesem Buch beschriebenen Beobachtungen und Geschichten betrachtet werden.

JANUAR

2. Januar

Die Sieben Hengste

Meine zweite Geschichte widme ich einem Ökosystem. Dem Naturschutzgebiet Seefeld-Hohgant. Zu diesem gehören auch die Sieben Hengste zuhinterst im Zulgtal. Vor einigen Jahren hatten wir unseren ständigen Wohnsitz im Innereriz. In einem kleinen Chalet auf gut 1000 Metern Höhe mit freier Sicht zum Gebirgszug der Sieben Hengsten Sichel und Burst. Nur dreissig Autominuten von Thun entfernt, aber offenbar für einen damaligen Journalisten aus einer Grossstadt ein für einen national bekannten Fussballtrainer aussergewöhnlicher Wohnort.

So fragte er mich im Anschluss an das Telefoninterview, was ich denn eigentlich neben meinem Job als Fussballtrainer in dieser Abgeschiedenheit sonst noch so mache. Spontan antworte ich, dass mir zwar nicht viel freie Zeit bleibe. Es gebe mir aber ein gutes Gefühl, am Morgen als erstes noch zu den Hengsten zu schauen, bevor ich zeitig ins Stadion zur Arbeit fahre. Durch die Länge des Gespräches unter Zeitdruck geraten, mussten wir das Interview ohne weitere Erklärungen beenden.

Als ich dann zwei Tage später das mir gut gesinnte Interview in der Zeitung las, schaute ich nicht schlecht. In einem Nachsatz war da noch zu lesen, dass es dem Trainer im Berner Oberland gut gehe. Jedenfalls besitze er ein eigenes Gestüt mit Hengsten! Nichts ist so alt wie die Zeitung von gestern, dachte ich mir, und mit einem Schmunzeln verzichtete ich auf eine Richtigstellung. Nur war ich nicht der einzige Leser. Plötzlich bekam ich Einladungen zu Pferdeauktionen bis in den süddeutschen Raum hinein. Von einem Sponsor wurde ich als Ehrengast an die Pferderennsporttage Frauenfeld eingeladen und durfte dem Sieger des grossen Flachrennens den Siegerpreis übergeben.

Nicht schlecht. Mir aber doch wichtig, dass Sie als Leser wissen: Ich bin weder je auf einem Pferd gesessen, geschweige denn besass ich je eines. Heute ist das Chalet unser Zweitwohnsitz und der grosse naturnahe Garten sowie die angrenzenden Voralpen mein hauptsächliches Naturbeobachtungsgebiet. Dabei kann ich mir jeweils beim Anblick der Sieben Hengste ein schelmisches Lächeln nicht verkneifen.

Blick vom Chalet zu den Sieben Hengsten, Sichel und Burst (von links nach rechts).

JANUAR

3. Januar

Biodiversität macht glücklich

Immer wieder liest man, wie gesund und erholsam ein Spaziergang im Wald sei. Man redet dabei gar vom Waldbaden. Je artenreicher der Baumbestand, desto besser fühlen wir uns. Ein dunkler Wald nur aus Fichten macht eher Angst. Beim Gesang der Vögel das Gleiche. Wie heisst es doch so schön im Lied: «Alle Vögel sind schon da, alle Vögel alle. Amsel, Drossel, Fink und Star und die ganze Vogelschar.» Ja, es ist auch hier die Vielfalt, die den Gesang zum Ohrenschmaus macht. Oder machen Sie einmal auf einer grünen Wiese, auf der nur Löwenzahn gedeiht, einen Blumenstrauss. Darüber wird sich niemand freuen. Erst die verschiedenen Farben und Düfte machen Freude. Nur eine Mosaiklandschaft mit Bächen, Seen, Hügeln, Bergen und Tälern weckt des Wanderers Lust.

Zusammengefasst: Biodiversität macht glücklich!

Viel besser als alles, was ich da geschrieben habe, vermag es die unten abgebildete Karte, welche ich von der WAGMUSIG erhalten habe, auszudrücken. Ich darf seit Jahren der Götti dieser erfolgreichen und einmaligen Musikgruppe der Stiftung WAG (Wohnen und Arbeiten für Körperbehinderte Gwatt) sein.

Das Bild hat Sandra Berg, ein Mitglied der Musikgruppe, gemalt. Ohne das Wort Biodiversität erklären zu müssen, zeigt sie mit dem wunderbaren Bild und stellvertretend für die ganze Gemeinschaft, wie positiv sich eine artenreiche Natur auf die Gefühlslage der Menschen auswirkt. Grossartig finde ich!

Anfangs Jahr macht man sich gute Vorsätze. Darum wollte ich diese Geschichte unbedingt in den Januar nehmen. Ein guter Vorsatz wäre auch, Menschen mit einer Behinderung vermehrt zu unterstützen. Auch wir Menschen sind ein Teil der Biodiversität.

Die Karte ist im Verkaufsshop der WAG (auch online) erhältlich.

JANUAR

4. Januar

Äusserst schlau

Wildschweine sind je nach Gegend vorwiegend nachtaktiv und entsprechend schwierig zu sehen. Sie leben grösstenteils in Familienverbänden. Die Frischlinge, bis zu zwölf Monate alt, werden dabei von den weiblichen Tieren, den Bachen, in sogenannten Rotten geführt. Die Männchen, Keiler genannt, sind mehrheitlich als Einzelgänger unterwegs. Die Tiere können sich mit Ausnahme von schneereichen Hochlagen den verschiedensten Lebensräumen anpassen und sind Allesfresser. In Mastjahren leben sie zur Hauptsache von Buchnüssen und Eicheln. Sie haben ein kräftiges Gebiss und sind ausgezeichnete Schwimmer. Sie suhlen sich gerne in Erdlöchern und reiben dann ihr Fell zum Schutz vor Parasiten an Bäumen. Vom Winter zum Sommer wechseln die Tiere ihr Fell.

In die Nähe von Wildschweinen kam ich bei Vogelbeobachtungen in La Sauge. Dort ziehen sich die Tiere tagsüber in die grossen Schilfgürtel zurück und kommen nachts auf die Felder, welche sie bei der Futtersuche gewaltig umgraben können. Wildschweine werden von Jägern gerne mit Mais angelockt. Dabei zeigen die Tiere ein sehr schlaues Verhalten und sind trotz teilweise grosser Anzahl nur schwer zu erlegen.

Hier waren nachts Wildschweine auf Futtersuche.

Wildschweinbache.

JANUAR

5. Januar

Warum tragen nicht alle Stechpalmen Beeren?

Die Stechpalme wirkt exotisch. Sie ist aber ein europäischer Baum und dank erfolgreichem Artenschutz in den Wäldern der kollinen und montanen Stufe wieder gut vertreten.

Die immergrüne Laubbaumart mit den roten Beeren ist sehr dekorativ und im Sommer dienen die Blüten den Bienen und Insekten als Nahrung. Im Winter werden die roten Beeren der weiblichen Pflanze vor allem von den Vögeln geschätzt. Männliche Stechpalmen tragen keine Beeren. Dank den stacheligen Blättern dienen die Bäume und Sträucher den Vögeln als geschützte Schlaf- und Nistplätze. Auch für die Überwinterung des Zitronenfalters sollen Stechpalmen von Bedeutung sein.

In der Schweiz ist die wildwachsende Stechpalme unter besonderem Schutz und darf weder gepflückt, beschnitten noch ausgegraben werden. Die Bäume wachsen langsam und können bis zu 300 Jahre alt werden. In unserem Garten gibt es zwei Stechpalmen. Ein Baum hat uns der Gärtner gepflanzt und der zweite, erst ein kleiner Baum, ist von selbst an ganz anderer Stelle gewachsen. Wir hoffen, dass er gedeihen wird. Durch die Stechpalmen wird der artenreiche Baum- und Gehölzbestand in unserem Garten noch etwas veredelt. Den Vögeln oder Mäusen, welche wohl die Beeren verschleppt haben, sei jedenfalls Dank.

Weibliche Stechpalme mit roten Beeren.

Zweig mit Beeren.

JANUAR

6. Januar

Für ein Jahr im Rampenlicht

Bei uns sind es Experten, welche jährlich im Januar Tiere und Pflanzen zur Art des Jahres wählen, um auf deren Vorkommen, Bedeutung und Lebensräume aufmerksam zu machen. In Deutschland kann neuerdings die Öffentlichkeit bei solchen Wahlen mitbestimmen. Am Tag der Wahlbekanntgabe berichten die Medien in Wort und Bild darüber und machen die Gewählten bei einer grösseren Öffentlichkeit bekannt. Sie sollten für ein Jahr ins Rampenlicht gestellt werden. Vielfach frage ich bei meinen Vorträgen das Publikum nach den Namen der diesjährig Gewählten und stelle dann regelmässig fest, dass die Gekürten leider sehr rasch in Vergessenheit geraten. Nicht schlimm, aber bezüglich der Bedeutung zumindest etwas ernüchternd.

Hier für Sie ein kaum bekanntes Beispiel:

Der Fachrat Gärtnerischer Detailhandel hat in Absprache mit den Gartenzentern der EGP und mit der Unterstützung von Florist.ch das Basilikum in der Schweiz zur Pflanze des Jahres 2021 erkoren. Jardin Suisse wird eine entsprechende Basilikum-Kampagne vorstellen und bewerben, war zu vernehmen.

Die vermutlich aus dem asiatischen Raum stammende, mit dem botanischen Namen Ocimum basilicum bezeichnete Pflanze wird als Königskraut um den ganzen Globus als geschmackvolles Küchenkraut sehr geliebt und geschätzt.

Der Basilikumgeruch ist unverwechselbar und jede der zehn bekannten Sorten hat ihre zusätzlichen Vorzüge und Geschmacksnuancen.

Sehr zu empfehlen ist es, eine oder zwei Pflanzen nicht zu ernten und die blühenden Pflanzen den Insekten zu überlassen. Am besten eignet sich dazu der Strauchbasilikum.

Aus unserem naturnahen Garten kommt nichts in die Küche. Alles, was mehrjährig wächst, überlassen wir der Tierwelt. Thildes Küchengarten besteht jeden Sommer lediglich aus zwei, drei Töpfen mit Basilikum. Darauf möchte ich nicht verzichten. Am liebsten geniesse ich Basilikum als Beigabe zu Tomaten und Mozzarella und wenn Thilde Spaghetti mit ihrem hausgemachten Basilikum-Pesto serviert, fehlt mir nichts auf dem Teller.

Basilikum im Topf.

JANUAR

7. Januar — Höhlenforschung und Höhlentiere

Aus den Medien habe ich erfahren, dass der Höhlenraubkäfer als «Botschafter» für den Höhlen- und Karstschutz zum Höhlentier des Jahres 2021 gewählt wurde. Dabei wird daran erinnert, dass Klein- und Kleinstlebewesen, die in Höhlen leben, genauso zur Biodiversität gehören wie etwa das attraktive Grosswild unseres Landes. Höhlenforscher treffen gelegentlich auf Fledermäuse, Falter und Spinnen. Kleinstlebewesen bleiben auch ihnen verborgen. Ausnahmen sind die wenigen, auf Höhlenbiologie spezialisierten Forscher, welche bei Höhlengängen immer wieder auf neue Entdeckungen unserer Höhlenfauna stossen. Verborgen in der Dunkelheit einer Höhle lebende Tiere sind meist Lebewesen, welche beim durchschnittlich naturinteressierten Schweizer keinen Jöh-Effekt erzeugen, und sind deshalb wenig bekannt.

Mir geht es ähnlich. Jedenfalls habe ich noch nie einen Höhlenraubkäfer gesehen oder nach ihm gesucht. Und doch darf ich mich rühmen, die «Höhlenbewohner» bei meinen Beobachtungen nicht einfach vergessen zu haben.

Als ich in kundiger Begleitung in einem Karstgebirge tief in einer Höhle nach alten Bärenspuren suchte, war ich überrascht, an den Wänden Schmetterlinge zu sehen. Natürlich habe ich die Falter fotografiert und als den Olivbraunen Höhlenspanner identifiziert und kann die Bilder hier stellvertretend für oft vergessene Lebewesen unserer Fauna zeigen.

Olivbrauner Höhlenspanner im Höhleninnern.

JANUAR

8. Januar

Ökologische Aufwertung wohl nur teilweise zielführend

In der Winterzeit können die Wälder im Voralpengebiet bewirtschaftet werden. Die Waldbesitzer und Waldbewirtschafter werden dabei durch den zuständigen Förster unterstützt. Dieser markiert die für die Erneuerung des Waldes zu entfernenden Bäume mit Farbe und gibt diese so für die Fällung frei. Angrenzend an unseren naturnahen Garten besitzen wir auch ein kleines Waldstück. Gerne hätte ich dieses im Sinne der Biodiversität etwas aufgewertet. Ich dachte beispielsweise an bessere Bedingungen für die Bodenbrüter unter den Vögeln und mehr Blattwerk für Schmetterlinge und Insekten. Mein Anliegen habe ich mit dem Förster besprochen und dieser zeigte sich über mein Vorhaben erfreut. Bei einem gemeinsamen Augenschein vor Ort erklärte er mir, was für das Heranwachsen eines nicht allzu dichten Mischwaldes nötig sei. So markierte er mir die grössten Fichten und auch ein, zwei Tannen für die Fällung, damit mehr Licht und Platz für neuen Aufwuchs entstehen würde. Für die Holzfällerarbeiten engagierte ich zwei kundige Bauern, welche auch gleich den Transport in die nahe gelegene Sägerei übernahmen. Mit dem Säger, der ebenfalls beim Holzen mithalf, hatte ich die Abnahme des Nutzholzes bereits geregelt. Für das Anlegen der Asthaufen war ich dann selbst besorgt. Dabei schaute ich mir die frei gewordenen Flächen und die unterschiedliche Beschaffenheit der im Boden gebliebenen Wurzelstöcke etwas genauer an. So versuchte ich etwa, Jahrringe zu zählen oder festzustellen, welche Bäume im Stamminnern eventuell krankhafte Schäden aufwiesen. So stand ich vor einem Wurzelstock einer gefällten, noch nicht allzu alten, aber offensichtlich geschädigten Tanne.

Beim genauen Hinschauen stellte ich fest, wie direkt neben dem Wurzelstock bereits wieder eine junge, noch sehr kleine Tanne am Heranwachsen war. Weil sie sehr nahe am alten Baum gewachsen war, blieb sie beim Fällen unbeschädigt. Für mich ein schönes Beispiel dafür, wie sich der Wald selbst erneuern kann, wenn genügend Licht ins Innere dringen kann. Inzwischen entwickelt sich das Wäldchen wie gewünscht. Nur die Bodenbrüter haben es weiterhin schwer. Der Grund ist schnell gefunden. Innerhalb und um die kleine Häusergruppe gibt es leider zu viele Katzen.

Das kleine Tännchen blieb bei der Fällung unbeschädigt und wird von den verbesserten Bedingungen profitieren können.

Katzen jagen Tag und Nacht und zu allen Jahreszeiten.

JANUAR

Waldohreule am Schlafplatz.

9. Januar

Auf diesen Moment musste ich lange warten

Waldohreulen sind etwas Faszinierendes. Nicht nur, weil ihre auffälligen, dem Vogel den Namen gebenden vermeintlichen «Ohren» in Wirklichkeit gar keine Ohren sind, sondern nur am Kopf aufstehende Federn. Die Waldohreule kann ihren Kopf um bis zu 270 Grad drehen und um 180 Grad neigen. Möglich machen das ihre vierzehn Halswirbel. Die Eulen sind ausgezeichnete Mäusejäger und nachtaktiv. Tagsüber schlafen die Eulen auf Bäumen. Zur Brut bauen sie keine eigenen Nester, sondern verwenden alte Nester von Krähen und Elstern. Gelegentlich benutzen sie zur Brut auch einen verlassenen Eichhörnchenkobel. Waldohreulen sind Einzelgänger und dank ihres Gefieders farblich gut getarnt und demnach schwer zu beobachten. In der Schweiz gibt es schätzungsweise drei- bis viertausend Brutpaare. Einzig im Winter sammeln sich die Waldohreulen zu grösseren Gruppen und schlafen tagsüber an zum Teil langjährig bewährten Schlafplätzen. Auf Grund meines wachsenden Netzwerkes erfuhr ich nach langem Warten von einem erfahrenen Ornithologen von einem solchen Schlafplatz und war von der Beobachtung begeistert.

JANUAR

10. Januar — **Klein, laut, fleissig, zäh, schlau und aufdringlich**

Ein Zaunkönig fliegt nur wenige Meter vor mir auf die Spitze eines abgesägten Föhrenastes. Es kommt mir vor, als wüsste er genau, dass ich mit schussbereiter Kamera bei schönstem, aber kaltem Wetter seit Stunden im Garten sitze und auf ein bestimmtes Objekt warte. Ob dieser Winzling unter den Vögeln gerade das ist, auf welches ich gewartet habe, bleibt mein Geheimnis. Aber der Zaunkönig posierte mir derart schön und aufdringlich, dass ich die «Schussgelegenheit» wahrnahm und abdrückte.

Klein: Winter- und Sommergoldhähnchen sind noch etwas kleiner als der Zaunkönig.

Laut: Lautstark trillernd macht er auf sich aufmerksam und warnt andere Vögel vor Gefahren.

Fleissig: Von früh bis spät ist er damit beschäftigt, Kleinstlebewesen zu erbeuten.

Zäh: Er ist ein ganzjähriger Gartenbewohner und trotzt auch singend der Kälte.

Schlau: Für ein Weibchen baut er zur Auswahl mehrere Nester. Verpaart sich gerne mehrfach.

Durch seine Aufdringlichkeit hat er es geschafft, auf mein Tagesfoto zu kommen. Zwar nur als Ersatz aber dafür umso grösser und hoffentlich auch ein wenig zu Ihrer Freude.

Wer auch bei Kälte dermassen posiert, verdient ein grosses Foto!

JANUAR

11. Januar **Geschickt, schlau und frech**

Die obengenannten Eigenschaften mögen auf mehrere Tierarten in unserer Natur zutreffen. Ganz treffend finde ich sie vor allem zu unseren Eichhörnchen. Flink klettern sie an Bäumen hoch und springen von Ast zu Ast. Schlau, wie sie in verschiedenen Verstecken im Wald Wintervorräte anlegen und diese zum grössten Teil, selbst auch unter einer Schneedecke, dann auch wieder finden. Frech, wenn es gilt, an die Nahrung zu kommen. All dies habe ich schon mehrfach beobachtet. Beim Springen von Fichte zu Fichte, um sich an die Tannzapfen zu machen, von Ast zu Ast kletternd, um Buchennüsse zu sammeln. Beim Verstecken von Haselnüssen im Wald. Beim Fressen von Sonnenblumenkernen an den Vogelhäuschen oder beim Abholen von Augen und Knöpfen (Haselnüsse) am Schneemann im Garten.

Eichhörnchen sind in höheren Lagen braunschwarz und in tieferen Lagen meist fuchsrot. Ihr kugelförmiges Nest, einen sogenannten Kobel, bauen sie mehrere Meter über dem Boden auf einem Baum. Warm gepolstert mit Moos, Blättern und Federn, verbringen sie darin die Nacht und ziehen dort auch ihre Jungen auf. Ein Wurf besteht aus zwei bis fünf Jungen. Die weitaus grösste Zeit ihres Tages verbringen sie mit dem Suchen der benötigten Nahrung. Bei uns stehen die Eichhörnchen unter Schutz. Gefahr könnte durch die Einwanderung des nordamerikanischen Grauhörnchens entstehen, welches beispielsweise in Grossbritannien die Eichhörnchen weitgehend verdrängt hat.

Geschickt auf dem Buchenast.

Frech und schlau auf dem Schneemann.

Ast mit weissen Misteln.

Alter Baum voller Misteln.

Misteldrossel bei Kotabgabe.

12. Januar — Mistel und Misteldrossel

Wer kennt sie nicht, die Mistelzweige mit den weissen Beeren, die als Halbparasiten auf den Ästen alter Bäume wachsen? Besonders im Winter sind sie als immergrünes Gewächs sehr auffallend und werden gerne zu Dekorationszwecken verwendet.

Selten wird einem grundsätzlich baumschädigenden Halbparasiten so viel «Sagenhaftes» nachgesagt wie der weissen Mistelbeere. In der Naturheilkunde soll das grundsätzlich giftige Gewächs für mancherlei Linderung und Heilung besorgt sein. Auch in alten Sagen und Mythen kommt den Mistelgewächsen immer wieder eine überraschend grosse Bedeutung zu.

Für die Verbreitung sorgt nebst weiteren Vogelarten die Misteldrossel. Sie frisst und ernährt sich unter anderem von den Mistelbeeren mit dem klebrigen Saft und scheidet diesen dann als samenhaltigen und gut klebenden Kot auf neuen Wirtsbäumen wieder aus. Je nach Baumart, denn es gibt auch mistelresistente Arten, wächst daraus ein weiteres Halbparasitengewächs. Viel Romantisches können Sie dieser Verbreitungsart kaum abgewinnen.

Erstaunlicherweise hält sich seit Jahrhunderten der hartnäckige Mythos, dass wer sich unter einem Mistelzweig küsse, künftig das gemeinsame Glück auf seiner Seite hätte. Falls Sie das noch nicht wussten, ist das Lesen dieses Buches für Sie hoffentlich ein Volltreffer.

JANUAR

Stieglitze auf Kardendistel.

13. Januar **Immer wieder ein Hingucker**

Ein winterlicher verschneiter Garten mit den im Herbst nicht zurückgeschnittenen, noch Samen tragenden und durch den Reif verzierten Blütenstauden hat etwas Märchenhaftes an sich.

Das Tüpfelchen auf dem «i» sind dann noch die farbenprächtigen Stieglitze, wenn sie auf den verblühten Kardendisteln die Samen holen. Bei jeder Beobachtung bin ich von dieser Naturschönheit immer wieder aufs Neue fasziniert. Geht es Ihnen beim Betrachten des Bildes auch so?

JANUAR

14. Januar   Eingeschneit

Wenn das Thermometer am Haus minus 15 Grad Celsius anzeigt, bedeutet das für die Natur tiefsten Winter und für uns, warme Kleider anzuziehen. In unserer Flora und Fauna sind dann weitgehend Stille und Stillstand, Ruhe und Zurückhaltung eingetreten. Pflanzliche Aktivitäten finden hauptsächlich im Boden statt und viele Lebewesen wie etwa diverse Vogel- und Schmetterlingsarten sind in wärmere Regionen gezogen. Andere Tierarten schlummern in einem gegen die Kälte schützenden Unterschlupf in einem Winterschlaf. Andere reduzieren ihre Aktivitäten auf ein absolutes Minimum, um mit der karg und knapp vorhandenen Nahrung überleben zu können. Jedenfalls ist ein kalter und schneereicher Winter für unsere Wildtiere eine harte Zeit, die schwächelnde Tiere nicht überleben. Bei den Insekten ist es vielfach so, dass sie schon vor dem Wintereinbruch sterben, nachdem sie den Fortbestand ihrer Art in Form von winterfesten Eiern, Raupen oder Puppen sichergestellt haben. Für mich sind die strengsten Wintermonate beobachtungsmässig auch ruhigere Tage. Im verschneiten Garten dominieren die Vögel an den Trink- und Futterstellen. Die Teiche sind zugefroren und was sich unter dem Eis abspielt, entzieht sich meinen Blicken.

In der Landschaft sollten die Wildtiere möglichst ungestört bleiben, damit ihr Kräftehaushalt nicht unnötig strapaziert wird. Für diese Zurückhaltung entschädigen uns Wintersportmöglichkeiten auf den dafür bestimmten Anlagen. Dazu gehören ebenso die winterlichen Spaziergänge in den zauberhaften Landschaften, die es zu geniessen gilt. Auch Eisblumen an den Fensterscheiben und in der Sonne glitzernde Schneekristalle können uns zum Staunen bringen.

Bei mir war das so ein Moment, als sich unser Schneemann über Nacht ohne unser Einwirken einen Mantel anzog.

Schneemann mit Mantel.

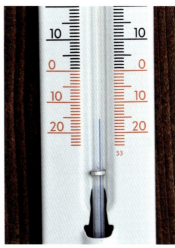

JANUAR

15. Januar   Unerwartet mittendrin

Im Januar ist mit wenigen Ausnahmen für Flora und Fauna die Winterruhe angesagt. Für mich bedingt das, bezüglich der Beobachtungen und Beschreibung der Biodiversität etwas weiter auszuholen und ein nicht an die Jahreszeiten gebundenes Ereignis aus dem September in den Januar zu verlegen. Weil auf Grund der Coronapandemie in den letzten zwölf Monaten auch keine Vorträge möglich waren, wurde es auch schwieriger, auf mein neues Buch «NATUR mit LATOUR» aufmerksam zu machen. Kein Grund zu hadern. Es galt, im Rahmen der Möglichkeiten weiterzumachen und mich dann umso mehr auf wieder bessere Zeiten zu freuen. Und manchmal passiert dann dabei auch völlig Unerwartetes und Anspornendes.

Wie an jenem Abend, als ich mir auf SRF das interessante und spannende Quiz 1 gegen 100, moderiert von der bekannten und beliebten Angélique Beldner, anschaute. In der finalen Phase, als es einer gegen eine hiess, konnte der Kandidat zwischen den Themen Bücher oder Militär wählen. Er wählte Bücher. Die daraus resultierende Frage können Sie auf dem Bild unten lesen.

Weil die letzte Kandidatin aus dem Publikum die Frage nicht richtig beantwortete, hatte der Finalist bereits 7125 Franken gewonnen. Dieser ging bei der Antwort noch aufs Ganze und wählte die Chance des Bonus, das heisst, er gewinnt bei richtiger Antwort zusätzliche 20 000 Franken oder verliert im Falle einer falschen Antwort alles. Er setzte auf «Natur mit Latour». Angélique Beldner gab die Lösung bekannt und erwähnte dabei im allerschönsten Berndeutsch alle Titel meiner drei Bücher: «Das isch doch e Gränni!», «Das isch doch e Schwalbe!» und zuletzt «Natur mit Latour».

An diesem Abend gab es für einmal im Quiz zwei Gewinner. Den Kandidaten mit dem schönen Geldgewinn und mich mit der ebenso schönen Buchbekanntmachung.

Die Moderatorin Angélique Beldner mit der finalen Frage und der eingefärbten Antwort des Gewinners.

JANUAR

16. Januar **Augsburger Nachtwächter**

Bei uns bezeichnet man den Stieglitz im Volksmund noch heute mehrheitlich als Distelfink. Sicherlich abgeleitet von seiner Lieblingsnahrung, den Distelsamen. In einem Beitrag des Landesbundes für Vogelschutz in Bayern habe ich einen weiteren Namen für den buntgefärbten Vogel vernommen. Augsburger Nachtwächter soll der Vogel früher genannt worden sein, weil die Augsburger Nachtwächter in früheren Zeiten Uniformen in Stieglitzfarben getragen hätten.

Mir gefällt der Stieglitz sehr und weil er ganzjährig, auch in strengen Wintern, in unserer Region, ja sogar in unserem Garten bleibt, kommt er im Buch auch mehrmals vor.

Männchen und Weibchen sind nur durch die beim Männchen etwas grössere, leuchtend rote Gesichtsmaske zu unterscheiden. Sieht man nur einen der Vögel, ist es immer schwirig zu sagen, ob es sich um ein Männchen oder ein Weibchen handelt. Weil mir ein Bild von einem nahe zusammenstehenden Paar gelang, kann ich hier die unterschiedlich grosse rote Maske gut erkennbar zeigen.

Links das Männchen mit der deutlich grösseren, bis über den hinteren Augenrand reichenden, roten Gesichtsmaske.

Der Stieglitz trotzt der Winterkälte.

JANUAR

17. Januar **Spuren**

Spuren zu finden und zu lesen ist etwas Spannendes. Ich meine damit Spuren in der Natur. Fussabdrücke auf weichen, sandigen oder lehmigen Böden. Rehwege nannten wir ausgetrampte, regelmässig von Rotwild begangene Strecken in meiner Kindheit beim Spielen im Wald. Auch Hinterlassenschaften und Losungen lassen darauf schliessen, wer hier gelegentlich unterwegs ist.

Speziell im Winter hat bei uns das Spurenlesen Hochsaison. Beim vormittäglichen Spaziergang braucht man nicht lange, um zu sehen, dass da nachts verschiedene Tiere unterwegs waren. Nur welche Spur auf dem Schnee gehört zu welchem Tier? Das ist nicht ganz einfach herauszufinden. Meine Frau Thilde und ich sind uns zumindest nicht immer auf Anhieb einig und müssen dann ganz genau hinsehen und gelegentlich auch die entsprechende Fachliteratur zu Hilfe nehmen.

Recht einfach zu erkennen ist die Spur des Hasen aufgrund seiner typisch hüpfenden Gangart, welche mit schön regelmässigen Abständen deutliche Eindrücke auf dem Schnee hinterlässt. Auch Rot- und Steinwild sind als Paarhufer auf Grund der Abdrücke gut einzuordnen. Auch bei den Eichhörnchen sind wir uns recht sicher, weil diese regelmässig in unserem Garten aufkreuzen. Schwieriger wird es bei Fuchs, Katze, Dachs und den Marderartigen. Um die Holzbeige herum fanden wir gelegentlich die feine Spur einer Maus, wenn diese sich kurz aus ihrem warmen Nest zu den auf dem Schnee liegenden Sonnenblumenkernen unter dem Futterhäuschen der Vögel wagte. Jedenfalls hat bei uns das Spurenlesen auch als Rentner nichts von seiner in der Kindheit erlebten und gelebten Faszination eingebüsst.

Unschwer zu erkennen, dass hier ein Hase über den unterschiedlich harten Schnee hüpfte.

JANUAR

18. Januar   **Dominant**

«Die Wildkatze erobert die Schweiz zurück.» Unter diesem Slogan wurde die Wildkatze zum Schweizer Tier des Jahres 2020 erkürt. Die Rückkehr der Wildkatzen ist ein erfreulicher Lohn für die Anstrengungen und Projekte zur Förderung der Biodiversität in unserem Land.

Mit dominant meine ich hier jedoch die Hauskatzen. In der Schweiz leben gemäss den neusten Statistiken 1,7 Millionen Katzen. Ich könnte keiner dieser Katzen etwas antun, aber es sind zu viele. Viel zu viele, wie ich meine. Sie jagen in Gärten und Landschaft und schnappen nach allem, was sich bewegt. Zu jeder Jahreszeit, Tag und Nacht. Nicht zum Vorteil der Biodiversität. Auf Dauer wird man hier um eine Regulierung nicht herumkommen. Ich beobachte zur Hauptsache, wie Katzen in meinem Aufenthaltsgebiet den Vögeln auflauern. Bodenbrüter sind dabei besonders gefährdet oder wurden weitgehend vertrieben. Jede dritte Eidechse leidet unter einem katzebedingten Schwanzverlust und wenn es passt, verschonen die Samtpfoten auch Schmetterlinge und Libellen nicht. Sicher bejagen sie auch Wühlmäuse und andere kleine Nager.

Hauskatzen dominieren im Siedlungsgebiet die natürliche Fauna weit mehr, als von ihren Besitzern angenommen wird.

Katze mit erbeutetem Erlenzeisig.

Katze mit Maus.

Eidechse ohne Schwanz.

Auch im Schnee unterwegs.

JANUAR

Erlenzeisig auf Kardendistel und Erlenzeisig am Futterhäuschen.

19. Januar **Ein Schreckensmoment**

An einem Sonntagmorgen im Januar bei frostigen 10 Grad unter Null mache ich mich daran, unsere vier Vogelfutterhäuschen mit Sonnenblumenkernen aufzufüllen. Wie ich das letzte Futterhäuschen von der Stange nehme und das Dach zum Auffüllen öffne, zappelt und flattert es im Innern gewaltig. Bin ich erschrocken! Mit dem hatte ich nicht gerechnet. Ein Erlenzeisig ist im Futterhaus eingesperrt. Sofort öffne ich den Dachdeckel und flugs fliegt der schöne Vogel ins Freie. Aber wie ist er dort hineingeraten?

Im Inneren des Vogelhäuschens lagen nur noch wenige Kerne hinter der Plexiglasscheibe. Dem Vogel muss es gelungen sein, mit dem Kopf unter die Plexiglasscheibe zu kommen und diese in der Nut nach oben zu heben und so ins Innere zu gelangen. Weil die Scheibe wieder zurückrutschte, hatte sich der Vogel selber gefangen. Das Häuschen ist eigentlich von guter Qualität, in der Schweiz hergestellt und mit einem Gütesiegel versehen. Gleichwohl muss ich nach diesem Vorkommnis sagen, dass die Konstruktion nicht ausgereift ist und für die Vögel zu einer Falle werden kann.

Nach dem Vorfall habe ich den Verkäufer der Futterhäuschen schriftlich gebeten, den Konstruktionsfehler beim Hersteller zu beanstanden. Die Rückmeldung hörte sich positiv an.

Generell ist darauf zu achten, dass gut gemeinte Futterstellen und erstellte Kleinstrukturen für die im Garten lebenden Tiere keine Gefährdung darstellen und kontrolliert werden.

Weil ich den Vogel sofort befreien wollte, fehlt mir natürlich das entsprechende Foto. Stellvertretend zeige ich das Futterhäuschen mit einem sich bedienenden und einem auf der Kardendistel wartenden Erlenzeisig.

JANUAR

Baummarder im Garten.

20. Januar

Eine Überraschung

Ich sitze am offenen Küchenfenster und blicke in die eher helle Nacht auf einen im Garten eingepflanzten abgebrochenen Baumstamm mit einem starken Ast. Im Hintergrund erkennt man den nahen Waldrand. Auf diese Totholzstruktur habe ich für die Fütterung der Vögel etwas Sonnenblumenkerne und für das Eichhörnchen oder den Specht eine Haselnuss ausgelegt.

Am Abend bleibt gelegentlich noch etwas vom Essbaren zurück. Aber am nächsten Morgen ist meistens alles weg. Also wollte ich wissen, wer sich da nachts bedient. So beobachtete ich nun mit umgehängter Kamera inklusive Blitzgerät durch das offene Küchenfenster den beschriebenen Ort. Ich hatte im Schnee schon Fuchsspuren und solche vom Steinmarder ausgemacht und hoffte auf eine entsprechende Beobachtung.

Mein geduldiges Warten wurde belohnt. Tatsächlich näherte sich schleichend und kletternd ein Marder dem für ihn Verwertbaren am Totholzstamm. Zu meiner Überraschung war es aber nicht der erwartete Steinmarder, sondern der viel seltenere und nur schwer beobachtbare Baummarder. Dieser unterscheidet sich vom Steinmarder durch sein kastanienbraunes Fell, den leicht gelblichen, nicht gegabelten Kehlfleck, die hell umsäumten Ohren und die dunkle Nase und die behaarten Pfoten. Der geschickte Kletterer und Jäger ist ein Allesfresser und benötigt einen recht grossen Lebensraum, vorwiegend Wald, oft können es mehrere Quadratkilometer sein.

Ich freute mich über diese Beobachtung und bin mir auf Grund der Spuren sicher, dass unser an den Waldrand grenzender Garten von weiteren, vorwiegend nachtaktiven Tieren besucht wird.

JANUAR

21. Januar

Ganz schön clever

Die Schlauheit, Flinkheit und Schönheit des Eichhörnchens fasziniert mich immer wieder und liefert mir mancherlei kleine, vergnügliche Geschichten mit erstaunlichen Bildern.

Offensichtlich hat mich das Eichhörnchen beobachtet, wie ich den kleinen Kessel mit Sonnenblumenkernen abfüllte, um die Futterhäuschen der Vögel zu bedienen. Nachdem ich die Vögel mit Futter versorgt hatte, stellte ich den Kessel mit aufgelegtem Deckel auf den Tisch des gedeckten Sitzplatzes an der Hauswand.

Als ich für einen kurzen Moment ins Hausinnere ging und danach wieder ins Freie trat, sah ich das Eichhörnchen auf dem Tisch und konnte beobachten und fotografieren, wie es sich an den Kessel mit den Sonnenblumenkernen machte. Geschickt vermochte es mit Hilfe der Vorderbeine und der Zähne den Kessel zu öffnen, um sich genüsslich am Inhalt zu bedienen.

Weil es in vielen Gärten erfreulicherweise immer mehr natürliche Hecken mit einheimische Beeren und Nüsse tragenden Gehölzen gibt, werden Eichhörnchen auch immer mehr zu Siedlungsfolgern. Auch das Füttern der Vögel unterstützt diese Entwicklung.

Ganz schön clever, diese in der freien Natur vorwiegend im Wald lebenden Eichhörnchen.

Das Eichhörnchen öffnet den Kessel und bedient sich genüsslich an den Sonnenblumenkernen.

JANUAR

22. Januar Leserzuschriften

Winterzeit bedeutet vor allem für jüngere Menschen Sportgenuss im Schnee oder auf dem Eis. Bei schon etwas älteren Leuten werden hingegen die Spaziergänge in dieser Jahreszeit eher etwas kürzer. Dafür nimmt sich diese Generation mehr Zeit, um in der warmen Stube ein Buch zu lesen oder um zu schreiben. Jedenfalls erhalte ich im Winter am meisten Zuschriften zu meinen Büchern. Möglicherweise hat das auch damit zu tun, dass ein Buch immer noch als ein sinnvolles und begehrtes Weihnachtsgeschenk angesehen wird. Ich freue mich über jede Zuschrift meiner Leser und beantworte diese nach Möglichkeit auch immer.

Bewusst habe ich diesem Beitrag ein Bild von einem mir zugestellten Briefumschlag angefügt. Auf Grund der sorgfältig ausgewählten Briefmarken konnte ich mir den Briefinhalt und die schreibende Person in meinem Gedächtnis recht gut vorstellen. So war es auch. Ein pensionierter Lehrer und ehemaliger Dirigent einer Musikgesellschaft, der sich gelegentlich auch schon einen Fussballmatch angeschaut hat. Der versierte Naturfreund und Naturbeobachter freute sich über meine Bücher und dankte mir dafür in seinem Schreiben. Klar, dass ich mich für solche Post jeweils bedanke. Doch nun zu den Briefmarken. Eindrücklich zeigen die verwendeten Sujets einen kleinen Teil unserer faunistischen Artenvielfalt, welche es zu fördern und bewahren gilt.

Der Grosse Perlmutterfalter ist einer der schönsten und grössten Edelfalter, die bei uns erfreulicherweise in der Schmetterlingslandschaft noch zu sehen sind. Säuberlich von links nach rechts aufgeklebt der Dompfaff, der Neuntöter und der Buntspecht. Drei äusserst attraktive Arten aus unserer Vogelwelt. Dass es sich bei allen dreien um männliche Tiere handelt, ist wohl auf das Erscheinungsdatum der Marken von 1968 und 1970 zurückzuführen.

Das Frauenstimmrecht und somit ein bedeutender Akt zur immer noch nicht abgeschlossenen gesellschaftlichen Gleichstellung von Mann und Frau erfolgte in der Schweiz auf nationaler Ebene eben erst 1971.

JANUAR

23. Januar **Ein selten im Garten zu sehender Sperling**

Wir kennen im Siedlungsraum alle den häufigen Hausspatz. Wesentlich seltener ist der Schneesperling. Er ist selten unter 1500 Meter Höhe anzutreffen und fehlt so in den Gärten und Landschaften der tieferen Regionen. Sein Brutnest baut er in Höhen zwischen 1900 und 3000 Metern, gut geschützt in Felsspalten oder Dächern von Alphütten.

Der Schneesperling, früher wurde er auch Schneefink genannt, ist ein richtiger Bergfreund. Etwa 15 Prozent des europäischen Bestandes leben in den Schweizer Alpen. Damit trägt unser Land eine hohe internationale Verantwortung für diesen schweizerischsten aller Spatzen, schreibt die Vogelwarte Sempach in einer Medienmitteilung. Und sie weist auf den Rückgang des Bestandes in den letzten Jahren hin. Nur noch schätzungsweise 6000 bis 9000 Paare leben bei uns. Über die Ursachen des Verschwindens ist noch wenig bekannt. Laufende Studien sollen Erkenntnisse liefern, welche dazu dienen, wirksame Schutzmassnahmen zu entwickeln und umzusetzen.

Zu meiner Freude konnte ich in unserem auf gut 1000 Meter gelegenen Garten in einem schneereichen Winter einmal mehrere Tage ein Schneesperlingspaar beobachten. Natürlich darf ein Foto dieser seltenen Gäste nicht fehlen.

Schneesperlinge im Garten.

JANUAR

24. Januar **Ein kurzer, aber grossartiger Moment**

Wussten Sie, dass das weltweit kleinste bekannte Raubtier unter den Säugetieren auch in der Schweiz vorkommt? Das Mauswiesel! Von den kleinen Vertretern der Marderartigen ist das Mauswiesel der seltenste und kleinste. Deutlich kleiner als Hermelin und Iltis.

Es lebt zur Hauptsache von Wühlmäusen und erbeutet diese vor allem in deren Behausungen und Gängen im Boden. Dank seiner ausserordentlich starken Bisskraft kann das nur rund 20 Zentimeter kleine Mauswiesel weit grössere Tiere erbeuten. Es kommt nur selten aus der Deckung und ist entsprechend schwierig zu beobachten und zu fotografieren. Jahrelang kannte ich diese Tierart nur aus der Literatur und kam nie in den Genuss einer eigenen Beobachtung. Bis an dem Tag, wo ich einfach wissen wollte, ob es in meinem engsten Beobachtungsgebiet überhaupt noch Mauswiesel gibt.

Die für das Vorkommen nötigen, aber immer seltener werdenden Landschaftsstrukturen glaubte ich an den nicht zu steilen Hängen der Alp Drüschhubel zu finden. Es war Ende Januar, sonnig und auf der Alp lag nur wenig Schnee. An den gut besonnten Stellen und in den steinigen Gräben war er gänzlich vergangen. Also setzte ich mich mit Feldstecher und Fotoapparat ausgerüstet auf einen Stein und wartete auf ein Mauswiesel. Natürlich wusste ich nicht, ob es hier überhaupt welche gibt. Auf Grund der Landschaftsstruktur und mit Erdhaufen von Wühlmäusen auf der angrenzenden Weide sagte ich mir, wenn nicht hier, wo dann?

Nach langem Warten, mit den Gedanken manchmal abschweifend, stelle ich unmittelbar vor mir zwischen Steinen und Totholz eine kurze Bewegung fest. Fokussieren und abdrücken. Auf dem Monitor erkenne ich das Porträt eines Mauswiesels. Ich verbleibe noch eine Stunde vor Ort. Es bewegte sich nichts mehr. Mit dem Wissen, dass es hier noch Mauswiesel gibt, und stolz, eines gesehen und fotografiert zu haben, machte ich mich unvorstellbar glücklich auf den Heimweg.

Mauswiesel zwischen Steinen und Totholz. Gut erkennbar am gezackten Übergang vom braunen Fell der Oberseite zum weissen Fell der Unterseite und den braunen Füssen.

JANUAR

25. Januar

Verschossene Penaltys

Vielleicht fragen Sie sich, was verschossene Penaltys mit Biodiversität zu tun haben? Bei mir gibt es diesen Zusammenhang. Bekanntlich habe ich eine Vergangenheit im Fussball. Und im Jahr, wo ich dieses Buch schreibe, hat die Europameisterschaft 2020 der besten europäischen Fussballnationalmannschaften stattgefunden. Bedingt durch die Coronapandemie, musste die Austragung nämlich ins Jahr 2021 verschoben werden. Es war ein ausserordentliches Turnier. Die Spiele wurden in elf verschiedenen Ländern ausgetragen und den jeweiligen Schutzmassnahmen schuldend waren in einzelnen Ländern die Stadien voll, andernorts hingegen praktisch leer. Die Spiele waren von guter Qualität und in der KO-Phase äusserst spannend. Vielfach mussten Spiele durch ein Penaltyschiessen entschieden werden. Davon war auch das erfolgreiche, erstmals seit vielen Jahren die Viertelfinals erreichende Schweizer Team betroffen. Gegen den haushohen Favoriten Frankreich vermochten sich unsere Spieler bravourös durchzusetzen und versenkten alle 5 Penaltys. Anders wenige Tage später gegen Spanien. Die drei letzten Schweizer Schützen verschossen ihre Penaltys und Spanien zog glücklich ins Halbfinale ein.

Den Schweizer Fehlschützen mache ich keinen Vorwurf. Wie schnell ist doch so eine einmalig günstige, nicht wiederkehrende Chance vergeben. Klar weiss ich das noch aus meiner Zeit als Torhüter und später als Trainer. Aber ganz besonders weiss ich das, seit ich in der Natur Tiere fotografiere. O je, was habe ich da schon für «Penaltys» verschossen. Etwa als ich einen Waldkauz für kurze Zeit auf einem Ast freisitzend 10 Meter vor mir fotografieren konnte. Eine seltene und wunderschöne Gelegenheit. Doch leider hatte sich der Suchpunkt für die Bildschärfe nicht am richtigen Ort fokussieren können. Als ich das Bild auf dem Monitor anschaute, sah ich am rechten Bildrand jede Fichtennadel gestochen scharf, dafür den Vogel in der Bildmitte verschwommen. Im wahrsten Sinne des Wortes konnte man nicht erkennen, ob das ein Vogel oder ein Fisch sein sollte. Dies war aufgrund des Sujets ein verschossener Penalty. Oder der selten aus der Nähe zu sehende Kuckuck. Plötzlich sass einer zehn Meter vor mir auf einem Zaunpfosten. Leider war auch dieses Foto unscharf. Schlimm war auch der Moment, als ich abdrückbereit eine ganze Goldammerfamilie auf einem schneebedeckten Ast vor mir hatte und mich Thilde ausgerechnet in diesem Moment lauthals aus dem Fenster zum Essen rief. Weg waren die Goldammer! Sie verstehen jetzt sicher besser, warum ich mit den versagenden Schützen unseres Nationalteams nicht allzu hart ins Gericht ging.

Drei verschossene «Penaltys» mit tollen Sujets. Auf dem untersten Bild sind die Goldammer bereits weggeflogen.

JANUAR

26. Januar

In der Natur sind der Fantasie keine Grenzen gesetzt

Als ich im Trogenmoos eine kurze Rast einlegte, entdeckte ich in einem Felsen vor mir eine versteinerte Gämse.

Auf meinem Pachtland im Innereriz baute ich eine Kleinstruktur für Wiesenlebewesen. Als ich dann das Foto betrachtete, sah ich hier auf der Geissegg eine Löwin mit einem Jungen.

Meine Frage an Sie: Erkennen Sie die Tiere auch?

Wenn nicht, ist die Fantasie wieder einmal mit mir durchgebrannt.

Versteinerte Gemse.

Löwin mit Jungem.

JANUAR

Erlenzeisig-Männchen beim Trinken am eingeschneiten Brunnen

27. Januar   Gartenvögel im Winter

In unserem Garten können wir sicher 20 verschiedene Vogelarten beobachten. Das ist bezüglich der Artenvielfalt eine gute Anzahl. Natürlich haben wir im Sommer deutlich mehr Arten, weil viele nach dem Überwintern in südlicheren Regionen und Ländern wieder zurück zu uns ziehen.

Dass sich die Vögel auch im Winter gerne in unserem grossen Garten aufhalten, hat seine Gründe. Im Gegensatz zur Sommerszeit füttere ich im Winter, wenn der Boden gefroren ist oder eine kompakte Schneedecke vorliegt, an mehreren Stellen die Vögel. Die wenigen noch samentragenden Stauden und Hecken mit Beeren tragen auch zur Attraktivität unseres Gartens bei.

Ganz wichtig ist zu wissen, dass die Vögel auch im Winter Wasser brauchen, was oft vergessen wird. Es gilt also, im Garten eine entsprechende Möglichkeit anzubieten. In unserem Garten ist das durch einen das ganze Jahr wasserführenden Brunnen gegeben.

Futter, Futterhäuschen und Trinkgefässe sind im Fachhandel erhältlich und müssen sauber gehalten werden und sind täglich zu kontrollieren.

Die fleissigsten Trinker an unserem Brunnen sind im Winter die Erlenzeisige.

Steinadler am trüben Himmel. Steinadler können eine Flügelspannweite von bis zu 2,2 Meter aufweisen.

28. Januar

Majestätisches am trüben Himmel

Ich stehe im Regen im tief verschneiten Garten. Ausser ein paar Vögeln an den Futterhäuschen, welche ich soeben aufgefüllt und kontrolliert habe, gibt es nichts zu beobachten, was von Interesse sein könnte. Ein nasskalter Tag und gerade gut genug, um in der warmen Stube zu schreiben. Bevor ich ins Haus gehe, werfe ich aus Gewohnheit noch einen Blick an den Himmel über mir.

Zu meinem Erstaunen sehe ich dabei am Breitwang unterhalb des Hohgants im dunstigen Licht den Steinadler kreisen. Obwohl die Distanz und die Lichtverhältnisse für ein Bild sehr ungünstig waren, holte ich den Fotoapparat und machte noch eine Aufnahme, bevor der Vogel im Gewölk am Hohgant verschwand.

Der Gehalt und die Qualität eines Bildes muss nicht unbedingt immer von seiner Schärfe abhängen. Manchmal können auch Umrisse in diffusem Licht beeindruckend sein.

Genau das empfand ich, als ich das geschossene Foto auf dem Laptop anschaute und die enorme Flügelspannweite des Steinadlers bewunderte.

JANUAR

29. Januar   **Elegant am Himmel kreisend**

Nach Bartgeier und Steinadler ist der Rotmilan der drittgrösste einheimische Greifvogel. Der sich in den letzten Jahren bei uns gut entwickelte Brutbestand ist gemäss der Vogelwarte Sempach zunehmend von internationaler Bedeutung, weil in vielen Regionen Europas die Bestände rückläufig sind.

Hoch in den Bäumen baut das Paar in der Brutzeit ein Nest von bis zu einem Meter Durchmesser. In der Regel enthält ein Gelege ein bis drei Eier. Aufgezogen werden ein bis zwei Nestlinge pro Jahr. Während der Brut wird das Weibchen vom Männchen mit Futter versorgt. Als Nahrung dienen kleine Beutetiere, zur Hauptsache Mäuse, Eidechsen, grössere Insekten und Würmer. Wenn im Frühling die Frösche unterwegs sind, werden auch diese nicht verschmäht.

Rotmilane, Männchen und Weibchen, sind durch Grösse und Gefieder kaum zu unterscheiden und sind bei ihren Kunstflügen gut zu beobachten. Für viele Ornithologen ist der Rotmilan dabei der eleganteste unter den Schweizer Greifvögeln.

Rotmilan auf Ansitz.   *Rotmilan mit Beute in den Fängen.*

JANUAR

30. Januar   **Was fällt Ihnen beim Betrachten dieses Bildes ein?**

Vergleichen Sie Ihre Gedanken zu meinen vom 31. Januar auf der nächstfolgenden Seite.

JANUAR

31. Januar

Zwei Finkenpaare bei Schneefall auf einer Erle.

Buchfinkenpaar.

Stieglitzpaar.

Meine Gedanken zum Bild vom 30. Januar

Im Winter ist es für die hierbleibenden Vögel bei Kälte und kompakter Schneedecke sehr hart. Meistens sind diese in kleineren und grösseren Trupps und nicht selten artenvermischt auf Futtersuche.

Wenn es gegen den Frühling geht, kommt es dann zur Verpaarung und die Vögel sind in ihren Revieren nur noch paarweise oder einzeln unterwegs.

Bei leichtem Schneefall und Minusgraden sitzen auf einer verschneiten Erle vier Vögel. Es handelt sich dabei um zwei unterschiedliche Finkenpaare. Zuoberst sitzt ein Buchfinkenpaar und seitlich, etwas weiter unten, ein Stieglitzpaar. Beide Arten sind ausgesprochene Samen- und Körnerfresser und im Winter an den Futterbrettern anzutreffen.

Der Buchfink ist unser häufigster Brutvogel. In der Winterzeit sieht man bei uns fast nur Männchen, weil die etwas kleineren, bezüglich des Klimas fragileren Weibchen mildere Regionen aufsuchen. Buchfinken sind ausgezeichnete Sänger. Interessanterweise haben Spezialisten festgestellt, dass diese dabei unterschiedliche Dialekte annehmen können. Das heisst, ein Buchfink aus dem Wallis kommuniziert anders als ein Buchfink aus Zürich oder der Bodenseeregion.

Stieglitze sind gelegentlich auch während der Brutzeit noch in kleinen Trupps unterwegs. Sie bilden dabei eine Art Familienbande. Ein Paar macht in der Regel gleich hintereinander zwei Bruten. Mit dem Nestbau des zweiten Nestes wird bereits während der Aufzucht der ersten Brut begonnen. Stieglitze sind wegen ihrer Farbenpracht und ihres Gesangs allgemein beliebt. Besonders auch bei Vogelzüchtern. Sie lassen sich sehr gut mit Kanarienvögeln in Käfighaltung kreuzen. Dabei entstehen sogenannte «Distelpaster» und bei der Weiterzucht bronzefarbene Kanarienvögel. Stieglitze dürfen nur mit einer amtlichen Bewilligung für Zuchtzwecke in Käfigen gehalten werden.

JANUAR

Frage Januar   **1. Auf welchem Bild ist ein Baummarder zu sehen?**

   Bild A

   Bild B

2. Welche der beiden Arten ist in der Schweiz häufiger?

   Steinmarder

   Baummarder

Auflösung Seite 407

FEBRUAR

1. Februar **Eine Falle für eine gute Sache**

Wenn Sie etwas abseits der gängigen Landstrassen auf Wald- und Forstwegen wandern, kann es vorkommen, dass Sie, wie ich heute, in eine Fotofalle geraten. Wobei hier das Wort Falle mit keinerlei Gefahr verbunden ist. Wir haben lediglich bewusst oder unbewusst die Erfassungsschranke von beidseitig der Strasse befestigten Kameras vom Wildmonitoring eines KORA-Projektes überquert und wurden, gleich wie etwa ein Luchs, abgelichtet. KORA ist eine Stiftung. Die Bezeichnung steht für Raubtierökologie und Wildtiermanagement und im Auftrag des BAFU (Bundesamt für Umwelt) und des LANAT (Amt für Landwirtschaft und Natur) übernimmt sie das Monitoring unserer Grossraubtiere wie Luchs, Wolf und Bär.

Wie man sich beim Antreffen und Erkennen solcher Kameras zu verhalten hat, ist jeweils beim Standort auf einem kleinen, gut leserlichen und verständlichen Orientierungsschild zu erfahren.

Das Wildtiermonitoring ist unter anderem für die Artenerfassung und den Artenschutz von Wildtieren und ist für das Verstehen gewisser Verhaltensweisen wichtig. Bevor man Wildkorridore schützen und bauen kann, muss man die Vernetzungsgebiete und die Wanderrouten der Tiere kennen. Hierzu ist das Monitoring unerlässlich. Nicht zuletzt auch zum Schutz der Menschen und deren Nutztieren. Die Auswertungen werden von den zuständigen Stellen jährlich in einem Bericht zusammengefasst und sind der interessierten Bevölkerung zugänglich.

Links und rechts am Rande der Waldstrasse ist eine auf Wärme und Bewegung reagierende Kamera montiert.

FEBRUAR

2. Februar **Der Wolf in der Falle**

Auf der Seite vom 1. Februar habe ich auf die Wichtigkeit und Bedeutung des Raub- und Wildtiermonitorings hingewiesen. Ich lief damals zufällig in eine Fotofalle und schrieb eine Kurzgeschichte daraus. Diese zeigte ich Res, einem Freund von mir und Wildhüter kurz vor der Pensionierung. Der Beitrag gefiel ihm. Ich kam nicht aus dem Staunen heraus, als er mir erklärte, genau in diese Fotofalle sei vor wenigen Tagen, anlässlich des Monitorings durch die KORA, ein Wolf getappt.

Obwohl ich keinen Moment an seiner Aussage zweifelte, sagte ich ihm, dass ich das erst glauben würde, wenn ich ein Bild davon hätte. Alles sei vertraulich, war die erwartete Antwort von Res. Mit dem kurzen Nachsatz, dass er wegen seiner Beziehung zur Natur mein Buch unterstütze und ich das Bild vom Wolf für diese Geschichte verwenden dürfe. Als Beispiel, wie gekonnt und erfolgreich die KORA-Leute das Raubtier-Monitoring betreiben. Für mich war diese «Begegnung» mit dem Wolf, wenn auch nur via Fotofalle, ein grossartiges Erlebnis.

Der Wolf morgens um vier Uhr in der von mir am 1. Februar fotografierten Fotofalle.

FEBRUAR

3. Februar — Schön und kräftig

Der Kernbeisser ist der grösste unserer einheimischen Finkenvögel. Er ist ein richtiger Schönling, wobei das Männchen deutlich kräftiger gefärbt ist als das Weibchen. Auffallend ist nebst dem schönen, leicht schillernden Gefieder sein kräftiger Schnabel.

Haben Sie möglicherweise beim Kirschenessen schon einmal versehentlich auf einen Kirschstein gebissen? Falls Sie dabei keinen Zahnschaden erlitten haben, hatten Sie Glück im Unglück.

Für den Kernbeisser ist der gleiche Biss offenbar kein Problem. Um an den Kern zu kommen, vermag er mit seinem gewaltigen Schnabel und der entsprechend kräftigen Muskulatur Kirschsteine aufzuknacken. Nicht verwunderlich, dass ich, im Bernbiet aufgewachsen, den Vogel unter dem Namen Kirschkernbeisser kennen lernte.

Die Vögel ernähren sich von Sämereien von Bäumen und Sträuchern, aber auch von Raupen und Insekten. Da sie gerne in Mischlaubwäldern und Parks leben, sind sie allgemein gut zu beobachten. Einzig während der Brutzeit sind sie sehr vorsichtig und kaum zu sehen. Ein Paar macht eine Jahresbrut mit einem Gelege von vier bis sechs Eiern. Die Jungen werden vorwiegend mit Insekten aufgezogen. Als Standvogel und Kurzstreckenzieher sind die Vögel in der Schweiz ganzjährig zu sehen. Die Fotos konnte ich bei uns im Garten machen.

Kernbeisser-Männchen.   *Kernbeisser-Weibchen.*

FEBRUAR

4. Februar — Mensch und Natur

Wir sitzen am Frühstückstisch. Im Radio läuft auf SRF 1 ein Interview zwischen dem Moderator Dani Fohrler und Simon Meier, Geschäftsleiter Wildtier Schweiz, zum Thema Wild im Winter. Unter dem Schwerpunkt «Respektiere deine Grenzen» diskutieren sie über das Verhalten von Wintersportlern in der freien Natur und dem Einfluss auf die Wildtiere. Hörer können sich in die Sendung einschalten. Alles bekannte, auf Schneetouren und Wanderungen leider nicht immer eingehaltene Verhaltensmassnahmen dominieren das Gespräch.

Der von der Coronapandemie geprägte Winter 2020/21 und der damit verbundene Lockdown stärkte bei vielen Menschen das Verlangen, sich in der verschneiten Natur zu bewegen. Gut, dass im Radio auf den dabei zu zeigenden notwendigen Respekt gegenüber den Wildtieren aufmerksam gemacht wird.

Thomas sitzt auch bei uns am Frühstückstisch und glaubt, soeben durch das Stubenfenster einen weissen Vogel, fliegend am Waldrand gesehen zu haben. Was? Einen weissen Vogel, frage ich erstaunt und ungläubig. Thomas ist aber nicht von seiner Meinung abzubringen. Für mich Grund genug, im Garten, ausgerüstet mit Feldstecher und Fotoapparat, den Waldrand in den Fokus zu nehmen. Tatsächlich fliegt da etwas Weisses über dem Gelände am Waldrand. Der Vogel ist rasch identifiziert. Es handelt sich um ein weisses Modellflugzeug.

Die Freude an Flugdrohnen und Modellflugzeugen wird von den entsprechenden Fans zunehmend auch im Winter, mitten in der Natur und ohne Gedanken an die Wildtiere, insbesondere die Vögel, ausgelebt. Grundsätzlich habe ich nichts gegen ein solches Hobby. Aber einfach nicht mit der Einstellung: «Wo immer ich will und wann immer ich will.»

Der weisse Vogel am Waldrand entpuppte sich als Modellflugzeug.

FEBRUAR

5. Februar Feldunterricht

Thilde, meine Frau, und ich wollen an die frische Luft. Bei leicht bewölktem Himmel spazieren wir Richtung Grünenbergpass. Weit und breit allein auf dem Strässchen, kommt uns auf einmal ein Auto entgegen. Es ist Res, der Wildhüter. Wir sind mit ihm befreundet. Diesen Sommer wird er pensioniert. Bei jeder Begegnung versuche ich von ihm etwas über den momentanen Zustand der Wildtiere und deren Verhalten zu erfahren. Er erinnert mich dabei immer wieder an die Schweigepflicht. Und ich erkläre ihm jeweils seine Aufklärungspflicht. Unter diesen gegenseitig zu respektierenden Verhältnissen pflegen wir eine schöne Freundschaft. Beim heutigen kurzen Schwatz auf dem Grünenbergsträsschen fragte ich nach der Absicht seiner Beobachtungstour. Geländeinspektion für das Aufstellen von Fotofallen, lautete seine knappe Antwort. Immerhin konnte ich noch vernehmen, dass es um ein Luchsprojekt der KORA geht. Res weiss längstens, dass mir noch ein gutes Luchsbild fehlt. Ein kurzes Augenzwinkern von mir müsste ihn jedenfalls wieder daran erinnert haben.

Später am Tag klingelt es an der Tür. Es ist Res. Auf dem Heimweg fährt er an unserem Chalet vorbei. Er ruft mich zu seiner Transporteinrichtung am Auto und zeigt mir, was sein Hund unweit des Strässchens am Rande eines Grabens im Schnee aufgestöbert hat. Unter der Plache kommt eine achtjährige Gamsgeiss zum Vorschein. Sie wurde vom Luchs gerissen, vom Fuchs und von Raben bis auf die Knochen abgefressen.

Der Wildhüter erklärt mir, wie er anhand der Jahresringe an den Hörnern das Alter der Gams und an der Form der Hörner deren Geschlecht bestimmen kann. Und aufgrund der verschiedenen Frassspuren ist auch zu erkennen, wo der Luchs gefressen hat, wo der Fuchs am toten Tier war und wo sich die Raben gütlich taten. Ich bin wieder einmal beeindruckt vom Wissen des Wildhüters, aber auch vom Anblick des fast vollständig verwerteten Tierkadavers. Auch ein Beispiel für eine ausgewogene Biodiversität. Und hoffentlich für Sie aus diesem Blickwinkel betrachtet auch kein Bild des Schreckens.

Vom Hund des Wildhüters gefundener Gamskadaver.

FEBRUAR

6. Februar **Saharastaub**

Die Wolken am Himmel zu beobachten und ihre Bedeutung zu prognostizieren kann spannend sein. Wie sie sich bewegen oder welche Formen und Muster durch sie am Himmel entstehen. Wir reden im Volksmund etwa von Regenwolken, Gewitterwolken oder Schäfchenwolken, welche wir dann für unsere eigenen Wetterprognosen benutzen. Heute beschäftigt mich eine andere Wolkenart.

Südwestliche Höhenströmungen aus Nordafrika verfrachten über das Mittelmeer in Form von Staubwolken Saharastaub nach Europa. Und schliesslich auch zu uns in die winterliche Landschaft. Zu erkennen durch die gelbliche Farbe am Himmel und als Niederschlag, wobei hier jedoch besser auf Autos als am Boden.

Diese Saharastaubwolken verursachen bei uns aber nicht nur eine schlechtere Fernsicht und schwierigere Wetterprognosen, sondern sie beeinflussen in positivem Sinn die Biodiversität der Pflanzenwelt. Der feine Staub enthält viele Nährstoffe, welche für den Boden eine natürliche Düngung darstellen. Bei uns ist dieser Einfluss sicher deutlich geringer als etwa im Amazonasgebiet, wo gemäss Studien jährlich rund 40 Tonnen Saharastaub abgelagert werden, welche vom Passatwind über den Atlantik gebracht wurden.

Saharastaub um die Mittagszeit am Himmel über dem Gebirgszug der Sieben Hengste.

FEBRUAR

7. Februar

Noch ungelöst

Über den Winter ist unser Biotop verschneit und vereist. Einzig beim Wassereinlauf bleibt eine Fläche von einem halben Quadratmeter eisfrei. Dies ist wichtig für die Lebewesen, welche im Wasser leben oder zumindest im Wasser überwintern. Insbesondere für die vielen Grasfrösche, welche in der Tiefwasserzone (170 Zentimeter tief) auf den Frühling warten. Spannend wird es immer, wenn die Randzonen des Biotopes wieder schneefrei werden. So konnte ich auf einer Steinplatte direkt am Wasser, an einem Häufchen liegend, mehrere leere Gehäuse der Spitzsumpfschnecke feststellen. Von einem Tier sorgfältig aufgebissen und wohl direkt vor Ort gefressen, ohne dabei sichtbare Spuren zu hinterlassen. Wer kann das gewesen sein? Jedenfalls muss das Tier schwimmen und tauchen können. Eine Wasseramsel? Eher nicht, weil der «Räuber» wohl eher unter der Schneedecke ins Wasser kam. Eine seltene Wasserspitzmaus könnte es gewesen sein. Vor über 30 Jahren habe ich einmal eine Wasserspitzmaus an einem nicht mehr existierenden Biotop eines Nachbarn beobachten können. Das war eine meiner schönsten Beobachtungen, weil ich mehrere Tauchgänge verfolgen konnte, bei denen die Maus Köcherfliegenlarven vom Biotopgrund holte.

Ist jetzt möglicherweise wieder eine da? Die Spitzsumpfschnecken gehören auch zum Speiseplan dieser schwimmenden und tauchenden Maus, welche eigentlich gar keine Maus ist und zur Ordnung der Insektenfresser gehört. Die Wasserspitzmaus wurde 2016 von Pro Natura in der Schweiz zum Tier des Jahres erkoren.

An ihre erneute Anwesenheit glaube ich erst, wenn ich sie gesehen und fotografisch dokumentiert habe. Einmal mehr ein Beweis dafür, wie herausfordernd und spannend Naturbeobachtungen sein können. Und wenn es nur im Garten ist.

Leere Spitzsumpfschneckengehäuse am Biotoprand.

FEBRUAR

8. Februar **Sprunggewaltiges Eichhörnchen**

Um Naturbeobachtungen erfolgreich zu dokumentieren, braucht man Bilder. Als Nachweis und Beweis der Glaubwürdigkeit eines Berichtes.

Gelegentlich will man auch Action-Bilder. Beispielsweise von Tieren und ihren Verhaltensweisen. Die Aufmerksamkeit und das Interesse für ein Thema kann durch ein spektakuläres Bild offensichtlich besser gesteigert werden als mit einem schlichten Porträtbild. Dabei wird gelegentlich nicht gerade geschummelt, aber doch von Menschenhand nachgeholfen.

Um Ihnen das Sprungvermögen eines Eichhörnchens mit einem guten Bild dokumentieren zu können, habe ich eben auch etwas nachgeholfen.

Als geübtem Naturbeobachter wird es Ihnen leicht fallen, meinen angewendeten «Trick» mit der als Köder ausgelegten Haselnuss zu erkennen.

Das Eichhörnchen holt sich im Sprung die Haselnuss.

FEBRUAR

9. Februar **Darf man Wildtiere füttern?**

2013 war ein ausserordentlich schneereicher Winter. Im Garten lag eine Schneedecke von gut einem Meter Höhe. Das war vor allem für das einheimische Wild hart. Rehe etwa suchten bis in die Nähe der Chalets nach Fressbarem. Die Verlockung für die Haus- und Gartenbesitzer war gross, die Tiere zu füttern. Futter wie Heu, Gemüse, Obst oder altes Brot mag gut gemeint sein, aber falsch und für die Tiere gar gefährlich. Bei nicht gewohntem und nicht verträglichem Futter bekommen die Rehe Durchfall, werden davon stark geschwächt und sterben schliesslich. Falls man in solchen Momenten den Eindruck hat, die Tiere bräuchten Hilfe, gilt es, den zuständigen Wildhüter zu informieren. Die für die Wildhut ausgebildeten Fachleute wissen genau Bescheid, wann, wo und was in Ausnahmesituationen gefüttert werden muss.

Grundsätzlich sollten Privatpersonen auf das Füttern von Wild verzichten. Einzig bei den hier den Winter verbringenden Vögeln darf man meiner Meinung nach eine Ausnahme machen. Aber auch hier mit Mass, der nötigen Futterqualität und Sauberkeit an den Futterplätzen.

In unserem Garten frassen die Rehe bei grossem Hunger und Gelegenheit nahe am Haus stehende Rosenknöpfe oder rasierten schon einmal einen Erikastock. Am häufigsten versuchten sie an altes, noch an den Sträuchern und Büschen hängendes Blattwerk zu kommen. Dabei kamen weder die Rehe noch ich zu Schaden.

Reh im tief verschneiten Garten auf der Futtersuche.

FEBRUAR

10. Februar **Der Luchs, ein scheuer Geselle**

Der Luchs ist im Berner Oberland seit einigen Jahren wieder heimisch. Im Gegensatz zum Wolf haben sich hier Natur- und Wildschützer mit der ländlichen Bevölkerung und der Jägerschaft weitgehend arrangiert und die Einstellung zum Luchs darf bezüglich der Biodiversität durchaus als Erfolg bewertet werden. Viel dazu beigetragen hat auch die Öffentlichkeitsarbeit des Bernischen Jagdinspektorates. Selten zwar und ohne Foto, aber sehr glaubwürdig erhalte ich von mir bekannten Bauern Hinweise, dass sie bei Waldarbeiten oder etwa beim Zäunen von Weideflächen einen Luchs gesehen hätten. Mir ist dieses Glück noch nie widerfahren. Es ist äusserst schwierig, diesen menschenscheuen und schlauen Jäger bei Tageslicht in der Natur zu beobachten. Natürlich habe ich darüber auch mit unserem Wildhüter Res gesprochen. Er berichtete mir über ein aktuell im Oberland laufendes Luchsmonitoring, an dem er beteiligt sei. Sollte in einer Fotofalle ein brauchbares Bild auftauchen, würde er an mich denken. Eigentlich möchte ich für das Buch nur eigene Aufnahmen verwenden, aber bei Luchs, Braunbär und Wolf bin ich vorläufig noch auf Unterstützung angewiesen. Jedenfalls nahm ich sein Angebot dankend und hoffnungsvoll an.

Tatsächlich. Auf einmal war es so weit. Bei der Kontrolle der Fotofallen hatte ein Wildhüterkollege von Res einen Erfolg zu vermelden. Auf dem Bild ist ein wunderbarer Luchs zu sehen. Dieser war in der Früh um sechs Uhr unterwegs auf einem verschneiten Waldweg. Mit Freude und der Erlaubnis von Res darf ich hier dieses Foto verwenden.

Dieses Bild eines Luchs stammt aus dem Fotofallenmonitoring durch die Wildhüter.

FEBRUAR

11. Februar   Fabelwesen

Immer wieder hört man von leider ausgestorbenen Tierarten. Auch das Gegenteil kommt gelegentlich vor. Nämlich dann, wenn Forscher oder Biologen auf bisher unbekannte Wesen stossen. Meistens stammen solche Nachrichten aus dem Ausland. Aus Beobachtungen im Urwald etwa, aus bisher unberührten Höhlen oder den Tiefen der Meere.

Berichte von kleineren, neu entdeckten Lebewesen stossen meistens beim «Normalverbraucher» auf wenig Aufmerksamkeit. Handelt es sich allerdings um ein grösseres, eventuell für den Menschen gar gefährliches Tier, ändert sich das schlagartig und die entsprechenden Bilder sind oft auf den Frontseiten der Printmedien zu finden. Ich erinnere mich in diesem Zusammenhang noch gut an das Aufsehen um das angebliche Ungeheuer aus dem Loch Ness, dem zweitgrössten See Schottlands, welches dort gesichtet und dessen Silhouette auf einem unscharfen Foto festgehalten werden konnte.

Genaueres über das im Wasser lebende Ungeheuer hat man anschliessend nie vernommen. Als Gag tauchte eine nachgebildete Konstruktion von «Nessie», wie das Ungeheuer genannt wurde, später sogar aus den Wellen des Vierwaldstättersees auf. Die Bilder gingen wiederum um die Welt und «Nessie» wird uns so noch längere Zeit in Erinnerung bleiben. Für die einen bleibt es ein überlebender Saurier aus der Urzeit, für die anderen ganz einfach ein Fabelwesen. Solche Fabelwesen sind mir auch schon begegnet. Erst kürzlich, als ich auf einem Bergweg einen Lawinenschuttkegel überquerte. Natürlich machte ich ein Foto. Dabei blieb es nicht. Weil sich die Szenerie nur unweit von unserem Haus abspielte, hole ich später das Fabelwesen in unseren Garten. Nicht als neue, bisher unbekannte Art, sondern als Hochsitz für die Vögel.

Fabelwesen aus einem Lawinenschuttkegel ragend.

FEBRUAR

12. Februar — Eine eher seltene Beobachtung

Sei es in einem Gartenwasserbecken, an einem Bach oder ganz einfach in einer Regenwasserpfütze: Vögel beim Trinken und Baden zu beobachten ist für mich immer etwas Spannendes. Dabei sind sie in der Regel sehr vorsichtig. Ihr Prozedere kann unterschiedlich kurz oder lang sein. Nicht alle Vögel trinken oder baden gleich. Bei Schwalbenarten habe ich zum Beispiel beobachtet, dass sie am Biotop im Flug immer wieder knapp die Wasseroberfläche streiften, ohne zu landen. Zuerst glaubte ich, sie würden auf diese Art Mücken erbeuten. Nach längerem Beobachten mit dem Feldstecher gelangte ich aber zur Erkenntnis, dass sie so ihr Gefieder reinigen. Blaumeisen dagegen nehmen an geeigneter Stelle gerne ein Vollbad und schütteln sich danach eindrücklich das Wasser aus den Federn. Andere Vögel, zum Beispiel Haussperlinge, nehmen gerne im Trockenen zur Säuberung ein Sandbad. Nicht schlecht staunte ich, wie sich an unserem Brunnen ein Waldbaumläufer bei diesem Prozedere verhielt. Nach längerem Herumfliegen und Klettern an den Bäumen in der Nähe des Brunnens landete er auf dem breiten Naturstein-Brunnenrand. Mit seinem langen, dünnen Schnabel holte er sich mehrmals einen «Schluck» des frischen Quellwassers. So weit nichts Aussergewöhnliches, abgesehen davon, dass ich diesen Vogel noch nie beim Trinken beobachten konnte. Als er sich sicher fühlte, hielt er sich mit seinen spitzen Zehenkrallen am Brunnenrand fest, drang bis zum Hals ins Wasser ein und schwenkte seinen Körper mehrmals hin und her. Direkt aus dieser speziellen Badehaltung flog er, das Wasser dabei aufspritzend und meinem Sichtfeld entschwindend, in die naheliegenden Bäume.

Ich war verblüfft, wie intelligent sich der Waldbaumläufer an unserem Brunnen verhielt. Zuerst trank er vom Wasser und erst dann badete er darin. Mich freute jedenfalls diese eher seltene Beobachtung.

Waldbaumläufer beim Baden und Trinken.

FEBRUAR

13. Februar **Zur Unzeit**

Auf dem Friedhof in Wasen im Emmental liegt eine fünf Zentimeter dicke, kompakte Schneeschicht. Es ist kalt. Bissig kalt. Das Thermometer zeigt minus acht Grad. Dazu weht eine kräftige Bise. Nicht gerade einladend für einen Friedhofbesuch. Weiter nicht erstaunlich, dass ich die einzige Person auf dem Friedhofgelände war.

Letztes Jahr gab es hier auf einem Ahornbaum zwei erfolgreiche Bruten eines Türkentaubenpaars. Dann erhielt ich vom Friedhofgärtner den Hinweis, dass die gleichen Vögel bereits wieder auf dem Baum, allerdings in einem neuen Nest, am Brüten seien. Zur Unzeit, mitten im Winter für Türkentauben sicher ungewöhnlich früh. Selbstverständlich wollte ich mir das Ereignis vor Ort ansehen.

Tatsächlich sass bei meiner Ankunft eine Taube auf dem Nest und es ging nicht lange, bis die zweite auch auf den Baum kam und ihr typisches «Gurren» zum Besten gab.

Türkentauben sind bei uns häufig und brüten jährlich mehrmals. Aber eine Brut mitten im Winter war für mich neu und ich bin gespannt, ob diese erfolgreich sein wird. Der Friedhofsgärtner hat mir jedenfalls versichert, er werde mich über das Ergebnis der unzeitigen Brut informieren. Ich bin gespannt.

Türkentaubenpaar.

Türkentaube, bei bissiger Kälte, auf dem Nest am Brüten.

FEBRUAR

14. Februar **Zytröseli**

Zytröseli begleiten mich seit meiner Kindheit. Die sehr auffälligen gelben Blüten ähneln kleinen Sonnen. Und an vielen Standorten sind sie die ersten Frühlingsblüher.

Den richtigen Namen Huflattich habe ich erst viel später erfahren. Huflattich ist anspruchslos und überall in der Schweiz zu finden. Die Pflanze mag magere und trockene Böden, Sand, Kies, Wegränder, Gruben und wächst gerne entlang von Bächen und Flüssen.

Interessant sind die Entwicklungsstadien der Pflanze. Zuerst erkennt man die kleinen Blütenstiele und Blüten und nach dem Abblühen stossen im Sommer grosse, ja zum Teil riesige grüne Blätter nach und nichts mehr erinnert an das kleine Zytröseli des Frühlings.

Huflattich war schon immer als Naturheilmittel gegen Krankheiten der Bronchien und gegen Husten hilfreich und beliebt. Die zur Familie der Korbblütler gehörende Pflanze dient auch mehreren Schmetterlingsarten als Futterpflanze.

Als ich heute in den Voralpen unterwegs war, musste ich einen Moment stehen bleiben. Nicht weil ich Husten hätte oder mich die Bronchien plagten. Nein, sondern weil ich das Strahlen der vier kleinen Sonnen am Wegrand mehr als nur einen Augenblick lang geniessen wollte.

Blühender Huflattich am Wegrand in den Voralpen.

| FEBRUAR |

Schnell eine Nahaufnahme, bevor der Steinadler davonfährt.

15. Februar   Endlich eine Nahaufnahme

Thilde hat mich auf eine kurze Wanderung durchs Wachseldorfmoos begleitet. Das Hochmoor mit dem kleinen See steht unter Naturschutz. Es ist mit einem Wanderweg und verschiedenen Waldwegen gut erschlossen und für die Bewohner der Gemeinden Wachseldorn und Buchholterberg ein beliebtes Naherholungsgebiet. Früher wurde hier Torf gestochen. In einer aus dieser Zeit stammenden kleinen Hütte erinnern Informationstafeln an diese für die Natur sehr einschneidende Epoche mit dem Torfabtrag.

Weil ich mit Thilde nur am Spazieren bin, halte ich nicht gross Ausschau nach kriechenden oder fliegenden Naturobjekten. Natürlich hängt die Kamera am Hals. Man weiss ja nie, was einem unerwartet über den Weg laufen könnte. Als wir wieder vor unserem Auto auf dem Parkplatz standen, hatte ich in der Zwischenzeit allerdings nur zwei Landschaftsbilder gemacht. Auf der Fahrt zurück ins Eriz musste mich Thilde in gewohnter Weise darauf aufmerksam machen, dass ich meine ganze Konzentration dem Strassenverkehr widmen soll und nicht nach Vögeln und anderen Tieren Ausschau halten dürfe.

Sie hat da auch absolut Recht. Nur den Steinadler, am Strassenrand vor Bühlmanns Werkstatt auf einem Transporter sitzend, konnte ich unmöglich übersehen. Wie lange warte ich schon auf eine Nahaufnahme von unserem König der Lüfte! Ich hielt an und schoss schnell ein Foto, bevor der Adler davonfuhr. Das ist kein Schreibfehler! Davonfliegen konnte dieser hölzerne Vogel ja nicht, aber davonfahren. Thilde zeigte übrigens für mein Handeln Verständnis. Sie weiss genau, was mir eine Adlerbeobachtung mit einer gelungenen Nahaufnahme bedeutet.

FEBRUAR

16. Februar
Durch den Schneetunnel ins Gewässer

Seit Jahren wissen wir, dass gelegentlich ein Iltis unser Biotop aufsucht, um sich einen Frosch zu holen. Seine Spuren sind natürlich am besten zu beobachten, wenn im Winter eine Schneedecke im Garten liegt und das Biotop bis auf die eisfreie Wassereinlaufstelle zugefroren ist. Zu Gesicht bekamen wir den zu den marderartigen Wildtieren gehörenden Iltis erst zweimal. Und zwar als meine Frau und ich jeweils am späteren Nachmittag von einem Spaziergang zurückkamen und er von der Böschung herkommend ans Biotop wollte. Kaum hatte er uns zur Kenntnis genommen, zog er sich blitzschnell wieder zurück. Auf Grund seiner Kopfzeichnung ist der Iltis gut von anderen Marderarten zu unterscheiden. Ein Foto zu machen gelang mir noch nie, auch weil diese Tiere vorwiegend nachtaktiv sind. Mein Nachweis muss sich somit auf die hinterlassenen Spuren beschränken. Im Gegensatz zu anderen marderartigen Tieren sind Iltisse gute Schwimmer und begeben sich zum Beutefang gerne ins Wasser. In der Schweiz ist der Iltis geschützt und darf nicht bejagt werden. Einige der Fachliteratur entnommene Hinweise möchte ich Ihnen nicht vorenthalten.

Iltisse sind in der Lage, erbeutete Tiere wie beispielsweise Frösche durch ein Gift zu betäuben und sich so einen Vorrat an Frischfleisch anzulegen. Während der Begattung legt das Männchen das Weibchen mit einem Nackenbiss still. Iltisse haben durchschnittlich drei bis sieben Junge und haben in der Natur eine Lebenserwartung von rund sechs Jahren.

Blutspuren am Tunneleingang.

Vom Iltis gegrabener Tunnel ins vereiste Gewässer.

Iltis-Foto, das von einer Leserin zur Verfügung gestellt wurde.

FEBRUAR

Briefmarken und Postkarten mit Sujets aus der einheimischen Natur erinnern oft unbewusst an die Biodiversität und ihre Schönheit und Wichtigkeit.

17. Februar   **Steter Tropfen höhlt den Stein**

Heute war ich für die Buchbesprechung beim Weberverlag im Gwatt und habe mit der Verlagsleiterin Annette Weber die ersten Manuskripte besprochen. Sie hat mich dabei ermutigt und motiviert, das Buch in dieser Form zu schreiben. Sie steht voll dahinter. Bei der Verabschiedung überreichte Sie mir noch eine Box mit 50 Tier-Briefmarken als Postkarten. Ich erinnerte mich an meine Jugendzeit zurück, als ich Briefmarken sammelte. Von was habe ich damals doch immer geträumt? Kenner werden es erahnen: vom «Baslertübeli»! Diese Marke war damals unter den Sammlern das absolute Highlight und mehrere tausend Franken wert. Vergeblich suchte ich damals bei der älteren Verwandtschaft in Estrichen und Kellern nach der begehrten Marke.

Und jetzt schaue ich mir diese Postkarten mit Tierbriefmarken als Sujet etwas genauer an und bin von der Schönheit und Vielfalt unserer einheimischen Tierarten einmal mehr begeistert. Sofort wird mir klar, dass dies auch anderen Betrachtern so ergehen wird. Die heutige Tagesgeschichte ist geboren.

Es gilt, diejenigen Leute zu erreichen, die sich bis jetzt weniger mit der Bedeutung der Biodiversität auseinandergesetzt haben. Und zwar ohne grossen Aufwand, Kosten und, ganz wichtig, ohne belehrend zu wirken, Wie denn, werden Sie fragen? Ganz einfach: Indem wir auf der Post Briefmarken mit Sujets aus unserer Natur kaufen und verwenden. Jeder und jede Empfängerin einer solchen Postzustellung wird sich über die Briefmarke freuen und dabei automatisch an die Schönheiten und die Wichtigkeit unserer Natur erinnert. Ein kleiner Beitrag, wie es scheint. Aber steter Tropfen höhlt den Stein.

FEBRUAR

18. Februar

Immer und überall die Gleichen?

Wenn zu vieles verboten wird, fühlt man sich zu Recht in der Lebensqualität eingeschränkt und wehrt sich dagegen. Um ein für alle gangbares Miteinander zu ermöglichen, kommen wir jedoch in gewissen, bedeutenden Bereichen in der Gesetzgebung nicht um Verbote herum. Diese gilt es ohne «Wenn und Aber» zu befolgen und andernfalls zu ahnden. Mehr Spielraum haben wir bei Empfehlungen. Meistens sind diese sinnvoll und appellieren an den gesunden Menschenverstand. Wir werden dabei angehalten, die Empfehlungen bitte zu befolgen. Diese Praxis, sinnvolle Empfehlungen auszusprechen, hat sich eigentlich bewährt. Die meisten Menschen sind einsichtig. In der Natur hat in letzter Zeit die Missachtung von geltenden Regeln aber auffallend zugenommen. In der Winterzeit denke ich dabei an den Schutz der Wildtiere. Es gilt, die empfohlenen Routen einzuhalten und Hunde dort an der Leine zu halten. Bei meinen Spaziergängen auf Winterwanderwegen stelle ich immer wieder fest, wie sich Leute in den Wildtierzonen aufhalten und Skitourenfahrer von Hunden begleitet sind, welche nicht an der Leine geführt werden.

Manchmal frage ich mich bei diesen Beobachtungen, ob diese Leute generell alle empfohlenen Regeln missachten. Zu gut Deutsch frage ich mich, ob es sich um Egoisten handelt, welchen das Allgemeinwohl und der Respekt gegenüber den Mitmenschen und vor allem der Natur völlig egal ist.

Klar kann man sich bei solchen Wahrnehmungen täuschen. Möglicherweise ist das bei Hans, der mich heute auf meinem Spaziergang zwei Mal überholte, auch der Fall. Beim ersten Mal war er mit Tourenskis unterwegs und der Hund war nicht an der Leine, obwohl im Schnee viele Wildtierspuren zu sehen waren. Beim zweiten Mal überholte er mich auf der Strasse mit dem Auto. Am Auto fehlten die Nummernschilder, obwohl er auf einer öffentlichen Landstrasse fuhr.

Übrigens ist mir das Auto ohne Nummernschilder schon auf dem Parkplatz aufgefallen. Im Innern war an der Frontscheibe ein Namensschild mit der Aufschrift Hans angebracht. Hans deswegen als Egoisten zu bezeichnen, würde ich mir nicht erlauben. Aber ins Grübeln hat er mich schon gebracht. Es sind immer wieder und überall die «Gleichen», wie man leider doch allzu oft hört.

Der Hund nicht an der Leine, die Nummernschilder nicht am Auto. Ein negatives Beispiel für jemanden, der sich nicht an Regeln hält.

FEBRUAR

Fuchs vor dem Einnachten unterwegs auf einem winterlichen Fussweg.

19. Februar   **Winterwanderwege**

Immer mehr haben gerade ältere Menschen das Bedürfnis, auch im Winter in der Natur zu wandern und zu spazieren. Am liebsten in einer frisch verschneiten Landschaft. Entsprechend haben praktisch alle grösseren und kleineren Tourismusorte Winterwanderwege und Schneeschuhrouten im Angebot.

Dabei kann es vorkommen, dass Wildtiere gestört oder gar aus ihren Lebensräumen vertrieben werden. Anderseits kann man beobachten, wie gespurte Wege in Wald und Landschaft gerade nachts auch von Wildtieren genutzt werden. Kräftesparend und sicher können sie sich so innerhalb ihrer vernetzten Lebensräume fortbewegen. Jedenfalls hat man beim Monitoring mit Fotofallen schon des öfteren Rotwild, Hasen aber auch Luchs und Wolf auf gespurten Waldwegen erfassen und nachweisen können. Auch auf schneefreien Autostrassen kann man im Winter nachts in Waldabschnitten regelmässig Rehe beobachten. Hier dürfte jedoch nicht nur das kräfteschonende Fortbewegen der Grund sein. Gerne lecken Rehe bei Bedarf am Strassenrand auch das am Boden liegende Streusalz.

Mir ist kürzlich vor dem Einnachten auf einem gespurten Pfad ein Fuchs entgegengekommen. Zu einem nebeneinander Vorbeigehen kam es allerdings dabei nicht. Als ich in guter Sichtnähe war und meine Kamera abdrückte, traute der Fuchs meinen guten Absichten nicht und machte sich wieder in entgegengesetzter Richtung auf und davon. Merke: Auf Nachtwanderungen in der Natur sollte speziell im Winter aus Rücksicht vor den Wildtieren verzichtet werden. Und schon gar nicht mit freilaufenden Hunden.

FEBRUAR

20. Februar — Nesterbau

Wie freuen wir uns jedes Jahr, wenn im Frühling die Schwalben von einer langen Reise aus ihren südlichen Winterquartieren zurückkommen. Sie kommen jedoch nur noch solange zurück, wie sie bei uns die nötigen Ressourcen für ihre Bruten finden. Nämlich Insekten für ihre Nahrung, die richtigen Materialien zum Bau ihrer Nester und geeignete Objekte, um diese anzubringen. Durch die Veränderungen unserer Landschaft wird es immer schwieriger, diesen Ansprüchen gerecht zu werden, was sich beispielsweise bei einem rückläufigen Mehlschwalbenbestand bemerkbar machte. Um dem entgegenzuwirken, wurden verschiedene Projekte zur Förderung der Mehlschwalben gestartet. Mit gutem Erfolg darf man heute sagen. Der verminderte Einsatz von Spritzmitteln in der Landwirtschaft und das Anbringen von künstlichen Nestern hat zu dieser Trendwende beigetragen. Leider sind in Ländern, wo die Schwalben den Winter verbringen, teilweise immer noch Pflanzenschutzmittel zugelassen, welche bei uns längst verboten sind. Zahlreiche Vögel, darunter auch Schwalben, sterben deswegen. Die Zahlen der Rückkehrer sinken dadurch erheblich. Der Natur- und Vogelschutzverein Wasen im Emmental betreut in der Region und zum Teil weit darüber hinaus Mehlschwalbenkolonien. Die Mitglieder montieren an geeigneten Gebäuden künstliche Nester, kontrollieren und reinigen diese im Herbst. Den grössten Beitrag leisten sie aber, indem sie diese Brutmöglichkeiten eigens herstellen und mit einer entsprechenden Montage- und Pflegeanleitung verkaufen. So verlassen jeden Winter hunderte von Schwalbennestern das Emmental, um den im Frühling ankommenden Mehlschwalben Brutmöglichkeiten anzubieten. Unter den Abnehmern für den Wiederverkauf ist unter anderen die Vogelwarte Sempach. Auch in Filialen des Grossverteilers Coop sind solche Nester erhältlich. Für mich ein schönes Beispiel, was im Kleinen gemacht werden kann, um die grosse Artenvielfalt an Pflanzen und Tieren in unserer Natur zu erhalten. Ich konnte mich in Wasen persönlich überzeugen, mit welchem Eifer und welcher Leidenschaft die Vereinsmitglieder in ihrer Freizeit Mehlschwalbennester fabrizieren.

Auch im Corona-Jahr brauchen die Mehlschwalben ihre Nester. Motto in Wasen: Wir schaffen das!

FEBRUAR

21. Februar **Lange vor den Schwalben**

Bei uns auf gut 1000 Meter ist dann Frühling, wenn die Mehlschwalben zurück sind. Die ersten Sichtungen sind in der zweiten Aprilhälfte möglich. Einige Tage vorher sehe ich meistens schon die ersten Rauchschwalben. Gar drei Wochen früher sind, allerdings in geringer Anzahl, die Felsenschwalben da. Das lange Warten auf die Mehlschwalben wird durch die wesentlich frühere Rückkehr von verschiedenen Kurzstreckenziehern unterbrochen und bietet im Garten wieder mehr Möglichkeiten, Vögel zu beobachten.

Ich denke da vor allem an die Stare. Diese kommen bereits im Februar, wenn im Garten noch recht viel Schnee liegt. Dabei geht es ihnen um die Rekognoszierung und Sicherstellung ihrer letztjährigen Brutplätze und Nistkästen. Dem Bezug und der ersten Übernachtung im Kasten geht eine längere Beobachtungsphase voraus. Die Vögel wollen sicher sein, dass sie sich hier in gewohnter Art und ohne unmittelbar drohende Gefahren fortpflanzen können. Die Sicherheitskontrolle, Reservierung und Verteidigung der Nistkästen durch die Vögel ermöglicht schon viele spannende Beobachtungen, lange bevor die immer sehnlichst erwarteten Schwalben eintreffen und der Frühling bei uns angekommen ist.

Im Garten liegt noch viel Schnee und das Biotop ist nur teilweise eisfrei.

Dieser Star inspiziert bereits seine letztjährige Behausung.

FEBRUAR

22. Februar **Unsere zwei bekanntesten Meisenarten**

In der Schweiz gibt es mehrere Meisenarten. Die bekanntesten sind die Kohlmeise und die etwas kleinere Blaumeise. Beide Arten kommen an die Futterbretter und benutzen gerne in Gärten aufgehängte Nistkästen. Bereits im Februar beginnen die Paare ihre ausgewählten Kästen und Reviere zu besetzen und gegen andere Paare zu verteidigen. Dabei kommt es häufig zu energischen, ja gar lebensbedrohlichen Auseinandersetzungen zwischen den Vögeln. Im Februar 2021 wurden diese Kämpfe in unserem Garten kaum ausgetragen. Es gab schlicht zu wenig Vögel, welche die Kästen gleichzeitig besetzen wollten. Die wenigen Kohlmeisen- und Blaumeisen-Paare konnten ihre Kästen ungestört und unaufgeregt besetzen.

Im Innereriz stellte ich jüngster Zeit allgemein einen rückläufigen Bestand der sonst recht häufigen Kohl- und Blaumeisen fest. Diese Beobachtung wurde mir auch aus anderen Brutgebieten bestätigt. Es ist zu hoffen, dass dies nur eine Momentaufnahme darstellt und sich der Bestand wieder erholt. Die beiden Meisenarten machen jährlich ein bis zwei Gelege mit sechs bis zwölf Eiern. Für die Fütterung der Jungvögel benötigen Meisen genügend Insekten. Mangelt es an diesen, kommt es, insbesondere im Frühling, zu Brutverlusten.

Kohlmeise am Nistkasten. *Blaumeise am Nistkasten.*

FEBRUAR

Nordische Schwanzmeise im Garten.

23. Februar **Neue Vogelart im Garten**

In unserem Garten und der angrenzenden Landschaft kann ich je nach Jahreszeit regelmässig sicher dreissig Vogelarten beobachten. Weitere zwanzig Arten sehe ich gelegentlich und etwa zehn Arten sehr selten. Diese sechzig Vogelarten habe ich auch bereits alle fotografiert.

Beim Beobachten hoffe ich immer, dass die eine oder andere neue, noch nicht beobachtete und fotografierte Art dazu kommen könnte. Trifft das zu, handelt es sich in der Regel um Vögel, die schweizweit nur noch selten oder zumindest nicht häufig vorkommen. Meistens sind solche Beobachtungen Zufallstreffer und die Vögel machen auf ihrem Zug nur einen kurzen, wetter- oder nahrungsbedingten Zwischenhalt. Es kann auch vorkommen, dass sich bisher in der Schweiz nicht als Brutvögel etablierte Arten, etwa auf Grund klimatischer Veränderungen, bei uns langsam anzusiedeln versuchen und sich dabei einheimischen Arten der gleichen Gattung anschliessen.

Dazu dürfte auch die bisher in der Schweiz eher selten gesehene Nordische Schwanzmeise gehören, welche ich gegen Ende Februar im Garten fotografieren konnte. Ich liess die Vogelart auf Grund der Bilder von der Vogelwarte Sempach bestätigen. Hans Schmid, welcher dort für das Vogelmonitoring zuständig ist, meldete für mich die Beobachtung mit den Bildern bei der Schweizerischen Avifaunistischen Kommission SAK an. Diese bestätigte mir anschliessend schriftlich, im Eriz eine Schwanzmeise mit den Merkmalen der Unterart A.c. caudatus beobachtet und fotografiert zu haben. Zudem wurde darauf hingewiesen, dass die Beobachtung auch Eingang in die wissenschaftliche Literatur, unter anderem in den «Ornithologischen Beobachter» und in «Nos Oiseaux», finden werde. Wenn ich sehe, wie sich unsere naturinteressierte Nachbarin über jeden Hausrotschwanz freut, ist diese Nordische Schwanzmeise für mich ein schöner Achtungserfolg.

FEBRUAR

24. Februar — Natur und Wintersport

Wintersport gab es schon lange vor meiner Geburt und Kindheit. In den letzten Jahrzehnten hat er aber gewaltig zugenommen. Die touristische Erschliessung vieler Bergregionen und die dazugehörigen Wintersportanlagen sind geradezu explosionsartig gewachsen. Dieses immer höher, weiter und länger hat viel dazu beigetragen, dass die eigentliche Winterruhe, welche der Natur und den Menschen zugetan wäre, weitgehend verloren ging.

Längst haben wir uns an diese Veränderung gewöhnt. Die technischen Hilfsmittel und Errungenschaften ermöglichen uns, diesbezüglich auch dem Gelände und der Klimaerwärmung zu trotzen. Helikopter und Kunstschnee lassen grüssen. Für die in der Natur lebenden Tiere hat sich bezüglich ihrer Bedürfnisse aber kaum etwas verändert. Kälte und tiefverschneite Landschaften erschweren ihnen ihre Fortbewegung und das eingeschränkte Futterangebot zwingt sie, mit ihren Kräften haushälterisch umzugehen. Sie leiden jedenfalls ob der zum Teil fehlenden, für sie überlebenswichtigen und ihnen zustehenden Winterruhe. Ob diese menschengemachte Entwicklung für uns selber ein Segen ist und nicht zuletzt zu einem Ganzjahresstress beiträgt, mag jeder selber beurteilen. Und schliesslich haben wir im Gegensatz zu den Wildtieren die freie Wahl, ob wir und wie wir das alles mitmachen wollen. Aus wirtschaftlichen Gründen und dem offensichtlichen Bedürfnis unserer Gesellschaft wird das wohl auch so bleiben und eher noch zunehmen.

Natur- und Umweltschutzverbände versuchen dem entgegenzuwirken und stossen dabei neuerlich auch in der breiten Bevölkerung auf immer mehr Verständnis und Unterstützung. Nebst den absoluten Schutzzonen wird durch eine geschicktere Erschliessung der Anlagen und Lenkung der Sporttreibenden ein noch grösserer Schaden verhindert. Das eine tun und das andere nicht lassen kann auch hier zu politisch mehrheitsfähigen Kompromissen führen. Wenig Verständnis kann ich jedoch für öffentliche Werbung aufbringen, welche unter dem Slogan «Wo ich will und wann ich will» Wintersportler und Sportlerinnen in Text und Bild, jeglichen Respekt vor der Natur vermissend, für Ferien in ihrer Region gewinnen will.

Bei dieser Art Werbung auf Schweizer Bahnhöfen fehlt mir der Respekt vor der Natur.

FEBRUAR

Das einzige angetroffene Leberblümchen. Ob ich wohl zu früh war?

25. Februar   Ungeduldig

Als ich im Radio hörte, wie sich eine Frau aus dem Unterland über die bereits blühenden Leberblümchen freute, hielt es mich nicht mehr zurück. Hier oben auf 1000 Meter sind sie seltener und blühen eben auch etwas später. Ich kenne hier einen recht steilen, gegen Süden ausgerichteten und sonnigen Buchenwaldstreifen, wo sie vorkommen. Voller Hoffnung mache ich mich bei schönstem Wetter auf den Weg. Vor Ort angekommen, sehe ich weit und breit kein Leberblümchen.

War ich zu früh? Oder gibt es hier gar keine mehr? Fragen über Fragen. Doch halt. Tatsächlich lächelt mir doch noch ein blaues Blümchen entgegen. Also ist es wohl noch zu früh und ich war hoffentlich nur zu ungeduldig. In zwei Wochen gehe ich wieder vorbei und werde die Antwort kennen.

Meine besondere Beziehung zu den Leberblümchen stammt aus meiner Kindheit. In der Lauenen oberhalb Thun aufgewachsen, kannte ich im Gebiet der Rabenfluh ein Waldstück, wo es nebst den vielen blauen Leberblümchen eine rötliche Variante gab. Eine Seltenheit. Nie hätten mein Nachbarsfreund und ich den Standort preisgegeben.

Ob es dort, 65 Jahre später, noch rote Exemplare gibt, ist mir nicht bekannt. Aus der Zeitung weiss ich nur, dass ganz in der Nähe in diesem Wald eine grössere Trial-Bikestrecke gebaut wurde.

Ich hoffe und glaube, dass die Leberblümchen das verkraften können. Wie sich die Biker und Wanderer in diesem Gebiet begegnen und benehmen werden, wird sich dagegen erst noch weisen.

FEBRUAR

26. Februar — Meise mit Bart

Die Bartmeise ist die einzige europäische Vertreterin aus der Familie der Panuriade, welche vorwiegend in tropischen Regionen verbreitet ist. Sie ist mit unseren einheimischen Meisenarten nicht verwandt. Besonders charakteristisch ist die Kopfzeichnung mit der einem traditionellen Chinesenbart ähnlichen Zeichnung, welche ihr auch den deutschen Namen gab.

Die scheuen Vögel leben zur Hauptsache in Schilfbeständen, wo sie Samen und Insekten finden. Im Gegensatz zu den meisten unserer Singvögel können Bartmeisenpaare mehrere Jahre zusammenbleiben. Gemäss der Vogelwarte Sempach gibt es in der Schweiz etwa 80 bis 110 Paare und der Bestand wird als verletzlich eingestuft.

Ich habe die schönen und seltenen Vögel, welche sich nach der Brut gerne zu kleinen Trupps zusammenschliessen, in den Schilfbeständen am Broyekanal in La Sauge gesucht und nach mehreren vergeblichen Bemühungen zu meiner Freude schliesslich auch gefunden.

Bartmeisenmännchen im Schilf von La Sauge.

FEBRUAR

Dompfaff bei Schneefall an den Beeren des Gewöhnlichen Schneeballs.

27. Februar **Tierfotografie bei ungestörtem Verhalten im natürlichen Lebensraum**

Bilder sagen mehr als Worte. Dies zumindest dann, wenn es dem Fotografen gelingt, seine Empfindungen und Gefühle beim Betätigen des Auslösers mit ins Bild zu bringen. Meistens ist dabei der Adrenalinkick kurz und die Chance, den gewünschten Protagonisten in der passenden Umgebung festzuhalten, noch kürzer. Schnell ist meistens alles vorbei. Ein ausserordentlich gelungenes Bild vermag mich noch Jahre später an den grossartigen Augenblick zu erinnern und hat den Vorteil, dass auch weitere Betrachter daran teilhaben können.

Der männliche Dompfaff, den ich in unserem winterlichen Garten bei leichtem Schneefall an den Beeren des Gewöhnlichen Schneeballs einfangen konnte, ist für mich ein schönes Beispiel dafür.

FEBRUAR

Im Freiluftkino bin ich der Star, scheint er uns sagen zu wollen.

28. Februar Grosses Kino

Stare gehören zu den am meisten vorkommenden Vögeln weltweit. Es gibt über sie kaum mehr etwas zu erzählen, was nicht längst bekannt wäre. Also beschränke ich mich hier auf das Nötigste. Stare sind Standvögel und Kurzstreckenzieher und bei uns in unterschiedlichem Ausmass ganzjährig zu sehen. Ausserhalb der Brutzeit leben sie in grossen Trupps, wechseln ihr Gefieder vom Schlichtkleid ins Prachtkleid, können verschiedenste Geräusche nachahmen und mehrere Vogelstimmen imitieren. Stare machen jährlich ein bis zwei Gelege mit vier bis sechs Eiern, vorwiegend in Nistkästen oder, wenn noch vorhanden, in natürlichen Bruthöhlen. Ihre Nahrung besteht aus Insekten und Früchten. Stare können mehrere Jahre alt werden und zeigen hinsichtlich der Treue zu ihren Partnern ein unterschiedliches Verhalten.

Stare zu beobachten gehört bezüglich Unterhaltungswert in unserem Garten zu den absoluten Highlights. Sie sind dabei immer wieder für Überraschungen gut. Bei unserer Höhenlage von gut 1000 Meter sind sie in kalten und schneereichen Wintern kaum zu sehen. Umso mehr Betrieb herrscht dann, wenn sie zwischen Mitte und Ende Februar die vier an verschieden Orten aufgehängten Nistkästen beziehen. Weil Stare vor allem auch durch ihre vielartigen Geräusche auffallen, hoffe ich, Ihr Interesse für einen «Freiluftkinobesuch» geweckt zu haben. Stare werden ziemlich sicher auch in Ihrer näheren Umgebung zu beobachten sein.

März

MÄRZ

1. März

Schmetterlinge im März

Der Grosse und der Kleine Fuchs sind zwei Schmetterlingsarten, die bei uns als Falter überwintern. Entsprechend gehören sie im Frühjahr zu den ersten zu beobachtenden Schmetterlingen. Ihr Verhalten und ihre Habitate sind allerdings recht unterschiedlicher Art. Der Kleine Fuchs ist ein hektischer, gegenüber anderen Schmetterlingen recht aggressiver Falter. Der Grosse Fuchs hat einen deutlich ruhigeren Flug. Seine Nahrung besteht zur Hauptsache aus Baumsäften und gelegentlich findet man ihn auch am Saugen an blühenden Weiden. Seine Eier legt er zahlreich an die Äste von Laubbäumen und macht bei uns jährlich nur eine Generation.

Der Kleine Fuchs ernährt sich von verschiedensten Frühblühern und legt seine Eier an die Unterseite von Brennnesselblättern. Er macht zwei bis drei Generationen im Jahr und ist entsprechend häufiger anzutreffen als der Grosse Fuchs. Obwohl die beiden Schmetterlinge auf den ersten Blick sehr ähnlich aussehen, weisen sie in Bezug auf ihre Zeichnung drei recht markante Unterschiede auf. Viel Spass beim Versuch, diese herauszufinden.

Kleiner Fuchs.

Grosser Fuchs.

Kleiner Fuchs im Februar auf Erika.

MÄRZ

2. März   **Diesen Tag werde ich nicht vergessen**

Am Nachmittag bin ich unterwegs Richtung Grünenbergpass. Ausgerüstet mit Feldstecher und Fotoapparat, will ich vom Stall der Alp Fall aus in den gegenüberliegenden Felsen den Adlerhorst beobachten. Schon bald zeigt sich der Adler direkt über mir am Himmel. Ohne den Horst anzufliegen, entschwindet er gleich wieder hinter die Gebirgskette und somit auch aus meinem Blickfeld. Mir gelingt nur ein flüchtiges Foto. Nach einer Stunde, es ist kurz nach vier Uhr nachmittags, breche ich ohne weitere Sichtung meine Beobachtung ab und wandere zurück ins Innereriz. In der Nacht ist von unserem Chalet aus Helikopterlärm zu hören und anderntags vernehme ich von einem tragischen Unfall, welcher sich nur unweit von meinem Adlerhorst-Beobachtungsplatz ereignet haben muss.

Weil sich ein junges Ehepaar nach einer Schneewanderung auf den Sieben Hengsten nicht zurückmeldete und in der Ferienwohnung nicht aufzufinden war, wurde das Gelände nach der Alarmierung mittels Helikopter abgesucht. Nach einer schwierigen und aufwendigen Suche wurden die beiden nachts im unwegsamen Gelände gefunden und geborgen. Leider nur noch tot. Sie müssen auf einer unmarkierten Route auf dem Rückweg ins Innereriz abgestürzt sein.

Mitten in einer zu diesem Zeitpunkt unberührten, wunderbaren, noch winterlichen Landschaft wollte das junge, glückliche, erst seit einem Jahr verheiratete Paar wohl abseits von markierten Wegen auf seine Art die Natur erleben und geniessen und bezahlte dafür mit dem Leben. Das Ereignis hat mich am Tag danach traurig und nachdenklich gestimmt. Ich schreibe diese Geschichte, weil die Gefahren von solchen «Wanderungen» abseits markierter Routen in Gebiete, wo die Winterruhe aus verschiedensten Gründen zu respektieren ist, immer wieder unterschätzt werden und mitten in der schönsten Natur leider tragisch enden können.

Blick ins Absturzgebiet und der Steinadler am Unglückstag in der Luft.

MÄRZ

3. März — Schwierig zu unterscheiden

Die meisten Vogelarten können durch ihre unterschiedliche Gestalt und ihr Gefieder gut identifiziert und bestimmt werden. Ob es sich dabei um ein Männchen oder Weibchen handelt, wird teilweise schon etwas schwieriger.

Einige Vogelarten ähneln sich jedoch so sehr, dass es selbst erfahrenen Ornithologen schwer fällt, diese voneinander zu unterscheiden. Das einzige sichere Merkmal ist in diesem Fall die unterschiedliche Stimme und der Gesang der Vögel. Obwohl ich viele Vogelbeobachtungen mache, kann ich die wenigsten auf Grund ihrer Rufe oder ihres Gesanges erkennen und bestimmen. Ich verlasse mich bei meinen Bestimmungen auf optisch erkennbare Merkmale.

Auf Grund meiner heutigen Beobachtung versuche ich, ein solches nicht leicht zu lösendes Beispiel anhand von zwei Baumläuferarten zu erklären. Wald- und Gartenbaumläufer sieht man häufig an Bäumen. Durch die Farbe ihres Gefieders sind sie gut getarnt. Die äusserst spitzen Zehenkrallen machen sie zu vorzüglichen Kletterern und der lange, gekrümmte und feine Schnabel ermöglicht ihnen das Erbeuten von allerlei Lebewesen an und in den Baumrinden. Dabei ist immer schwirig zu sagen, um welche der beiden Arten es sich bei der Beobachtung handelt. Der Gartenbaumläufer hat den etwas längeren Schnabel, einen Hauch von bräunlich-gelblicher Färbung an der Unterseite und verwaschene Flecken auf der Stirn. Beurteilen Sie anhand der Fotos, ob meine Artenbestimmung wohl stimmt und ob das eine oder andere Merkmal erkennbar ist.

Gartenbaumläufer.

Waldbaumläufer.

MÄRZ

4. März   **Unsere häufigsten Meisenarten**

Mit dem Fotoapparat um den Hals unternehme ich eine Runde durch den teilweise noch schneebedeckten Garten. Wenn ich mir Zeit nehme, kann ich bei jedem Rundgang etwas Interessantes, meine Aufmerksamkeit Beanspruchendes sehen. Heute ist es eine Tannenmeise, welche nur zwei Meter vor mir auf einem Ast des Roten Holunders frech Platz nimmt und nach etwas Fressbarem Ausschau hält. Meisen sind vielerorts zu sehen. Falls Sie dann nicht sicher sind, um welche Meisenart es sich handelt, können Sie nur diese Buchseite aufschlagen und schon können Sie die Art bestimmen.

Tannenmeise.

Weidenmeise.

Blaumeise.

Kohlmeise.

Haubenmeise.

Schwanzmeise.

MÄRZ

5. März

Glücksgefühle

Vor drei Jahren gelang mir ein Zufallstreffer, als ich nach vielen erfolglosen Versuchen ein braunes Hermelin fotografieren konnte. Im Winter kommt es zumindest in den Gebieten, wo es üblicherweise Schnee hat, bei diesen Tieren zu einem Wechsel der Fellfarbe. Das weisse Fell der Hermeline war in Herrschaftshäusern über viele Jahrhunderte sehr begehrt für Kleidungsstücke, welche ausschliesslich von ranghohen Würdeträgern getragen werden durften. Kürzlich habe ich von einer Bekannten den Hinweis bekommen, auf der Moosmatte jage ein weisses Hermelin nach Mäusen. Die etwa 300 mal 400 Meter grosse, vom Wald gegen die Strasse mehr oder weniger steil abfallende Weidefläche ist Anfang März etwa noch zur Hälfte schneebedeckt. Wie lange hoffe ich doch schon darauf, ein schneeweisses Wiesel mit einem schwarzen Schwanzbüschel beobachten und fotografieren zu können. Im Sommer tragen dann die Hermeline wieder ein braunes Fell.

Aber wo stellt man sich auf dieser grossen Matte am besten hin, um möglichst aus der Nähe ein Hermelin zu fotografieren? Ich positioniere mich am Rand einer Schneefläche, wo vor mir Löcher und Gänge von Mäusen zu erkennen sind. Wenn nicht hier, wo dann, denke ich mir.

Nach stundenlangem Warten, die Lichtverhältnisse zum Fotografieren werden schon grenzwertig, gebe ich mir noch eine letzte halbe Stunde Beobachtungszeit. Meine Geduld lohnt sich. Plötzlich meine ich, etwa zwei Meter hinter mir hätte sich im Schnee etwas bewegt. Solche Sachen bildet man sich beim langen Beobachten gelegentlich auch nur ein. Meine Aufmerksamkeit und meine Kamera sind jetzt aber nur noch auf diese Stelle fokussiert. Und dann geht es los. Aber richtig. Das Hermelin zeigt sich bald hier, bald dort, verschwindet wieder im Boden und kommt ganz anderswo wieder an die Oberfläche. Das alles in einem Umkreis von etwa zehn Metern Durchmesser. Und ich und meine Kamera sind mittendrin!

Nach zehn Minuten ist das Spektakel vorbei. Ich gehe mit schönen Bildern und einem Gefühl tiefer Befriedigung von der Matte.

Hermelin im Winterkleid auf der Moosmatte.

MÄRZ

Am noch schneebedeckten Biotoprand ist dieser Grasfrosch auf der Suche nach einem Weibchen.

6. März   Im März gehört das Biotop den Grasfröschen

Im Spätherbst kommen sicher hundert, möglicherweise auch deutlich mehr Grasfrösche in unser grosses Biotop, um in der Tiefwasserzone zu überwintern. Weil dank dem fliessenden Wasser auch bei deutlichen Minustemperaturen ein Teil der Fläche eisfrei bleibt, funktioniert das sehr gut. Früher kamen die meisten Frösche im Frühling zum Teil von recht weit her zur Laichablage. Jetzt sind sie grösstenteils zur Vorbereitung auf die Paarungszeit bereits da und mit den ersten wärmeren Tagen beginnt im Wasser ein lebhaftes Treiben und Knurren, obwohl die Randzonen noch schneebedeckt sind. Meist sind die Männchen zahlreicher und buhlen dabei schon früh und aggressiv um die Weibchen. Kurz nach der Laichablage verlassen die allermeisten Grasfrösche unser Gewässer und kommen erst im Spätherbst wieder zur Überwinterung in die Tiefwasserzone zurück.

MÄRZ

7. März

Grasfrösche haben es schwer

Frösche benötigen im Jahresverlauf verschiedene Lebensräume. Dazu brauchen sie Vernetzungselemente mit einer möglichst hindernisfreien Verbindung zwischen dem Laichgewässer und dem Sommer- und Winterquartier. Bei uns hat sich die Situation mit dem grossen Biotop im Garten mehrheitlich so entwickelt, dass sich Laichplatz und Winterquartier dank sehr unterschiedlichen Wassertiefen im gleichen Gewässer befinden.

Nach der Paarungszeit und Laichablage können die abziehenden Frösche ohne gefährliche Hindernisse in ihr Sommerquartier mit Böschungen, lichten Waldstücken, feuchten Wiesengräben und Bächen gelangen. Auf dem gleichen Weg finden sie im Spätherbst wieder zurück.

Sicher ist unser Gartengewässer ein sehr kleiner, aber doch erfolgreicher Schritt gegen die zunehmend drohende Strukturarmut unserer Landschaft.

Grasfroschpaar auf Schnee nachts unterwegs ins Laichgewässer.

Zwei Männchen mit einem Weibchen beim Eroberungsversuch zur Paarung.

MÄRZ

8. März — Gefahr von oben

In höheren Lagen, wenn die wenigen natürlichen und die naturnah angelegten Laichplätze in Gärten und offenen Landschaften zum Frühlingsanfang eisfrei werden, machen sich die Grasfrösche auf den Weg ins Wasser. Überall und zu oft stellen sich ihnen dabei Hindernisse und Gefahren in den Weg.

Nebst den vom Menschen geschaffenen Hindernissen gibt es auch die natürlichen, tödlich endenden Gefahren. Etwa wenn die Froschwanderung über schneebedecktes Gelände führt. Dort sind die Grasfrösche von hungrigen Greifvögeln gut zu sehen und in der Regel für diese eine leichte Beute. Die Verluste innerhalb der kurzen Zeitperiode bedeuten allerdings keine Gefährdung des Fortbestandes der Grasfrösche.

Auf dem offenen Schneefeld sind die Frösche für den Rotmilan gut zu erkennen.

Und hier, allerdings erst im zweiten Angriff, eine sichere Beute.

MÄRZ

9. März **Zu Tausenden überfahren**

Jährlich werden leider immer noch Tausende von Grasfröschen auf Strassen, welche ihren Weg zu den Laichgewässern durchqueren, von Verkehrsfahrzeugen überfahren. An den bekannten Stellen werden Tafeln aufgestellt, welch die Fahrzeuglenker zur Rücksichtsnahme auffordern, um durch eine entsprechende Fahrweise den Fröschen eine Überquerungschance zu gewähren. Frühmorgens auf dem Weg zur Arbeit dürften hier die Chancen für die Frösche eher klein sein.

Erfolgreicher ist das Aufstellen von Froschzäunen und anschliessendem Einsammeln der Tiere an besonders exponierten Strassenübergängen, um diese dann in Eimern sicher auf die andere Strassenseite zu bringen. Erfreulicherweise sind Mitglieder von Natur- und Tierschutzvereinen jeden Frühling motiviert, diese aufwendige, für den Fortbestand der Grasfrösche wichtigen Einsatz zu leisten.

Müsste nicht sein...

Vorbildlicher Froschzaun gegen die Strasse entlang der Emme.

MÄRZ

10. März — **Das eine tun und das andere nicht lassen**

Gleich vorneweg: Sängerin Francine Jordi schlägt keinen Frosch an die Wand, um sich einen Wunsch zu erfüllen. Nein, sie holt den Frosch von der Strasse vor ihrem Haus, um diesen vor dem Überfahren zu retten. Das ist nur möglich, weil Francine sehr tierliebend und naturbegeistert ist, einen grossen naturnahen Garten besitzt und diesen mit der nötigen Unterstützung auch selbst unterhält.

Meine Frau Thilde und ich pflegen mit Francine und ihrer Familie seit vielen Jahren eine lockere, schöne Freundschaft. Natürlich bin ich auch ein Fan von Francine. Ich vergesse nie, wie Sie vor 20 Jahren vor einem für mich und mein Team entscheidenden Spiel als junger Schlagerstar den Anstoss machte. Wir gewannen das Spiel.

Was hat Francine seither in der Musikszene und weit darüber hinaus nicht schon alles gewonnen. Und zwar national wie international.

Ungeachtet dessen, oder möglicherweise gerade deshalb, ist ihre Freude und Liebe an der Natur geblieben und gewachsen. Regelmässig tauschen wir uns heute über die diesbezüglich gemachten, vielfach aussergewöhnlichen Beobachtungen aus.

Mit ihrer Erlaubnis zeige ich Ihnen Francine gerne, passend zu diesem Buch, einmal von einer anderen Seite. Nicht gestylt im Scheinwerferlicht mit dem Mikrofon in der Hand, sondern völlig ungeschminkt mit dem geretteten Frosch in der Hand in ihrem Garten.

Francine Jordi mit gerettetem Frosch in ihrem naturnahen Garten.

MÄRZ

11. März **Im Dienst des Neuntöters**

Damit ein junger, tüchtiger Bauer im Innereriz die ihm zustehenden Flächenbeiträge weiterhin im vollen Umfang bekommt, erhielt er die Auflage, das Weideland diesen Frühling gemäss der entsprechenden Verordnung zu schwenten (entbuschen). Weil ich seit Jahren an diesem Hang Bruten des Neuntöter beobachte und deswegen mit dem Bauer im regelmässigen Austausch bin, bereitete mir das Schwenten Sorge. Was, wenn die Neuntöter aus ihrem weit entfernten Winterquartier zurückkommen und all ihre Nest- und Brutstrukturen abgeholzt wären? Ein Desaster, wenn man bedenkt, dass schweizweit grosse Anstrengungen und kostspielige Projekte zur Förderung dieses seltener gewordenen Vogels gemacht werden. Seine Anwesenheit wird stark mit der Qualität einer ökologisch noch intakten Kulturlandschaft in Verbindung gebracht. 2020 wurde der Neuntöter deswegen in der Schweiz zum Vogel des Jahres erkoren!

Nach einer kurzen Besprechung dieser Sachlage glaubten wir, eine gängige Lösung gefunden zu haben. Ich sagte dem Bauern, ich würde die wichtigsten Dornenstrukturen mit einem roten Band versehen und diese müsste er als Brutplätze für die Vögel stehen lassen. Der Bauer begrüsste diesen Vorschlag und jetzt warten wir gespannt auf die Rückkehr der Neuntöter.

Mein Fazit: Gemeinsam ist im Interesse der Natur vieles möglich.

Neuntöter-Paar und markierte Brutstrukturen.

MÄRZ

12. März   **Am Bächlein**

Ich wandere auf einer Alpweide und überquere ein kleines Bächlein. Dieses führt vom Hohgant her Schmelzwasser ab. Erst seit zwei, drei Tagen sind seine Ränder schneefrei.

Von diesen Rändern kommt mir eine unwiderstehliche Frische entgegen. Sehen und riechen ist im Gelände nichts Ausserordentliches. Jetzt, wo ich stehen bleibe, ist es mehr. Ich spüre in mir diese Kraft und Schönheit, welche die Natur hier in Jahren unscheinbar erschaffen hat und im Frühling innert Tagen derart zum Spriessen bringt.

Vor mir blüht frisch das Wechselblättrige Milzkraut und hinter mir ragen die stechend grünen Blätter der Bachkresse aus dem klaren, kalten, zügig fliessenden Wasser. Beide Pflanzenarten werden gelegentlich sowohl in der Medizin wie in der Küche verwendet.

Mir tut der Anblick für Geist und Seele gut und deutet auf sauberes Wasser.

Das Bächlein führt Schmelzwasser.

Das Wechselblättrige Milzkraut.

Bachkresse.

MÄRZ

13. März — Unscheinbar oder auffallend

Steine haben ihre Geschichten. Herkunft, Art, Gestalt und Oberflächenbeschaffenheit sind wissenschaftlich weitgehend erforscht. Wer sich dafür interessiert, erfährt viel Spannendes und Unerwartetes. Mich haben Steine schon als Kind fasziniert. Sei es die Form, die Farbe, der Glanz. All das veranlasst mich, gelegentlich Steine zu sammeln. Noch heute habe ich verschiedenste Steine im Garten. Wie sie in den Garten gelangten, weiss ich ganz genau. Ihre Geschichte hingegen kenne ich kaum. Meine Steine sind nicht «tot». Ich beobachte, wie sich ihre Oberfläche mit Flechten und Moosen verändert und freue mich über jede Pflanze, die aus einer Steinritze wächst. Nie käme es mir in den Sinn, eine Natursteinmauer zu reinigen und damit die natürlich entstandenen Mikrostrukturen von Flechten und Moosen zu zerstören.

Gemäss der Fachliteratur bestehen Flechten aus einem System von Pilzen und Algen, die in einer Lebensgemeinschaft leben. Flechten zählen zu den langlebigsten Lebewesen auf der Erde und können mehrere hundert bis sogar mehrere tausend Jahre alt werden.

Auch wenn ich in der Natur unterwegs bin, betrachte ich gerne Flechten an Steinen. Sie erinnern mich an die verschiedensten Formen und Farben blühender Blumen. Dies, obwohl gerade Flechten zu den blütenlosen Sporenpflanzen gehören. Viele zeigen sich in unscheinbaren Farbtönen. Andere wiederum in auffallend grellen Farben. Falls Sie nach den Ursachen suchen möchten, wird Ihnen die Wissenschaft helfen können. Meine beiden Beispiele könnten auf den Standort und die Gesteinsart schliessen lassen.

Unauffällige Flechte auf Stein auf 1400 Meter Höhe an schattiger Stelle.

Auffällige Flechte auf Stein auf 430 Meter Höhe an sonniger Stelle in Seenähe.

MÄRZ

14. März **Effizienz**

Heute beobachte ich am Broyekanal im Dreiseenland einen Haubentaucher. Nahe am steinigen Ufer taucht er nach Nahrung. Dabei ist er dermassen beschäftigt, dass er mich kaum wahrnimmt. Jedenfalls schenkt er mir nicht die geringste Aufmerksamkeit. Ich ihm hingegen schon. Fasziniert verfolge ich bei guter Sicht seine Tauchgänge. Dabei ist er sehr erfolgreich. Ich hätte nie mit einer solchen Effizienz gerechnet. Während zirka fünf Minuten tauchte er sechsmal. Viermal hat er dabei einen Fisch, welcher für mich versteckt in den Steinen nicht zu sehen war, erbeutet. Wieder aufgetaucht, hat er sich diesen im Schnabel immer so zurechtgelegt, dass er ihn kopfvoran hinunterwürgen kann.

Offensichtlich satt, schwimmt er ins offene Wasser und mir aus den Augen. Er bleibt mir durch sein Geschick und die unerwartete Effizienz beim Fischfang in bester Erinnerung.

Haubentaucher beim erfolgreichen Tauchgang und Zurechtlegen der Beute.

MÄRZ

15. März **Mit neuem Namen wieder im Aufwind**

Ich war noch nie speziell unterwegs, um Graureiher zu beobachten. Es kommt jedoch immer wieder zu Zufallsbegegnungen. Für mich erstaunlicherweise in verschiedensten Lebensräumen. Das eine Mal an den Ufern des Neuenburgersees in milder Lage und dann wieder im Voralpengebiet auf über 1000 Meter Höhe und rauem Klima. Auf den Graureiher aufmerksam geworden bin ich, weil der grosse, graue, storchähnliche Vogel speziell im Flug mit gegen zwei Metern Flügelspannweite kaum zu übersehen ist. Seine Ernährung besteht hauptsächlich aus Fröschen und Fischen. Wegen seiner Vorliebe für Letztere hat er sich bei den Fischern immer unbeliebter gemacht und wurde fast bis zu seiner Ausrottung bejagt.

Heute ist der Vogel geschützt und sein Bestand hat sich gut erholt. Mitgeholfen hat dabei auch eine Namensänderung. Aus dem früheren Fischreiher wurde der Graureiher. Fischer und Vogel vertragen sich seither wieder besser. Ob der Vogel nun als Graureiher weniger Fische verspeist als früher, das entzieht sich meinen Kenntnissen.

In der Schweiz gibt es noch zwei weitere Reiherarten zu beobachten: den Silberreiher und den Seidenreiher. Beide sind weiss im Gefieder und in höheren Lagen nicht anzutreffen.

Graureiher am Neuenburgersee. *Graureiher in den Voralpen.*

MÄRZ

16. März **Stockender Atem auf der Moosmatte**

Dieser Frühlingstag ist zwar nicht gerade sonnig, aber windstill. Für mich eine günstige Gelegenheit, um auf der Moosmatte ein Rudel Gämsen zu beobachten. Ich kann dank dem Feldstecher dem Treiben eines Dutzends Tiere beiwohnen, ohne zu stören. Mein Standort liegt am Rand eines Grabens, angelehnt an eine grosse Fichte. Gegenüber den Gämsen bin ich so gut getarnt und habe freie Sicht zum Rudel. Meine volle Aufmerksamkeit und Konzentration gilt den Tieren am Waldrand.

Wenigstens bis zu dem Zeitpunkt, als ich plötzlich zwischen meinen Beinen eine Berührung verspüre und dabei so gewaltig erschrecke, dass mir für einen Moment der Atem stockt.

Offenbar wurde ich, von mir unbemerkt, von der Katze des Moosbauers beobachtet. Lautlos schlich sie mich an und schlängelte sich um meine Stiefel. Als ich ihr erschrocken in die Augen schaue, macht sie nicht die geringsten Anzeichen, von mir zu lassen. Ich kann den Moment gar fotografisch festhalten.

Auf der Moosmatte wurde schon eine Gams von einem Wolf gerissen. Erst jetzt können Sie möglicherweise verstehen, warum ich derart erschrocken bin.

Ich beobachte ein Rudel Gämsen am Waldrand und plötzlich ist da eine Katze an meinen Beinen.

MÄRZ

17. März **Hindernisse auf dem Weg zum Laichgewässer**

Für die Grasfrösche wird der Weg zum Laichgewässer durch Veränderungen der Landschaft immer schwieriger. Dabei denke ich nicht nur an die gefährlichen Strassenüberquerungen. Gerade in ländlichen Überbauungen grenzen viele Eigenheimbesitzer ihre Parzellen sichtbar und für die Tiere spürbar ab.

Dabei sieht man die verschiedensten Zaunkonstruktionen. Die beste Abgrenzung wäre im Sinne der freilebenden Tiere eine Hecke mit einheimischem Gehölz.

Andernfalls sollte die Zaunkonstruktion so gewählt werden, dass diese innerhalb der Vernetzungswege von Wildtieren durchlässig ist und kein unüberwindbares Hindernis für diese darstellt. Im Falle der Grasfrösche und Erdkröten sind engmaschige, bis an den Boden reichende Drahtzäune oft das Ende der Fortpflanzungsreise und somit mitverantwortlich für den stetigen Rückgang unserer Amphibien.

Grasfrösche sind auf dem Weg zu den Laichgewässern geschickt im Überwinden von Hindernissen.

Vor dem bis an den Boden reichenden, engmaschigen Drahtzaun ist die Fortpflanzungswanderung jedoch frühzeitig zu Ende.

MÄRZ

18. März **Freuden und Leiden nahe beieinander**

Sind die Grasfrösche in ihrem Laichgewässer, in welchem sie bereits als Kaulquappe aufgewachsen sind, angekommen, beginnt bald einmal im Wasser die Paarung und Laichablage. Die Lachablage erfolgt vorteilhaft in der seichten Randzone des Gewässers. Weil es deutlich weniger Weibchen hat, gibt es um diese ein recht aggressives Gerangel durch die Männchen. Im schlimmsten Fall kann das bis zum Ertrinken des begehrten Weibchens führen.

Nach der Laichablage verlassen die meisten Frösche das Gewässer wieder und die Laichballen mit den Froscheiern bleiben ohne elterlichen Schutz verschiedensten «Räubern» ausgesetzt. Doch immer noch viele überleben und setzen den Kreislauf des Lebens fort.

Ein glückliches Grasfroschpaar im Laichgewässer.

Hier wird das Weibchen gleichzeitig von zwei Männchen umklammert, was mehr nach einer Vergewaltigung aussieht.

MÄRZ

19. März   **Unbekannt und vom Himmel gefallen**

Praktisch jedes Jahr beobachtet man im Frühling im Garten oder in der Landschaft grössere oder kleinere Stücke oder Ballen einer weisslich bis graugelblich gefärbten gallertartigen Masse unbekannter Herkunft. Diese kann in unserem Garten auf altem Laub, auf der Grasnarbe oder einer Steinplatte liegen. Für mich stand diese nicht gerade appetitlich aussehende Masse früher am ehesten im Zusammenhang mit den zahlreichen Laichballen der Grasfrösche in unserem Biotop. Es gab dabei aber klare äusserliche Unterschiede. Die gallertartigen Stücke waren weniger kompakt als die Grasfroschlaichballen und vor allem waren darin keine Eier zu erkennen.

Weil ich mehr über diese wie vom Himmel gefallenen Ablagerungen wissen wollte, fing ich an zu recherchieren. Recht schnell wurde ich dabei auf der Suchmaschine unter der Bezeichnung Sternenrotz fündig. Die eingangs geschilderte Masse wird immer wieder in der Natur beobachtet. Zum Teil gar an Bäumen und auf deren Ästen. Woher und von wem die Ablagerungen stammen, weiss offenbar noch niemand ganz genau. Es werden verschiedenste mehr oder weniger erklärbare Annahmen gemacht. Diese reichen von Pilzen und Bakterien bis zu Ausscheidungen und Rückständen von Froschlaich fressenden Tierarten.

Wissenschaftlich konnte noch nichts absolut Sicheres ausgesagt werden, weil bei Laboruntersuchungen keinerlei DNA-Spuren nachweisbar waren. Was es genau ist, steht wohl noch in den Sternen. Deshalb bezeichnet man diese unappetitlichen Klumpen wohl auch als Sternenrotz oder Sternrotz. Diese Ableitung konnte ich zugegebenermassen nirgends lesen. Sie ist mir aber beim Schreiben gerade in den Sinn gekommen.

Sternenrotz im Garten.

MÄRZ

20. März **Nicht übertreiben**

Als ich Ihnen am 6. März von hundert oder eben auch deutlich mehr Grasfröschen im und am Biotop erzählte, dachten Sie möglicherweise, ich hätte übertrieben.

Die Bilder von nur einem Abschnitt am Biotoprand bestätigen jedoch diese Zahl. Innert weniger Tage legen die Frösche in den Flachwasserzonen ganze Teppiche von Laichballen.

Den schwierigen Überlebungsweg vom Ei bis zum geschlechtsreifen Grasfrosch versuche ich dann in einem späteren Beitrag zu erklären. Und zwar dann, wenn die Tausenden von Kaulquappen im Wasser schwimmen und auch die Bergmolche und Erdkröten am Biotop eingetroffen sind.

Laichgewässerabschnitt mit zahlreichen Fröschen und Laichballenteppich.

MÄRZ

21. März   **Fremdländische Konifere für einmal besser als ihr Ruf**

Immer wieder hört man, dass fremdländische Koniferen für unsere Biodiversität rein gar nichts bringen. Sie dienten nur als immergrüner Sichtschutz. Den schlechtesten Ruf hat dabei die Lorbeerkirsche. Das im Volksmund mehrheitlich als Kirschlorbeer bezeichnete Gehölz vermag in einzelnen Gegenden bereits gefährlich unsere einheimischen Arten zu verdrängen.

Auch vom Neuanpflanzen von Thujahecken wird abgeraten. In den letzten Jahren hat sich bei diesen Gehölzen eine Krankheit entwickelt, welche ganze Häge rostfarben statt grün erscheinen lässt. Wir haben in unserem naturnahen Garten nur einheimische Gehölzarten. Anders sieht es bei unseren Nachbarn aus. In einem dieser an unser Grundstück grenzenden Gärten steht seit vielen Jahren eine Zuckerhutfichte. Sie verträgt das vor allem in den Wintermonaten recht harte Wetter gut und gedeiht, wenn auch sehr langsam wachsend, bestens.

In den letzten Tagen habe ich mehrmals beobachtet, wie eine Amsel mit Nestmaterial ins oberste Drittel dieser dichten Konifere flog. Offensichtlich baut sie hier für ihre erste Brut ein Nest. Gut zu erklären, warum gerade hier. An unseren einheimischen Gartengehölzen gibt es weit und breit noch nichts Grünes, worin ein Vogel sein Nest verstecken könnte. Immergrüne Koniferen bieten anfangs Frühling oft die einzigen sicheren Verstecke für unsere hiesigen Gartenvögel. So gesehen bedarf es einer Korrektur der Aussage, fremdländische Koniferen würden nur der Zierde oder als Sichtschutz dienen. Jedes sichere Versteck für ein Vogelnest dient auch der Biodiversität. Ich freue mich jedenfalls auf eine hoffentlich erfolgreiche Amselbrut in der Zuckerhutfichte unseres Nachbarn. Augenblicklich liegen dort drei Eier im Nest.

Zuckerhutfichte und Amselnest mit drei Eiern.

MÄRZ

22. März   **Kräftiges Grün mit herrlichem Duft**

Die Bärlauchsaison dauert von März bis Mai. Die zu den Lauchgewächsen gehörende Pflanze tritt an den geeigneten Standorten im Wald zahlreich und grossflächig auf. Auch in Garten- und Parkanlagen kann man Bärlauch antreffen. Die leuchtend grünen Blätter und später auch die weissen Blüten verströmen einen fein riechenden Zwiebelgeruch, welcher beim Zerreiben der Blätter sehr intensiv wird und knoblauchähnlich riecht.

Bärlauch bietet sich für vielfältige Anwendung in der Küche an. Nebst Bärlauchwürsten und Bärlauchkäsen gibt es zahleiche Rezepte mit Beigabe von Bärlauch.

Vom medizinischen Standpunkt aus wird dem Lauchgewächs für mancherlei Beschwerden vorbeugende und heilende Wirkung zugesprochen. Obwohl Bärlauch als gesundheitsfördernd gepriesen wird, sollte man bei der Einnahme mengenmässig zurückhaltend bleiben, da seine Verträglichkeit unterschiedlich sein kann.

Regelmässig kommt es zu Vergiftungen mit teils tödlichem Ausgang, wenn die Pflanze von unerfahrenen Sammlern mit den äusserst giftigen Herbstzeitlosen oder Maiglöckchen verwechselt wird.

Persönlich bin ich mit der Verwendung in der Küche zurückhaltend und geniesse die Bärlauchzeit, indem ich im Wald tief und ruhig den feinen Zwiebel-Knoblauch-Duft einatme. Kein Küchenrezept der Welt vermag mir dieses herrliche Gefühl auch nur annähernd so zu vermitteln!

Bärlauch in einer Waldlichtung auf der Schattseite im Eriz.

MÄRZ

23. März — Erstaunliches Expertenwissen

Wenn Sie unter Google nach dem Pappel-Dickleibspanner suchen, finden Sie zahlreiche Hinweise über diese Nachfalterart. Auszugsweise mache ich Sie hier mit den Inhalten bekannt.

Unter den Merkmalen wird die Flügelspannweite mit 40–55 Milimetern angegeben und auf den stark zurückgebildeten Saugrüssel hingewiesen. Sein nächster Verwandter ist der Birkenspanner.

Unter Vorkommen ist zu vernehmen, dass sich der Falter in der Baumschicht älterer Eichen und in warmen Lagen mit Laubgehölzen aufhält. Mit wenigen Ausnahmen ist er in ganz Europa verbreitet und ist häufig.

Unter Flugzeit vernimmt man, dass die Falter jährlich eine Generation bilden und teilweise bereits Ende Februar, Anfang März ausfliegen, was auch meiner aktuellen Beobachtung entspricht.

Unter Lebensweise werden für die Ablagerung der Eier sowie als Futterpflanzen für die Raupen von der Linde bis zur Roten Heckenkirsche zwanzig Laubgehölzarten erwähnt.

In der Autoeinstellhalle, wo ich diesen Schmetterling, ja, Nachtfalter sind Schmetterlinge, finde, wird ihm dies alles fehlen. Deshalb bringe ich den noch munteren Gesellen vom Betonboden der Autoeinstellhalle an ein schattiges Plätzchen im Freien.

Wie dieser Pappel-Dickleibspanner in die Autoeinstellhalle kam und wie viele Tage er noch leben wird, ist ungewiss. Sicher ist nur, dass es sich beim Falter um ein Männchen handelt.

Mein Schmetterlingsexperte Hans-Peter hat das Geschlecht auf Grund meiner Bilder eindeutig erkannt.

Grossartig! Expertenwissen eben.

Männchen vom Pappel-Dickleibspanner in der Autoeinstellhalle und im Freien.

MÄRZ

24. März   **Im Austausch mit anderen Naturbeobachtern**

Mit einigen anderen mir gut bekannten Naturfreunden pflege ich einen Austausch von interessanten Beobachtungen. Gelegentlich helfen wir uns auch mit Fotos aus. In diesem Buch hat es 650 Fotos. Fünfzehn davon stammen nicht von mir. Bei allen hat es den entsprechenden Vermerk. Zudem ist mir beim Verwenden dieser Fotos der Bezug zum Fotografen oder der Beobachtung und der Geschichte wichtig. Nur um eine grössere Artenvielfalt nachweisen zu können, würde ich mich um keine Aufnahme bemühen. Hier ein Beispiel.

Ein in der Nähe wohnender Bekannter erzählte mir, dass bei ihm leider ein ihm unbekannter Vogel in ein Glasfenster flog und den Aufprall nicht überlebt hätte. Ein herbeigerufener Ornithologe hätte den toten Vogel mitgenommen, um diesen, nach einer eingeholten Bewilligung, eventuell ausstopfen zu lassen. Es würde sich nämlich um den recht selten zu sehenden Sperlingskauz handeln.

Ich habe diesen Vogel noch nie beobachtet oder fotografiert und erzählte die Geschichte meinem Kollegen Walter weiter. Zu meinem Erstaunen machte dieser kurz zuvor erstmals Bekanntschaft mit einem Sperlingskauz. Auf dem Weg zu einer seiner Schafalpen sei ihm ein warnender Zaunkönig aufgefallen. Und als er nach diesem schauen wollte, entdeckte er am Boden einen Sperlingskauz, welcher eine soeben gefangene Maus am Zerlegen war und natürlich nicht so schnell von seiner Beute ablassen wollte. So konnte Walter noch ein Foto machen. Gerne nahm ich sein Angebot an, das nicht alltägliche Foto seiner Beobachtung im Buch aufzunehmen. Der Sperlingskauz ist die kleinste in Europa vorkommende Eule. Ein besonderes Merkmal ist das Scheingesicht am Hinterkopf, welches den kleinen, aber sehr kräftigen Vogel vor Angriffen von hinten schützen soll.

Sperlingskauz mit erbeuteter Maus.

MÄRZ

25. März   **Die ersten Schwalben**

Im Innereriz im Garten liegt noch eine gut 20 Zentimeter dicke Schneeschicht. Im und um das eisfreie Biotop herrscht ein emsiges Treiben der Grasfrösche. Ausserhalb des Gartens auf den offenen, ebenfalls noch mehrheitlich schneebedeckten Feldern sitzen und hüpfen auch einige Grasfrösche. Diese wecken das Interesse eines hungrigen Milans. Dieser fliegt so tief, dass ich ihn ohne Feldstecher gut beobachten kann. Im gleichen Blickfeld, jedoch deutlich höher fliegend, erkenne ich vier weitere, eine wahre Flugschau zeigende kleinere Vögel. Schwalben! So früh auf über 1000 Metern über Meer. Beim Fotografieren erkenne ich, dass es Felsenschwalben sind. Zum ersten Mal seit 30 Jahren kann ich hier zu meiner Freude Felsenschwalben beobachten. Ob sie in der Nähe bleiben oder für ihre Brutstätten in mildere Regionen weiter ziehen, wird sich zeigen.

Es war für mich schwierig, von den hoch in der Luft fast Loopings fliegenden Vögeln «anständige» Fotos zu machen. Für die Bestimmung der Schwalbenart durch die Vogelwarte Sempach waren sie dennoch ausreichend. Obwohl mein Ansprechpartner dort ferienhalber abwesend war, wurde mir die Art innerhalb einer Stunde mit Zusatzinformationen von seinem Mitarbeiter bestätigt. Vogelwarte Sempach eben!

Die Felsenschwalbe ist die kräftigste und im Frühling die erste zurückkehrende der vier in der Schweiz brütenden Schwalbenarten. Den Winter verbringen die Vögel mehrheitlich am Mittelmeer oder in Nordafrika.

Rotmilan.
Grasfrösche auf Schnee und Flugschau der Felsenschwalben.

MÄRZ

26. März   **Die Meisenbrut im alten Briefkasten**

Ich schwatze mit einem unserer Nachbarn am Rand seines Gartens. Ich frage ihn, ob seine Nistkästen besetzt seien. Er glaube schon, meint er. Jedenfalls zeigt er mir einen Kasten am Apfelbaum, wo Blaumeisen ein und aus gehen. Das ist auch während unserem kurzen Gespräch der Fall.

Am Gartenhaus hat er einen ehemaligen hölzernen Briefkasten mit einem Einflugloch versehen und gut geschützt unter dem Dach als Nistkasten befestigt. Hier habe es ein Nest mit Eiern sagt er und wenn ich möchte, könne ich den Kasten öffnen, um die Eier zu sehen. Gerne nehme ich das Angebot an und sehe dabei, wie der ganze Boden mit Moos und feinem Nestmaterial ausgepolstert ist. Sicher wurden hier zwei Nester nebeneinander gebaut. In einem Nest liegen tatsächlich sechs weissliche Eier. Auffällig daran ist, dass alle im oberen Schalenbereich einen dunkelbraunen gefleckten Ring aufweisen. Leicht gefleckte Eier sind üblich. So ausgeprägt und schön gezeichnet habe ich das allerdings noch nie gesehen. Ich hoffe, dass die Eier nicht abgestorben sind.

Die Eier dürften einem Kohlmeisenpaar gehören, welches hoffentlich hier eine erfolgreiche Brut aufziehen kann. Ich werde mir erlauben, die Szenerie um den alten Briefkasten am Gartenhaus unseres Nachbars, selbstverständlich mit seiner Einwilligung, im Auge zu behalten.

Selten schön gefleckte Eier einer Kohlmeisenbrut im alten Briefkasten.

MÄRZ

27. März **Frühlingsboten**

Als Frühlingsboten bezeichnen wir Pflanzen und Tiere, welche bei uns jedes Jahr nach dem Winter den Frühling ankünden. Speziell die Frühblüher erfreuen uns dabei im Garten und in der Natur. Diese machen auch die Bienen und Insekten wieder munter.

Klassische Frühblüher, die ich seit meiner Kinderzeit kenne, sind Weidenröschen, Huflattich, Krokusse, Schneeglöckchen, Leberblümchen, Pestwurz, Schlüsselblümchen und weitere mehr oder weniger bekannte und noch häufige Arten. Wenn ich jeweils beim Spazieren oder im Garten vor einem dieser Frühblüher stehen bleibe, daran rieche oder ein Insekt beobachte, denke ich nie daran, dass ich wieder ein Jahr älter bin, sondern ich freue mich über das, was ich sehe, und bin voller Hoffnung auf das, was da noch kommen mag.

Das zeigt, dass die Frühlingsboten der Natur auf uns Menschen und unser Wohlbefinden einen positiven Einfluss haben und so in verschiedenster Weise unseren Lebensmut und unsere Lebenskraft stärken. Grund genug, hier einige davon zu zeigen.

Leberblümchen, Huflattich, Schneeglöckchen, Weidenröschen, Krokusse.

MÄRZ

28. März **Natur und Wissenschaft**

Zum Schutz der Biodiversität sind wissenschaftliche Untersuchungen und Studien, wenn auch mit möglichst schonenden Eingriffen in Flora und Fauna, nötig. So liefert zum Beispiel das Beringen von Vogelbruten wertvolle Hinweise über das Verhalten und die Entwicklung einer Art. Natürlich hat das durch fachkompetentes Personal zu erfolgen. Gleichwohl ist das Beringen bei den Ornithologen nicht unbestritten. Es gibt auch die Ansicht, dass die Vogelbruten dabei gefährdet würden und der Ring einen Eingriff in das natürliche Verhalten bedeuten könnte. Ob diese Befürchtungen zutreffen, konnte noch nicht mit Sicherheit beobachtet werden. Klar ist dagegen, dass das Beringen der Vögel für einen kurzen Moment eine Stresssituation auslöst. Und zwar sowohl für das Brutpaar wie für die Nestlinge.

Ich hatte Gelegenheit, bei Kontrollen von Waldkauzkästen in Wasen im Emmental und in Lausen dabei zu sein. In Wasen wurde nach dem Öffnen des Kastens nur der Brutbestand kontrolliert und protokolliert. In Lausen dagegen wurden die Jungvögel gewogen, gemessen und beringt. Beim Öffnen der Kästen sind anwesende Altvögel immer aus dem Kasten geflogen, aber in Wasen wie in Lausen innerhalb der nächsten Stunde zu meiner Freude wieder in den Kasten zurückgekehrt. Jedenfalls hatte ich den Eindruck, dass bei beiden Kontrollen sehr sorgfältig und mit spürbarer Liebe und Leidenschaft für die Vögel beobachtet und gearbeitet wurde.

Junge Waldkauze nach dem Beringen.

Waldkauz in Wasen.

MÄRZ

Graureiher in der Abendsonne in der Herzpose.

29. März **Herz statt Rad**

Der Blaue Pfau ist kein einheimischer Vogel. Gleichwohl ist er den Meisten von uns aus Besuchen in Zoos und Tierparkanlagen bekannt. Wenn das Männchen des zu den Fasanen zählenden Hühnervogels mit seinem wunderbaren Federkleid das Rad macht, wirkt das nicht nur schön, sondern wie von ihm erhofft bezüglich der Damenwahl auch sehr imponierend. Eine Vogelpose, die durch ihre Schönheit auch uns immer wieder entzückt und in Erinnerung bleibt.

Kürzlich habe ich einen Graureiher beobachtet, welcher auch eine imponierende Pose eingenommen hatte. Ich konnte den Vogel vorher noch nie so sehen und fand auch in der Literatur keinen Hinweis darüber. Seine Pose vermag zwar farblich nicht mit derjenigen des Blauen Pfauen mitzuhalten, hinsichtlich der Ausdrucksform finde ich sie aber, ein offenes Herz zeigend, ebenso eindrucksvoll.

Kurz entschlossen und meinen ersten Gedanken folgend bezeichnete ich die Pose als das Herz des Graureihers. Passt doch gut zum Rad des Blauen Pfaus oder?

MÄRZ

30. März   **Flugschau und Überraschung**

Der Limpach durchläuft im Thuner Westamt ein wunderschönes Naturschutzgebiet. Das Gewässer ist artenreich bezüglich Flora und Fauna. An einem schönen Tag gegen Ende Februar beobachte ich im Bach ein Stockentenpaar. Nichts Aussergewöhnliches. Stockenten sind im Unterland an Seen und Bächen häufig zu sehen. Beim Abflug des Paares gelang mir zu meiner Freude jedoch noch ein Bild, welches jeder Fliegerflugschau gut anstehen würde.

Überrascht war ich dagegen, als ich gut einen Monat später ein Stockentenpaar in unserem Gartenbiotop auf immerhin 1100 Meter entdeckte. Enten sehe ich hier eher selten. Weil ich befürchtete, die Artenvielfalt an Lebewesen im und um das Biotop könnte durch eine Stockentenbrut leiden, habe ich sie vertrieben. Anderntags kamen sie noch einmal vorbei. Später sah ich sie jahrelang nicht mehr.

Stockentenpaar im Gartenbiotop.

Stockentenpaar im Flug.

MÄRZ

31. März — **Zu früher Mähbeginn**

Es wird Frühling! In der Landschaft und im Garten beginnt es überall zu grünen und zu blühen. Um das Graswachstum zu fördern, wird auf den Matten allerlei Hofdünger ausgebracht und in den Gärten fahren bereits die Mähroboter, um schon früh einen möglichst dichten Rasenteppich zu erhalten.

Beides ist für Insekten, Larven und Raupen, welche in den Herbstgrasnarben und am Boden überwintert haben, tödlich. Sie haben keine Chancen, diesen Gefahren zu entrinnen. Wer es gerade noch schafft, landet dann schon bald in den Siloballen oder wird ein Opfer der nächsten Roboterrunde. Umweltschutz, Klimawandel, Biodiversitätsverlust sind schweizweit und weltweit grosse Themen. So unbedeutend es klingen mag: Aber der gute Wille zur Verbesserung müsste auch hier vor der eigenen Türe beginnen. Privat im Garten und in der Landwirtschaft auf der Matte. Nur so schärft man das eigene Bewusstsein für eine erträgliche Veränderung zu Gunsten der Natur und der kommenden Generationen. Ein späterer Gras- und Rasenschnitt im Frühling wäre ein kleiner Schritt in die richtige Richtung.

Rasenteppich.
Kaum grün schon gemäht.

Grünfutter für die Kühe.
Kaum gewachsen schon gemäht.

MÄRZ

Frage März

3. Welche Jungvögel erkennen Sie auf dem Bild A?

☐ Junge Steinkauze

☐ Junge Waldkauze

4. Was passiert mit den Jungvögeln auf dem Bild B?

☐ Sie werden beringt

☐ Sie werden geimpft

Auflösung Seite 407

APRIL

1. April

Der Moschusduft

Moschus ist ein sagenumwobenes Aroma, das verschiedenen Parfüms einen besonderen Duft verleiht. Bei der natürlichen Version handelt es sich um ein stark riechendes Sekret, das den Moschustieren dazu dient, die Weibchen anzulocken. Moschus wird heute aus Tierschutz- und Kostengründen in grösseren Mengen industriell und synthetisch hergestellt.

Zu den vielen bedrohten Käfern der Schweiz gehören auch die Bockkäfer. Der mir bekannteste Käfer dieser Art ist der Moschusbock. Seinen Namen erhielt er, weil er ein dem Moschusduft ähnliches Sekret auszustossen vermag. Der schöne, im Sonnenlicht grünlichblau schillernde Käfer ernährt sich von Baumsäften und Pollen. Er ist daher vorwiegend auf Blütendolden, wie beispielsweise vom Schwarzen Holunder, anzutreffen. Die auffallend langen Fühler sind beim Männchen deutlich länger als beim Weibchen. Die Larven wachsen in Totholz oder in Weichgehölzen wie etwa den Kopfweiden auf.

In unserem naturnahen Garten hat es verschiedene Gewächse mit Blütendolden. Auch an Totholz und Weichgehölzen mangelt es nicht. Es ist also weiter nicht verwunderlich, dass mir der Moschusbock gelegentlich in den Sommermonaten wärmeren Tagen über den Weg läuft. Sicher erfreut mich seine Anwesenheit. Den viel gelobten, erotisierend, aufheiternd, entspannend und gar konzentrationsfördernden Moschusduft habe ich bis jetzt jedoch dabei nie wahrgenommen. Oder habe ich es nur nicht gemerkt? Nach Gartenaufenthalten bin ich nämlich meistens zufrieden und glücklich.

Moschusbockpaar auf Blütendolde von Wasserdost.

APRIL

2. April   **Waldkauzkastenkontrolle**

Erfreuliches Ergebnis bei der Waldkauzkastenkontrolle des Natur- und Vogelschutzvereins Wasen und Umgebung. Bei den vier kontrollierten Kästen waren zweimal fünf Junge, einmal vier Junge und ein Ei sowie einmal sechs Eier in den Gelegen. Ein überdurchschnittlich gutes Ergebnis. Es bleibt abzuwarten, wie sich die Bruten und Nestlinge entwickeln. Die Kästen werden während der Brutzeit zweimal kontrolliert und jährlich gereinigt. Für mich immer eine lehrreiche und spannende Beobachtungsmöglichkeit.

Waldkauz fliegt aus dem Brutkasten mit sechs Eiern.

In diesem Gelege können bereits fünf Nestlinge gezählt werden.

APRIL

3. April — **Unverwechselbare Spuren**

Wie oft habe ich doch schon an Bachläufen und Kanälen auf den Biber gewartet. Obwohl an den Bäumen frische Spuren zu erkennen waren, liess er sich nie blicken. Biber nagen das frische Material für ihre Dammbauten in der Regel nachts. Vielleicht war ich auch einfach am falschen Ort. Jedenfalls hatte Martin Schürch mehr Glück und er stellte mir das gelungene Foto für das Buch zur Verfügung.

Hier war in der vorangegangenen Nacht der Biber am Werk.

Biber an der Gürbe.

APRIL

4. April — Was Hänschen nicht lernt, lernt Hans nimmermehr

Dieser Spruch ist zwar in verschiedenster Hinsicht längst überholt. Gelegentlich erinnere ich mich aber trotzdem noch daran. So zum Beispiel an einem Ostersonntag in unserem teilweise noch schneebedeckten Garten. Ich machte mit den Enkelkindern einen Rundgang und sie mussten dabei alle bereits blühenden Blumen finden. Bei der Identifikation war ich ihnen behilflich.

Alexandre (sechs Jahre) half vor allem beim Suchen, Louna (vier Jahre) machte bei jeder gefundenen Blume einen Strich auf ihr Notizblatt und Annette (neun Jahre) schrieb alle Blumennamen fein säuberlich in ein kleines Heft. Am Schluss des Rundgangs zählten wir bei Annette fünfzehn Namen und auf Lounas Notizblatt fünfzehn Striche. Die meisten Blumen hatte Alexandre gefunden. Fazit: eine erfolgreiche Teamarbeit und ein stolzer Grossvater.

Erfolgreiche Teamarbeit im Frühlingsgarten.

Erika/Heidekraut
Wiesen Primel
Pestwurz
Leberblümchen
Wildes Stiefmütterchen
Schlüsselblume
Huflattich
Schneeglöckchen
Krokusse
Gänseblümchen
Buschwindröschen
Küchenschelle

Aprilglöcke
Zweiblättriger Blaustern
Echtes Lungenkraut

APRIL

Weinbergs-Traubenhyazinthen gingen vom Garten in die Landschaft

5. April

Ein Gartenflüchtling

In der Natur blühende Blumen zu finden hat gerade auch für Kinder einen besonderen Reiz. Der Mutter ein Blumensträusschen oder auch nur eine einzelne Blume aus der Natur nach Hause zu bringen vermag beim Überbringer und bei der Empfängerin einen Moment des Glücks auszulösen, wie er sonst nur schwer zu erleben ist. Das Kind erzählt der Mutter, wo es die Blume gefunden habe. Es erklärt ihr, dass es ihr aus Liebe die Blume schenke. Die Mutter nimmt das Kind, in den Arm und bedankt sich herzlich und erklärt dem Kind, was das für eine Blume sei, welche es ihr soeben geschenkt hätte.

Bei mir wenigstens war es so. Und weil mir die blauen «Trommelschlegeli» mit richtigem Namen Weinbergs-Traubenhyazinthe am Rande einer Böschung in einer Gruppe wachsend gefielen, pflückte ich einige und brachte sie meiner Mutter nach Hause. Ein herzlicher Kuss für mich war der Lohn, aber verbunden mit dem klaren Auftrag, diese Blume künftig stehen zu lassen. Schon damals galt sie als nicht allzu häufig und vor allem betonte die Mutter die Giftigkeit der Blume. Künftig liess ich die Finger vom «Trommelschlegeli». Andere Wegrandblumen brachte ich aber immer wieder nach Hause. Die Mutter freute sich darüber und klärte mich auf, was ich heimgebracht hätte. Manchmal musste sie auch den Vater dazunehmen. Der wusste bestens Bescheid, wenn es bei uns um Flora und Fauna ging. Das alles ist mir in bester Erinnerung geblieben und darum habe ich auch Freude und Verständnis, wenn die Enkelkinder im Garten oder in der Landschaft fürs Grosi eine Blume pflücken. Schnell haben sie dabei gelernt, dass sie die Margriten (Wucherblume) pflücken dürfen, der Frauenschuh hingegen nur angelächelt werden darf.

Zum Thema Lernen habe ich erst jetzt beim Schreiben dieser Geschichte erfahren, dass die Weinbergs-Traubenhyazinthe eigentlich gar keine einheimische Wildblume ist, sondern ein sogenannter, unsere einheimischen Arten aber nicht gefährdender Gartenflüchtling.

APRIL

6. April

Das lange Warten und Hoffen hat sich gelohnt

In den Jahren meiner Schulzeit lernte ich durch meinen Vater etwa ein gutes Dutzend verschiedene Schmetterlinge kennen. Darunter sicher der Zitronenfalter, der Kohlweissling, das Tagpfauenauge und weitere recht häufig vorkommende Falter. Einer hatte es mir besonders angetan: der Trauermantel. Allein durch seine Grösse ist er auffallend. Und wie der Edelfalter mit seinen schokoladebraunen Flügeln der hellen, gelblichen Randbinde und den blauen, schwarz umrandeten Flecken, durch das Licht der Sonne schwebte, ist mir in bester Erinnerung geblieben. Sie haben schon richtig gelesen! Den Trauermantel empfand ich damals als ausserordentlich schönen, aber keineswegs seltenen Falter. Jedenfalls gab es immer wieder zufällige Begegnungen. Kaum zu glauben, dass ich in den letzten fünfzig Jahren keinen einzigen mehr gesehen habe. Zugegeben, vierzig Jahre lang hat mich das auch nicht besonders beschäftigt. Aber die letzten zehn Jahre seit meiner Pensionierung habe ich ihn gesucht oder zumindest auf ihn gewartet. Vergeblich.

Bis anfangs April 2020, als der inzwischen längst selten gewordene Schmetterling in unserem Garten landete. Meine Freude war riesig, auch wenn er mir für das Bild die Flügel nicht ganz öffnete. Aber er war da. Und ich ahnte es, dass der Gast nicht nur für einen Tag blieb.

Unweit unseres Gartens habe ich dann im breiten Bachbett des Kaltbaches dessen Habitat entdeckt, welches er nur selten verliess. Auf einer Länge von etwa 200 Meter konnte ich den Schmetterling während Wochen regelmässig beobachten. Kaum war ich im Bachbett, kam der Falter geflogen und landete in meiner Nähe auf einem Stein. Ich konnte auch meine Frau Thilde mitnehmen und wir beobachteten «unseren» Trauermantel gemeinsam aus nächster Nähe. Das jahrelange Warten und Hoffen ist so eindrücklich belohnt worden. Im Sommer konnte ich dann im gleichen Gebiet noch einen Trauermantel aus der zweiten Generation beobachten.

Links: *Trauermantel im Bachbett des Kaltbaches.*

Rechts: *Trauermantel im Garten.*

APRIL

7. April **Ein Zufallstreffer**

Bei der Geiseggbrücke auf dem Parkplatz stelle ich das Auto ab, um der Zulg entlang nach Wasseramseln Ausschau zu halten. Ich habe die Strasse zum Bord noch nicht ganz überquert und schaue in der schneefreien Matte einem Hermelin direkt in die Augen. Zu meinem Vorteil hängt meine Kamera schussbereit an meinem Hals. Jetzt muss es schnell gehen. Es gelingt mir eine Aufnahme. Schon beim zweiten Versuch springt das Hermelin ins nächste Mausloch. Ich will das Loch für meine Unterlagen auch noch fotografieren. Zum Glück. Das Hermelin streckt nämlich den Kopf noch einmal kurz aus dem Erdloch, um dann, für mich nicht mehr beobachtbar, im Boden zu verschwinden.

Das Hermelin, auch grosses Wiesel genannt, ist eine Raubtierart aus der Familie der Marder und ist durch seinen farblichen Fellwechsel im Winter bekannt. Die Tiere können vier bis sechs Jahre alt werden. Auf Grund vieler Fressfeinde haben sie meist aber nur eine Lebenserwartung von ein bis zwei Jahren. Im Durchschnitt kommen pro Wurf sechs bis neun Junge zur Welt. Hermeline sind in der Schweiz geschützt und nicht jagdbar.

Die Ernährung besteht zur Hauptsache aus Scher-, Erd- und Feldmäusen. Sein bevorzugter Lebensraum sind strukturierte Landschaften mit Wiesen, Hecken und Gehölzen. Geschlossene Wälder werden gemieden. In ländlichen Gegenden wurden früher Hermeline, als ausgezeichnete Mäusejäger, als Haustiere gehalten. Auf Grund der intensiv betriebenen Landwirtschaft ist ihr Bestand in der Schweiz stark rückläufig.

Wie lange wartete ich schon auf eine solche Begegnung. Stundenlang habe ich vergeblich in Geländestrukturen, wo Hermeline leben und auftauchen könnten, gewartet. Und jetzt dieser Zufallstreffer mit drei geglückten Bildern.

Das Hermelin erkennt mich,   *verschwindet flugs ins Loch,*   *macht einen Kontrollblick.*

APRIL

8. April

Frühling in den Voralpen

Karg, farblos und leblos erscheint uns bei einem flüchtigen Blick dieser natürliche, nur wenig Wasser führende Graben. Bei genauerem Betrachten und Beobachten gibt es nur wenige Tage nach der Schneeschmelze bereits blühenden Huflattich und Pestwurz zu sehen. An allem, was am Spriessen ist, krabbeln wunderbar blau und grün schillernde Blattkäfer, Ameisen und Spinnen. Gelegentlich bewegt sich auch schon eine Eidechse zwischen den Steinen. Ein Kleiner Fuchs, eine Schmetterlingsart, sonnt sich auf einem Stück Totholz.

In der folgenden Nacht kommt der Winter zurück und im Graben liegen bei Minustemperaturen gut zwanzig Zentimeter Neuschnee. So wankelmütig ist der Frühling in den Voralpen.

Blick in den unscheinbaren Graben.

Links: *Aufblühender Pestwurz und blühender Huflattich.*

Rechts: *Blattkäfer auf Brombeerentrieb.*

APRIL

9. April

Das Insektensterben

Auf der ganzen Welt, aber auch in der Schweiz wird ein Insektensterben beobachtet. Dieser mengenmässige wie artenmässige Rückgang entzieht vielen Lebewesen unserer Fauna die Grundlagen ihrer Ernährungskette. Auch auf uns Menschen könnte ein dramatischer Rückgang der Insekten verheerende Folgen haben. In ihrer Funktion als Blütenbestäuber erfüllen sie in unserer Nahrungsversorgung eine der wichtigsten Rollen.

Internationale wie nationale Studien lassen über den gefährlichen Rückgang keine Zweifel offen. Auch jahrelange Naturbeobachter ohne wissenschaftliche Ausbildung können insbesondere bei der Artenvielfalt Verluste feststellen. Die Hauptursachen sind bekannt und menschengemacht. Dieses Wissen gibt auch wieder Hoffnung und Zuversicht, dem Rückgang Einhalt zu gebieten. Politisch gilt es, mehrheitsfähige, griffige Gesetzesvorgaben zu machen und diese auch mit aller Konsequenz durchzusetzen. Jeder Landwirt, Nahrungs- und Industrieproduzent, Landschaftsgestalter, Gartenbesitzer und Balkonpflanzeninhaber kann und soll seinen persönlichen Beitrag dazu leisten. Dafür ist es noch nicht zu spät.

Aber es erfordert ein erträgliches Umdenken hinsichtlich der Nachhaltigkeit unseres Konsumverhaltens, unserer Lebensgewohnheiten. Pro Natura hat mit Plakaten, ich habe das Foto am Bahnhof Thun gemacht, eindrücklich darauf hingewiesen. Das Foto mit den Insekten auf der Wildblumenblüte ist mir auf einer Alp hoch über dem Emmental gelungen.

Bilder, über die Sie nachdenken sollten.

APRIL

10. April **Kiebitzprojekt im Wauwilermoos**

Gemäss Informationen der Vogelwarte Sempach gab es 2019 schweizweit nur noch weniger als 200 Kiebitz-Paare. Auf der Roten Liste wird der Vogel in der Schweiz als vom Aussterben bedroht eingestuft, weil seine aus Freiflächen und Feuchtwiesen bestehenden Lebensräume durch die intensive Landwirtschaft und baulichen Massnahmen immer weniger werden. Das im Wauwilermoos von der Vogelwarte Sempach ins Leben gerufene und betreute Wiederansiedlungsprojekt will diesem Umstand entgegenwirken. Erfreulicherweise wurden hier in den letzten Jahren zunehmende Brutpaare beobachtet und registriert.

Von einem Beobachtungsturm kann das mit einem elektrischen Weidezaun geschützte Brutgebiet, ohne die Vögel zu stören, sehr schön beobachtet werden.

Links:
Beobachtungsturm.

Rechts: Kiebitz vertreibt Rotmilan.

Kiebitz mit schillerndem Gefieder und eindrücklicher Federholle am Hinterkopf.

APRIL

11. April

Rund um den Mauensee

Der in der Region Sursee liegende Mauensee und seine Inseln und Ufer sind in privatem Besitz und grundsätzlich für die Öffentlichkeit nicht zugänglich. Erfreulicherweise gibt es aber unweit der Ufer einen als Wanderweg ausgeschilderten Rundgang, welcher eine gute Einsicht auf das Schloss und die Inseln erlaubt. Das ganze Gelände gilt als Naturschutzgebiet und ist bezüglich Flora und Fauna etwas vom Schönsten, was man, ohne störend zu wirken, begehen kann.

Hier beispielhaft zwei Beobachtungen, die mir Freude bereitet haben. Auf den hohen Bäumen auf einer der Inseln gibt es zwei Storchenbruten und auf dem Weg schaute mir ein Hermelin direkt in die Augen. Alles verständlicherweise aus etwas grösserer Distanz, als für gute Fotos gewünscht.

Ich hoffe, Sie mit den Bildern gleichwohl zu inspirieren und auf die Schönheit und Bedeutung der teilweise begehbaren Naturschutzgebiete aufmerksam zu machen.

Wichtige Hinweistafel.

Hermelin.

Schloss auf der grossen Insel

Idyllische Impression vom See mit Inseln.

Weissstorchbrut.

APRIL

Gib niemals auf! Über 200 Jahre alte Esche auf der Schattseite im Eriz.

12. April

Never give up – gib niemals auf!

Eine Aussage und Empfehlung, die uns aus schwierigen Ausgangslagen und Lebenslagen bestens bekannt ist. Dieser Gedanke ging mir auch durch den Kopf, als ich auf der Schattseite im Eriz vor einer über 200 Jahre alten, alleinstehenden Esche stand. Der Winter hat ihr arg zugesetzt. Zwei Hauptäste sind direkt am Stamm abgebrochen. Der Hauptstamm ist, gemäss Aussagen von Einheimischen, schon seit über fünfzig Jahren mehrheitlich hohl. Dem durch einen Pilzbefall verursachten, schweizweit aufgetretenen Eschensterben hat sie, wie manchem wetterbedingten Sturm, erfolgreich getrotzt. Vielen Lebewesen hat sie über Jahre als Behausung und Lebensraum gedient. Und jetzt? Steht sie vor ihrem Ende? Kaum! Im Frühling wird sie mit dem Rest, der ihr noch zur Verfügung steht, weiter machen. Mit aller Kraft und Vitalität, die ihre Substanz noch hergibt. Durch ihren Laubaustrieb im Frühling zeigt sie auch ihren Lebenswillen. Hier jetzt mit der Motorsäge zum tödlichen Schnitt anzusetzen wäre eher Mord als Erlösung. Ihre Einstellung Never give up verdient Respekt. In der Natur wie in der Gesellschaft. Unter diesem Aspekt verdient die Esche, eines Tages einem natürlichen Tod Absterben zu erliegen.

APRIL

«Knäuel» von Grasfroschlarven. In ein, zwei Tagen werden sie freischwimmend nach Nahrung suchen.

13. April

Die erste Hürde genommen

Auf der Seite vom 20. März habe ich Ihnen über die ersten Laichballen in der Flachwasserzone unseres grossen Biotops berichtet. Einige wenige habe ich bereits etwas früher gesehen. Nun wimmelt es vor allem dort, aber auch in weiteren Uferzonen von kleinen Kaulquappen. Zu Tausenden zucken sie in «Knäueln» in der gallerten Restmasse der Laichballen. Freischwimmend sieht man nur einzelne.

Vier Wochen vergingen, bis sich aus den Eiern Kaulquappen entwickelt hatten. Doppelt so lange wie die normale, durchschnittliche Zeitdauer. Allein zurückzuführen auf das wechselhafte, kalte, immer wieder Schnee und Eis bringende Wetter in diesem Jahr. Erstaunlicherweise haben die Laichballen diesen harten Umständen getrotzt und aus den allermeisten Eiern entwickelten sich Grasfroschlarven. In wenigen Tagen werden diese schwimmfähig sein und vorwiegend in den Uferzonen schwimmend nach Nahrung suchen. Eine erste Hürde zum Grasfrosch ist so genommen. Noch hatte es viele Laichballen von Nachzüglern, welche nun bei temperaturmässig günstigeren Bedingungen eine deutlich kürzere Entwicklungsphase durchmachen werden. Gefahr droht ihnen jetzt von den ankommenden Bergmolchen. Dass sich die ebenfalls jetzt ins Gewässer kommenden Erdkröten gelegentlich in die Laichballen legen, scheint keinen Schaden anzurichten.

Die Laichballen halten offensichtlich im seichten Wasser liegend Minustemperaturen und späten Schneefall aus. Grössere Verluste entstehen, wenn die Frösche Laichballen auf Feldern in Pfützen ablegen, welche in Kürze austrocknen. Erfahrungsgemäss nimmt man an, dass es von 1000 Kaulquappen nur zwei bis zu einem geschlechtsreifen Frosch schaffen.

APRIL

14. April **Vom Wald zum Urwald**

An unsere Wälder werden viele, teils widersprüchliche Ansprüche gestellt. Sie sollen für die Umwelt, den Schutz für Dörfer und Täler, als Erholungsraum für uns Menschen und Rückzugsort und Lebensraum für viele Tiere dienen und entsprechend bewirtschaftet werden.

«Aufgeräumte» Wälder mögen für den Nutzen der Menschen vorteilhaft sein. Für den Erhalt und die Förderung der Artenvielfalt von Flora und Fauna erwiesen sich die gewählten Bewirtschaftungspraktiken aber teilweise als nachteilig.

Aufgrund dieser Erkenntnis werden gegen eine Nichtnutzungsentschädigung schweizweit geeignete Waldflächen wieder ganz der natürlichen Entwicklung überlassen. Der Wald wird zum Urwald.

Die Auswirkungen werden von den Fachstellen beobachtet, analysiert und protokolliert. Durch entsprechende Wegmarkierungen und Gebote bleiben die sich verändernden Waldstrukturen der Öffentlichkeit zugänglich. Das ist sicher der richtige Weg, um die Gesellschaft für die Bedeutung der Biodiversität zu sensibilisieren.

Naturbelassener Asthaufen.

Sortieren beim Bewirtschaften.

APRIL

15. April

In der Champions League angekommen

In der Geschichte vom 24. Januar erzählte ich Ihnen etwas über das Mauswiesel und mein Glücksgefühl bei meiner ersten Sichtung. Eine Beobachtung war es eigentlich nicht. Es zeigte sich mir nur ganz kurz. Es reichte gerade für ein Porträtfoto. Jetzt, nach vielen vergeblichen Beobachtungsversuchen und Stunden des Wartens, gelingt mir eine längere Beobachtung mit den entsprechenden Bildern.

Obwohl sich meine Fotoausrüstung bei weitem nicht auf Profi-Niveau bewegt, fühlte ich mich mit diesen seltenen Bildern in der Champions League der Wildtierfotografen angekommen. Das klingt nicht gerade bescheiden, aber entspricht meiner damaligen Gefühlslage. Auf Grund der Bilder können Sie dies hoffentlich nachvollziehen.

Beobachtung eines Mauswiesels.

APRIL

16. April

Der Werbe- und Logovogel

Der Eisvogel ist ein farbenprächtiger und sehr geschickter Vogel. Von einer Sitzwarte aus vermag er im Sturzflug kleine Fische aus dem Wasser zu holen. Gerne wird sein Bild auch für verschiedenste Werbesujets und Logos verwendet. Dadurch ist der attraktive Vogel selbst bei weniger Naturinteressierten bekannt. In der Natur sah ich den Eisvogel erstmals, als ich in Basel joggend die Birs überquerte. Obwohl sportlich unterwegs, wartete ich einen Moment auf der Fussgängerbrücke. Dabei konnte ich sehen, wie der Vogel, knapp über dem Wasser fliegend, einen kurzen, hohen Pfiff von sich gab und zu seiner Brutstätte flog. Das war in diesem Fall eine ins steil abfallende, sandige Flussufer gebaute Röhre. Eine schöne, in bester Erinnerung bleibende Zufallsbeobachtung.

Für eine erfolgversprechende Sichtung fuhr ich zwanzig Jahre später nach La Sauge ins Naturzentrum von BirdLife. Dort sind jedes Jahr brütende Eisvögel zu sehen und man kann diese von speziellen Beobachtungshütten aus, ohne zu stören, bei etwas Geduld gut fotografieren.

Eisvögel machen jährlich zwei bis drei Bruten in rascher Folge. Während das Männchen die Nestlinge füttert, gräbt das Weibchen bereits eine neue Brutröhre. In dieser Zeit füttert das Männchen auch das Weibchen. Männchen und Weibchen sind am besten auf Grund ihrer unterschiedlichen Fuss- und Schnabelfarben zu unterscheiden. Die Männchen haben ziegelrote Füsse, die Weibchen grau-braune. Bei den Weibchen ist zudem der Unterschnabel zirka zu zwei Drittel seiner Länge orangefarbig. Kaum sind die Jungvögel ausgeflogen, werden sie sehr rasch aus dem Brutrevier vertrieben. Der Bestand gilt in der Schweiz als verletzlich. Die Vögel haben ihre Habitate unterhalb einer Höhe von 700 Meter in der Nähe von fischreichen Gewässern mit natürlichen, steil abfallenden Ufern.

Eisvogelpaar auf einem Ast, Weibchen oben, Männchen unten.

Eisvogelmännchen auf Sitzwarte.

APRIL

17. April **Rotwild**

Tagsüber sieht man bei uns kaum mehr Rothirsche. Sie ziehen sich in die Wälder und Gräben zurück, wo sie ungestört in ihren Tagesstätten verharren und ruhen können. Am ehesten sind sie im Frühling zu beobachten. Nämlich dann, wenn sie bei Beginn der Dämmerung aus den Wäldern an ihre schneefreien Futterplätze in die offene Landschaft kommen. Mit gut zu beobachten meine ich klar mit dem Feldstecher. Die Tiere sind dabei nämlich sehr vorsichtig und auf Sicherheit bedacht. Dazu benutzen sie Nase, Augen und Ohren und so entgeht ihnen weder ein Geruch noch eine Bewegung oder ein Geräusch.

Mir gelingt an diesem Tag eine Beobachtung von einem zehnköpfigen Kahltrupp, gemischt mit Hirschkühen, Kälbern, Schmaltieren und Spiessern. Der Zeitperiode entsprechend ist kein Hirsch dabei. Diese halten sich bis zur Brunftzeit in eigenen Rudeln oder Trupps auf.

Die Fotos machte ich versteckt aus einer Distanz, wo mich die Tiere nicht wahrnahmen oder sich zumindest nicht in Gefahr wähnten.

Kahltrupp im Frühling.

APRIL

18. April **Schachtelbrut**

Die meisten Nicht-Ornithologen wissen wohl kaum, was eine Schachtelbrut ist. Sie kann bei gewissen Vogelarten vorkommen, nicht selten bei Wildtauben. Ich habe das Glück, auf dem Friedhof Wasen im Emmental eine solche von Türkentauben zu beobachten. Auf einer Ulme hat das Taubenpaar zwei schon grosse Nestlinge mit Futter zu versorgen. Vierzig Meter gegenüber auf einem Bergahorn hat das gleiche Paar ein Gelege mit Eiern, welche es ständig zu bebrüten gilt. Die beiden Türkentauben wechseln sich beim Brüten der Eier gegenseitig ab. Man nennt das Brutwechsel. In der Literatur wird darauf hingewiesen, dass die erste Brut dann vom Männchen allein aufgezogen werde. Offenbar funktioniert das so gut, dass wohl beide als Schachtelbruten bezeichneten Bruten erfolgreich sein werden. Auf dem Bergahorn hatte das fleissige Paar bereits im Februar trotz grosser Kälte erfolgreich zwei Junge aufgezogen.

Brutwechsel am Gelege auf dem Bergahorn.

Links:
Türkentaube im Gelege auf dem Bergahorn am Brüten.

Rechts:
Zwei bereits grosse Nestlinge auf der Ulme.

APRIL

19. April   **Ein noch unerklärtes Phänomen**

Jeden Frühling, wenn ich vom Innereriz auf den Grünenbergpass wandere, komme ich kurz nach den Gebäuden der Alp Trüschhubel an einem Bergbach vorbei, welcher vom steilen Alphang direkt über das Strässchen führt. Das Aussergewöhnliche an diesem Bach ist sein schneeweisses Wasser. Dieses Naturphänomen habe ich sonst noch nirgends beobachten können. Ich habe schon mit dem Wildhüter darüber diskutiert, ohne eine Erklärung dafür zu erhalten.

Also habe ich mich weiter schlau gemacht und recherchiert, ob etwas über schneeweisses Wasser führende Bergbäche zu erfahren sei.

Und tatsächlich wurden im Kanton Graubünden 2018 unter der Leitung von Dr. Christoph Wanner vom Institut für Geologie der Universität Bern erstmals solche wenig bekannte Bäche untersucht. Detailliert kann ich hier nicht auf die veröffentlichten Untersuchungsergebnisse eingehen. Interessierte können in einem Video auf YouTube Genaueres erfahren.

Herr Dr. Christoph Wanner hat sich auf Grund der von mir erhaltenen Hinweise den Bach auf der Alp Drüschhubel persönlich angeschaut. Das vorhandene Gestein im Quellgebiet und die Ergebnisse des untersuchten Wassers zeigten, dass hier andere, noch unklare Ursachen für das weisse Wasser verantwortlich sein müssen als bei den untersuchten Bächen im Kanton Graubünden.

Quellaustritt des Wassers oben am Hang.   *Bachausschnitt auf der steil abfallenden Alpweide.*

APRIL

20. April   **Ein interessanter Unterschied**

Unser Garten liegt auf gut 1000 Meter über Meer. So kommt es vor, dass wir bei nassem Wetter gelegentlich einzelne Alpensalamander beobachten können. Durch ihre schwarze, glänzende Haut sind sie auf grünem Grund kaum zu übersehen. In der Fortbewegung sind die ausschliesslich ausserhalb des Wassers lebenden, jedoch auf feuchte Landschaftsstrukturen angewiesenen Tiere eher langsam.

Im Frühling kommen zur Paarung und Eiablage immer viele Bergmolche ins Biotop. Die farbenprächtigen Männchen erinnern fast ein wenig an exotische Echsen. Nach der Paarungszeit, aber spätestens im Sommer, verlassen die Molche das Gewässer und leben wieder an Land.

Sowohl die Alpensalamander wie die Bergmolche legen zur Fortpflanzung Eier. Letztere legen die befruchteten Eier im Wasser an Pflanzen ab. Alpensalamander brüten die Eier dagegen im Körper aus und bringen dann die Jungen zur Welt, als wären sie lebend gebärend. Sie zählen somit zu den sogenannten Ovoviviparen.

Um sich über die im Garten vorkommenden Tiere zu freuen, muss man das alles nicht im Detail wissen. Doch interessant finde ich allerdings solche unterschiedliche Fortpflanzungs- und Überlebensstrategien schon.

Alpensalamander auf der nassen Wiese.   *Ein Bergmolchmännchen im Wasser.*

APRIL

Singendes Gartenrotschwanz-Männchen in Föhrenkrone.

21. April   **Biodiversitätsförderflächen (BFF)**

Biodiversitätsförderflächen (BFF) kennt man aus der Landwirtschaft, wo diese zum Teil gesetzlich vorgeschrieben sind oder zumindest für die Flächenbeiträge vom Bund an die Landwirte mitbestimmend sind. Auch öffentliche Parkanlagen und private Gärten, welche bewusst naturnah angelegt werden, bilden wichtige Vernetzungsflächen für verschiedene Pflanzen und Tiere.

Noch wenig bekannt ist die diesbezügliche Bedeutung von Friedhöfen mit einem alten Baumbestand und Naturwiesenflächen. Sie bilden Naturbrutstätten für Vögel und Lebensräume für seltene Pflanzen und vielerlei Insekten.

Ein mir hierfür bekanntes Beispiel ist der grosse Schosshaldenfriedhof in Bern. Besonders beeindruckt war ich hier von einem Gartenrotschwanzmännchen, welches mir zur frühen Morgenstunde in einer alten Baumkrone seine Gesangskünste zum Besten gab. Als sogenannter Langstreckenzieher überwintert diese Vogelart in der Sahelzone. Um an unserem «Fototermin» vor Ort zu sein, musste der Vogel eine sehr lange und beschwerliche Reise auf sich nehmen.

Den Tipp bekam ich von einem erfahrenen Ornithologen, welcher mir bestätigte, dass im Schosshaldenfriedhof der bei uns im Gegensatz zum Hausrotschwanz seltener gewordene Gartenrotschwanz regelmässig erfolgreich brütet.

APRIL

22. April   **Für einmal kein guter Gastgeber**

Unser Biotop auf gut 1000 Meter über Meereshöhe lockt immer wieder untypische Gartenbesucher an. Im Buch wird ihnen entsprechend Platz eingeräumt. Meistens freue ich mich über solche Beobachtungen. Nicht so beim Stockentenpaar, welches in den letzten Tagen immer wieder bei uns im Wasser landet und offensichtlich nach einem Brutplatz Ausschau hält. Seit unserem letzten Stockentenbesuch sind sechs Jahre vergangen. Zum Glück sind die Neuen recht scheu und suchen das Weite, bevor ich in ihrer Nähe bin. Ich vertreibe sie so lange, bis sie nicht mehr kommen. Stockenten sind bezüglich ihrer Habitate recht anspruchslos und anpassungsfähig. Ihr Bestand ist in der Schweiz nicht gefährdet.

Für eine Stockentenbrut ist unser naturnaher Garten nicht geeignet. Die Enten könnten im und um das Biotop durch ihre Anwesenheit bezüglich der Biodiversität mehr schaden als nützen. Da sie verschiedene Gewässer aufsuchen, können sie mit ihrem Gefieder und mit ihren Ausscheidungen Parasiten aller Art einschleppen. Meine Frau tut sich mit dem Vertreiben des Entenpaares schwer. Sie sieht in ihrer Fantasie bereits die Freude unserer Enkelkinder, wenn da im Garten eine Entenmutter mit einem Dutzend Küken herumläuft. Sicher: Das ist ein herzerwärmendes Bild, jedoch nicht im Sinne der Artenförderung in unserem Garten. Und der Fuchs aus dem nahen Wald hätte wohl bei den Kinderfreuden auch noch ein Wort mitzureden.

Keine Chance für ein besseres Bild. Bald war ich entdeckt und die Enten weg.

Auch er kommt regelmässig vorbei und würde sich über die Küken freuen.

APRIL

Regenbrachvogel auf der Geissegg im Innereriz.

23. April

Wohl einmalig

Es herrscht richtiges Aprilwetter. Regen und Aufhellungen wechseln sich stündlich ab. Auf den Matten hier oben auf gut 1000 Meter hat es ab und zu auch noch etwas «pflotschigen» Schnee. Jedenfalls sollte man die Strasse, wenn die Füsse trocken bleiben sollen, nicht ohne Gummistiefel verlassen. Ich muss aber in die Stadt und bin entsprechend angezogen, als ich ins Auto steige. Lange bleibe ich allerdings nicht sitzen. Kaum bin ich von der Einfahrt in die Strasse eingebogen, sehe ich unweit von mir einen mir unbekannten, grösseren, relativ hoch auf den Beinen stehenden Vogel im noch spärlichen Gras spazieren. Das Augenfälligste an seiner Gestalt ist allerdings sein langer, gekrümmter Schnabel. Nasse Füsse hin oder her, ich gehe in meinen Halbschuhen schnurstracks über die nasse Matte, bis ich nahe genug am Vogel bin, um ein gutes Foto zu machen. Was mir erstaunlicherweise gelingt, weil der schöne Vogel immer nur wenige Meter von mir wegfliegt.

Mit nassen Füssen, aber glücklich über die Beobachtung setze ich die Fahrt nach Thun fort. Noch am gleichen Abend übermittle ich ein Foto an die Vogelwarte Sempach, um mir den vermuteten Grossen Brachvogel bestätigen zu lassen. Am anderen Morgen habe ich bereits eine entsprechende Rückmeldung. Bingo! Es ist der bei uns noch seltenere Regenbrachvogel. Der sich auf dem Zug befindende Vogel musste wohl kräfte- und wettermässig bedingt hier oben eine Rast einlegen. Von einheimischen Bauern habe ich vernommen, dass sich der Vogel vor seinem Weiterflug noch einige Tage hier aufhielt. Diese Vogelart brütet in nördlichen Feuchtgebieten und der von mir fotografierte Vogel könnte am ehesten eine finnische oder schwedische Herkunft haben. Eine Brut des Regenbrachvogels hat es nach Aussagen der Experten in der Schweiz noch nie gegeben und sei kaum je zu erwarten. Ohne Beweisfoto würde meine Beobachtung wohl von vielen Ornithologen in Frage gestellt. Dank meinem Foto gibt es aber über die seltene Sichtung keinerlei Zweifel.

APRIL

24. April   ### Rotmilan in Heimenschwand

Heute habe ich Urs Sempach, er ist wie ich pensioniert, beim Mausen auf den Feldern seines Sohnes Thomas begleitet. Thomas ist Bauer und vierfacher «Eidgenosse» mit über 100 Kränzen. Eine beeindruckende Schwingerkarriere. Zur Familie Sempach pflege ich eine langjährige Freundschaft und konnte auf deren landwirtschaftlichem Gelände schon verschiedene Naturbeobachtungen machen.

Auf dem Feld angekommen, gilt meine Aufmerksamkeit dem über uns kreisenden Rotmilan. Als Urs zwei frisch gefangene Mäuse auf dem Feld auslegt, sind diese innert weniger Minuten in den Fängen des Rotmilans und bald ausserhalb unserer Sichtweite. Scharf beobachtend, die Situation richtig einschätzend und mit grosser Geschwindigkeitpunkt. genau anfliegend, krallt er sich seine Beute.

Die Nähe von Urs schien ihn dabei nicht zu stören. Ich hingegen bleibe zum Beobachten und Fotografieren für einmal im Auto. Sicher eine Naturbeobachtung der besonderen Art.

Innert wenigen Minuten wird eine Maus vom Rotmilan abgeholt.

APRIL

25. April **Schlaue Rabenkrähen**

Wie Sie auf der Vorderseite erfahren haben, legt Urs Sempach beim Mausen immer ein, zwei gefangene Mäuse neben den Kessel. In Kürze kreist dann jeweils der Rotmilan über dem «Tatort» und holt sich seine bereitgelegte Beute. Auch heute kreist er bereits wieder über uns. Er wird aber gestört von einer Rabenkrähe, die ihr Revier verteidigt und am Himmel mutig alles gibt, um den Eindringling zu vertreiben.

Eine weitere, auf dem Giebel des Scheunendaches sitzende Rabenkrähe hat die ganze Szenerie genau beobachtet. Sie weiss ihre Chance zu nutzen. Sie transportiert eine Maus ins etwas höhere Gras, damit sie wohl der Milan nicht finden kann. Mit der zweiten fliegt sie hinter die Scheune, um diese dort ohne Gefahr vor dem zurückkehrenden Milan zu verzehren.

Immer wieder hört man Geschichten, wie schlau sich Krähenvögel bei der Nahrungsbeschaffung verhalten können. Das hier ist ein weiteres Beispiel.

Die Rabenkrähe nutzt ihre Chance und holt sich die für den Milan bereitgelegte Maus.

APRIL

26. April   **Unerwartetes bei einer Steinbockbeobachtung**

Ein später Schneefall im Frühling veranlasste die Steinböcke, aus den Felsen der Sieben Hengste für eine kurze Zeit in tiefere Lagen zu ziehen, wo sie an den Rändern der Alpweiden bereits «Grünes» zum Fressen vorfanden. Für mich eine Gelegenheit, eine fünfköpfige Gruppe, bestehend aus lauter Männchen, von einer gut zugänglichen Stelle aus zu beobachten.

Mit dem Feldstecher war das kein Problem. Um zu fotografieren, musste ich dagegen versuchen, unbemerkt in ihre Nähe zu kommen. Für dieses Vorhaben musste ich grosse Umwege auf mich nehmen. Als ich nach den ersten Bildern den Eindruck bekam, die Tiere könnten mich bemerkt haben, zog ich mich zurück und beobachtete die Szenerie weiter mit dem Feldstecher.

Die Tiere bleiben immer nahe zusammen. Ob beim Fressen am Weiderand oder beim Fegen am niedrigen Gestrüpp: Immer habe ich den Eindruck, dass ein Tier wachsam die Umgebung kontrolliert. Am meisten staune ich darüber, wie die Steinböcke bemüht sind, die Reste ihrer Winterwolle loszuwerden, und wie beweglich die massigen Tiere dabei sind. Weil ihre Hinterbeine länger sind als die Vorderbeine, was für sie im alpinen Gelände vorteilhaft ist, sind sie in der Lage, mit den Füssen der Hinterbeine am Nacken zu kratzen. Dass sie gute Kletterer sind, wusste ich, aber dass sie bei ihrer Körperpflege derart beweglich sind, das hätte ich nicht erwartet.

Das grössere Bild soll meine diesbezügliche Beobachtung veranschaulichen.

Steinböcke sind sehr beweglich. Zur Entledigung ihrer Winterwolle oder wenn es am Hals juckt, kann schon einmal der Fuss eines Hinterbeins zu Hilfe genommen werden.

APRIL

27. April   **Vermutung bestätigt**

Am 22. April erfuhren Sie vom Stockentenbesuch an unserem Biotop. Entgegen meinen Erwartungen schien mir, dass es mit dem Vertreiben des diesjährigen Paares nicht funktionieren wollte. Tagsüber konnte ich zwar die Enten nicht mehr sehen. Als ich jedoch spät am Abend nach dem Eindunkeln noch in den Garten gehe, meine ich, sie wegfliegen zu hören. Kommt das Paar immer noch einfach ungestört in der Nacht?

Jetzt will ich es genau wissen. Von einem Bekannten leihe ich mir eine Fotofalle und montierte diese am Biotoprand. Meine Vermutung wird, wie die Bilder zeigen, bestätigt. Von 21:30 Uhr bis morgens um 08:00 Uhr ist das Paar im Wasser und frisst, was ihm vor den Schnabel kommt. Ich vermute hauptsächlich die nun in grossen Mengen herumschwimmenden Kaulquappen. Mir wird nichts anderes übrigbleiben, als mehrmals nachts das Biotop aufzusuchen, um die Enten zu vertreiben, damit sie unseren Garten nicht zu ihrem ständigen Habitat machen.

Bilder von oben nach unten: 23:30 Uhr, 02:30 Uhr, 07:30 Uhr.

APRIL

28. April **Juhu, ein Uhu!**

Einen Uhu in der freien Natur beobachten zu können, betrachte ich als Glücksfall. Mein Freund Kurt Mohler hat es mir ermöglicht. Er wusste von einem in einem Steinbruch im Kanton Baselland brütenden Uhupaar und hat mich zu einer im Steinbruch ordnungsgemäss angemeldeten Beobachtung eingeladen.

Der Steinbruch ist eingezäunt und wird abends, wenn der Betrieb eingestellt wird, abgeschlossen. Dies erfolgt zum einen aus Sicherheitsgründen, aber auch, damit die Vögel nicht von aufdringlichen Fotografen und Neugierigen gestört werden.

Der Uhu ist die grösste Eulenart Europas. Er ist ein Jahres- und Standvogel. Bei uns ist der Uhu vor allem ein Felsenbrüter. Geeignete Brutplätze werden häufig über Generationen von Uhus besetzt. Nicht selten sind das bei uns stillgelegte, aber teilweise auch noch betriebene Steinbrüche. Uhus ernähren sich von kleinen Säugern und zum Teil auch von grösseren Vogelarten.

Ein Brutgelege besteht in der Regel aus zwei bis drei Eiern. Beim Aufziehen der Jungvögel gibt es relativ viele Brutverluste. Man rechnet, dass von zehn Nestlingen nur drei das Erwachsenenalter erreichen werden. Uhus können ein für Vögel hohes Alter erreichen. Auf Grund von Ringfunden konnten Lebenszeiten bis zu 27 Jahren festgestellt werden.

In der Schweiz schätzt man den Bestand auf etwa 100 Brutpaare. Meine Überschrift ist auf Grund dieser nur selten anzutreffenden Vögel sicher gerechtfertigt.

Uhupaar im Steinbruch.   *Uhu am Brüten im Steinbruch.*

APRIL

29. April   **Die erwarteten Hotelgäste sind gekommen**

Wildbienenhotels sind im Trend und eine gute Sache. Ich habe verschiedene ums Haus aufgestellt. Einige habe ich als Geschenk an Vorträgen erhalten. Den Modellen sind gestalterisch kaum Grenzen gesetzt. Es empfiehlt sich, auf natürliche Materialien und hier vorwiegend Holz zu achten. Künstlich gebohrte Einstieglöcher dürfen nicht zu gross und nicht scharfkantig sein. Bei den meisten Wildbienenhotels, welche ich erhalte, sind leider die Hölzer stirnseitig gebohrt worden. Zum Vorteil der Bewohner und ihrer Bruten wäre es besser, die Einstieglöcher seitwärts in die Hölzer zu bohren.

Wichtig ist der Standort. Das Wildbienenhotel sollte vor Regen und starkem Wind geschützt, etwa einen bis eineinhalb Meter über dem Boden aufgestellt und befestigt werden. Die Einstiegslöcher sollten nach Möglichkeit der Morgensonne zugewendet sein.

Auf diese Weise sind meine Hotels gut ausgelastet und an sonnigen Tagen herrscht ein reger, interessant zu beobachtender Betrieb.

Ausschnitt eines noch neuen Wildbienenhotels.

Gleicher Bildausschnitt nach knapp 2 Jahren.

APRIL

30. April **Wieder zurück**

Der Trauerschnäpper ist ein Zugvogel. Ein richtiger Langstreckenzieher. Er überwintert hauptsächlich in Westafrika und kommt zum Brüten zu uns. Ich schreibe bewusst zu uns. Jedes Jahr haben wir nämlich in unserem Garten ein erfolgreiches Brutpaar. Immer am gleichen Baum. Selbst dann noch, nachdem wir den Kasten erneuern mussten. Innereriz – Westafrika – Innereriz. Immer eher spät im Frühling und das Männchen etwas früher als das im Gefieder hellere Weibchen. Falls bereits Meisen am Nesten sind, werden diese vertrieben.

Ein Gelege besteht aus fünf bis acht Eiern. Für eine erfolgreiche Aufzucht benötigen die Vögel genügend Insekten und Spinnen.

Sicher stellen Sie sich die gleichen Fragen wie ich: Ist es wirklich immer das gleiche Paar? Sind es Vögel, die hier aufgezogen wurden? Nur die Beringung könnte eine Antwort liefern. Ich verzichte darauf und freue mich einfach immer riesig, wenn ich im Frühling zu meiner Frau Thilde sagen kann: Unsere Trauerschnäpper sind zurück.

Beim Beobachten und Fotografieren freute ich mich über das gelungene Bild, welches das Paar beim gemeinsamen Anfliegen des Nistkastens zeigt.

Trauerschnäpperpaar vor Nistkasten.

Mai

MAI

1. Mai **Engagement und Interesse für mehr Biodiversität**

Die Gemeinde Steffisburg bemüht sich erfreulicherweise, wie übrigens andere Gemeinden auch, ihre öffentlichen Anlagen nicht nur zweckmässig, sondern auch möglichst naturnah zu gestalten. Dazu gehören auch Flächen mit Wildblumen. Diese sind als Vernetzungsstrukturen zu grösseren, noch natürlich vorhandenen Flächen für Insekten von Bedeutung. Unter der Leitung von Elisabeth Kopp bietet die Gemeinde mit dem Projekt KulturGarten der Öffentlichkeit Einblick in diese sinnvolle Entwicklung und organisiert für Interessierte entsprechende Fachanlässe. Dies als Hilfe und Motivation für die naturnahe Gestaltung der privaten Gartenanlagen. So auch an diesem kühlen, regnerischen Samstagmorgen auf dem Gelände des Friedhofs Eichfeld.

Auf Grund der immer noch notwendigen Corona-Schutzmassnahmen werden die angemeldeten Teilnehmer in drei zeitlich verschiedene Gruppen eingeteilt. Unter kundiger Leitung des Landschaftsgärtners und Biodiversitätsförderers Daniel Mosimann erhalten wir alles, was für Wildblumen wichtig ist, in einer verständlichen Sprache erklärt und von geübter und geschickter Hand vorgezeigt. Auch für Fragen ist genügend Zeit und unter den Teilnehmern werden Erfahrungen ausgetauscht. Mit dem Pflanzen von Wildblumen leisten wir einen Beitrag gegen das Insektensterben. Heute für mich, geradezu symbolisch, noch auf dem Friedhof. Morgen hoffentlich in unseren Gärten. Den Weg dazu kennen wir.

Daniel Mosimann erklärt und demonstriert den Anwesenden das Anpflanzen und Einsäen einer Wildblumenwiese.

MAI

2. Mai

Stiere im Bast

Auf der Seite vom 17. April zeigte ich die Bilder von einer Kahltrupp-Beobachtung. Weil ich wusste, dass in der Nähe auch ein Trupp von Hirschen, will heissen Stieren, gesichtet wurde, gehe ich beim Eindämmern entsprechend in Stellung. Tatsächlich kommen bei fortgeschrittener Dämmerung geschätzte acht Hirsche, ich kann sie nicht zählen, aus dem Wald auf die Weide. Nur für eine kurze Zeit. Ich nehme an, dass mich die Tiere wittern. Jedenfalls wirken sie sehr vorsichtig und ziehen sich für mich nicht mehr sichtbar in den Wald zurück. Trotz Dunkelheit und Zeitnot gelingen mir ein, zwei Fotografien. Die kurze Sichtung der grossen Tiere, der Rothirsch ist das grösste jagdbare Wildtier in der Schweiz, hat mich beeindruckt. Die unterschiedlich gross gewachsenen, Bast tragenden Stangen der Hirsche lassen bereits erahnen, welch imponierenden Kopfschmuck die Tiere bis zur Brunstzeit noch entwickeln werden. Aus Untersuchungen geht hervor, dass Hirsche in dieser Zeit pro Tag bis zu 150 Gramm Knochenmasse bilden können.

Ich machte mich auf den Heimweg und hoffte, dass die Hirsche meinen Abmarsch beobachteten und sich in der Dunkelheit wieder aus dem Wald wagten, um auf dem Weideland zur nötigten Nahrung zu kommen. Sie müssen nämlich stark genug sein, wenn sie in der Brunstzeit einzeln um die Gunst der Kühe kämpfen. Brunst- oder auch Brunftzeit ist in der Jägersprache gleichbedeutend mit der Paarungszeit des wiederkäuenden Schalenwildes.

Nur für einen Augenblick zu sehen: drei Stiere mit Baststangen am Waldrand vor dem Einnachten.

MAI

3. Mai

Schwäne, so weiss wie Schnee

Vorige Woche habe ich am Thunersee Höckerschwäne fotografiert. Und zwar dabei, wie sie Kopf und Hals im Wasser am Grund nach Nahrung suchten. Eigentlich nichts Aussergewöhnliches, bis ich heute kurz vor dem Nachtessen aus dem Wohnzimmerfenster in Richtung der Zulg schaue. Ich traue meinen Augen nicht. Im Gräbli, welches dem Schwändliweg entlang läuft, suchen zwei weisse Schwäne, Kopf und Hals im Gräbli haltend, nach Futter.

Eine Sensation! Hier, auf über 1000 Metern Höhe, weisse Schwäne! Das gab es im Innereriz auf der Geissegg noch nie. Das muss ich unbedingt fotografisch festhalten.

Um möglichst rasch von der Geissegg auf den Schwändliweg zu gelangen, steige ich in das Auto. Weil ich bedenken habe, die Schwäne könnten vor meinem Ankommen davonfliegen, mache ich bereits aus grösserer Distanz aus dem Auto ein Beweisfoto. Das wäre allerdings gar nicht nötig gewesen. Als ich nämlich wenige Meter vor den Schwänen ankomme, verzichte ich auf ein besseres Bild. Meine vermeintlichen weissen Schwäne erweisen sich zu meiner grossen Enttäuschung als zwei Restschneeflächen. Als ich meiner Frau Thilde, sie hatte durch das Wohnzimmerfenster die Schwäne auch gesehen, von der Enttäuschung erzähle, krümmen wir uns beide vor Lachen. Und wenn wir seither zusammen Göläs Kult-Song «Schwan» hören, schauen wir uns immer ganz tief in die Augen.

Schwan im Thunersee.

Schwäne im Gräbli am Schwändliweg.

MAI

4. Mai **56 Alpendohlen, ein Elefant und eine Eule**

Unterwegs in der Natur lohnt es sich gelegentlich, innezuhalten und die Nah- und Fernsicht zu geniessen. Erkennt man dabei etwas Ausserordentliches, gilt es dieses konzentriert zu beobachten und wenn möglich für eine genauere Auswertung oder Bestimmung zu fotografieren.

Genau das mache ich auch, als ich unterwegs zum Grünenbergpass bin und am Himmel über den Felsen eine grössere Kolonie Alpendohlen am Kreisen sehe. Die schroffen Felsen, ein blauer Himmel und die schwarzen Vögel ergeben für mich ein Sujet, das ich unbedingt fotografisch festhalten will.

Zu Hause schaue ich das Foto noch genauer und konzentrierter an. Am Himmel kann ich 56 Alpendohlen zählen. In den Felsen entdecke ich bei genauem Hinsehen zwei Überraschungen, welche mich an ein bedeutendes Ereignis der Geschichte erinnern. Der karthagische Feldherr Hannibal zog einst mit Elefanten über die Alpen und eine geschichtsträchtige Redewendung heisst Eulen nach Athen tragen.

Zählen Sie auf dem Bild die Alpendohlen nach und suchen Sie nach dem Elefanten und der Eule.

Ich bezeichne mich als Naturbeobachter. Wenn Sie das von mir beschriebene Szenario auf dem Foto erkennen, dann sind Sie auch einer oder eine.

Alpendohlen am Himmel im Hohgantgebiet.

MAI

5. Mai

Ich konnte nicht widerstehen

Tage mit vollem Terminkalender sind für mich in der Coronazeit selten geworden. Mir bleibt dadurch mehr Zeit zum Beobachten und Fotografieren. Doch ausnahmsweise heisst es wieder einmal volles Programm. Am Morgen sitze ich mit offenem Mund und ohne Maske eine Stunde bei der Dentalhygienikerin, direkt anschliessend habe ich eine Besprechung im Buchverlag, dann hole ich Thilde in Steffisburg ab und wir fahren ins Eriz. Die Termine gehen gut über die Bühne. Auf dem Weg nach Steffisburg fahre ich über die Thuner Allmend. Es ist längst bekannt, dass Waffenplätze auch Kleinbiotope und Vernetzungsorte unserer Flora und Fauna geworden sind. Nicht selten stösst man hier auf Überraschendes. Mit Ausnahme der bezeichneten Sperrgebiete ist die Thuner Allmend der Öffentlichkeit unter Einhaltung der Waffenplatzordnung zugänglich. Durch die Fensterscheibe des fahrenden Autos erkenne ich, wie es auf den Ruderalflächen entlang der Strasse schon grünt und vereinzelt Vögel und Schmetterlinge unterwegs sind. Obwohl Thilde auf mich wartet, muss ich einfach kurz einparken und mir das betretbare Gelände aus der Nähe ansehen. Die «Ausbeute» dieses nicht vorher geplanten viertelstündigen Ausfluges können Sie den Bildern entnehmen. Eine Erdkröte und ein Girlitz gehen allerdings in Deckung, bevor ich fotografieren konnte. Ich habe mich über das Gesehene sehr gefreut und mich daran erinnert, dass vor 55 Jahren, als ich hier die Panzergrenadier- Rekrutenschule absolvierte, bei der Nutzung des Geländes kaum über Flora und Fauna gesprochen wurde.

Waffenplatzgelände mit Traubenhyazinthe, Blaustern und Goldene Acht.

MAI

6. Mai

Ich mag es jeweils kaum erwarten

Der Frühling kündet sich je nach Region und Lage in ganz verschiedener Form an. Der Schnee ist vergangen. Es wird wärmer. Es wird grüner und farbiger. Die Schwalben sind da. Die Tage werden länger und wir wechseln die Garderobe.

Wer sich nach dem kalten Winter nach dem Frühling sehnt und sich dazu die nötige Zeit nimmt, um sich im Garten und in der Landschaft etwas genauer umzusehen, wird sich bereits an Vielem erfreuen, bevor es zum Blühen kommt.

Mir jedenfalls geht es so. Ich weiss in unserem Garten genau, wo welche Wildblumen wachsen und im Frühling in unterschiedlichen Zeitabständen aus dem Boden kommen. Schneeglöckchen, Pestwurz, Leberblümchen, Huflattich, Krokusse, Aprilglocken, Küchenschelle, Männertreu, Schlüsselblume und Wilde Stiefmütterchen, um nur einige zu nennen. Besonders erwartungsvoll beobachte ich jedes Jahr, ob und wann die teilweisen Raritäten schon zu sehen sind, und mag es jeweils kaum erwarten, bis sie zum Vorschein kommen.

Ganz besonders haben es mir der Frauenschuh, die Feuerlilie und der Türkenbund angetan. Vom ersten Grün bis zur Blüte vergeht dann noch einige Zeit und die Pflanzen sind dabei verschiedensten Gefahren ausgesetzt. Ich denke an das Wetter oder an Schädlinge. Um so mehr erfreue ich mich bereits beim Spriessen dieser Arten und geniesse es als eine Art Vorspiel zu dem, was ich mir in wenigen Wochen wünsche: die volle Blütenpracht!

Ganz frisch spriessen hier acht Frauenschuhpflanzen aus dem Boden.

MAI

7. Mai

Unerlässliche Elemente: Erde und Wasser

Erdkröten sind sehr ortstreu und nur schwer umsiedelbar. Dabei bevorzugen sie sichere, in den Randzonen bewachsene Laichgewässer. Auf Grund der jährlich wiederkehrenden Population entspricht unser Biotop im Garten offensichtlich diesen Ansprüchen. Die Strecken, welche sie während der verschiedenen Lebensphasen zurücklegen, liegen zwischen dreihundert und tausend Metern. Die Kröten jagen nachts und ernähren sich von allerlei kriechenden Kleinstlebewesen. Den Winter verbringen die Tiere eingegraben im nahen Waldboden. Auf der Wanderung zum Laichgewässer kommen viele Erdkröten bereits als Paare an. Zur schnurartigen Laichablage sind sie zwei bis drei Wochen im Gewässer, wo sie sich als gute Schwimmer entpuppen. Aber danach ziehen sie sich wieder in den Wald zurück.

Erdkröten können bei Bedrohung zu ihrem Schutz ein auch für die menschliche Haut giftiges Sekret ausscheiden.

Der Bestand der Erdkröte gilt in der Schweiz als nicht stark gefährdet, ist aber als rückläufig eingestuft.

Erdkröte eingegraben.

Erdkröten schwimmend.

MAI

8. Mai

Hunderttausende

Im Frühling erwacht nicht nur die Landschaft. Auch in den Gewässern nimmt das Leben und Wachsen zu. In unserem Biotop sind die Larven der Grasfrösche, die Kaulquappen, eine richtige Attraktion. Alle sehen genau gleich aus. Aber ihre unglaubliche Anzahl verblüfft. Wer das noch nie gesehen hat, kann sich die Menge kaum vorstellen. Ich versuche, mit den Fotos die Vorstellung etwas zu erleichtern.

Kaulquappe an Kaulquappe sind die Grasfroschlarven zu Tausenden in der Randzone des Biotops.

Viele tausend Kaulquappen schwimmen bereits im flachen offenen Wasser des Biotops.

MAI

9. Mai

Stunde der Gartenvögel

Seit Jahren organisiert der SVS/BirdLife Schweiz die Stunde der Gartenvögel. Gerne unterstützte ich, wie Sie aus dem folgenden Text von BirdLife entnehmen können, die Ausgabe 2020 durch einen persönlichen Beitrag:

Stunde der Gartenvögel 2020 mit Rekordbeteiligung: die Auswertung

7072 Personen, Familien und Gruppen haben an der diesjährigen Stunde der Gartenvögel vom 6. bis am 10. Mai mitgemacht – so viele wie noch nie. Insgesamt beobachteten und meldeten sie 220 733 Vögel aus 177 Arten.

Ziel der schweizweiten Aktion von BirdLife Schweiz ist es zum einen, mehr über die Vogelwelt des Siedlungsraumes zu erfahren. Zum anderen soll die Bevölkerung für die Natur sensibilisiert werden, indem sie den Vögeln rund ums Haus Aufmerksamkeit schenkt. BirdLife Schweiz hat zahlreiche Tipps und Materialien erarbeitet, wie der Siedlungsraum bzw. der Garten aufgewertet werden kann. Mitgemacht haben dieses Jahr auch einige Prominente wie Hanspeter Latour, Steff la Cheffe oder Bubi Rufener von der Band Bubi eifach. Zehn Parlamentarierinnen und Parlamentarier nutzten gar die Pause der ausserordentlichen Session, um die Vögel rund um die Bernexpo aufzuspüren. Auch viele Schulklassen machten dieses Jahr mit und lernten so die Gartenvögel kennen.

Auf Platz 1 der häufigsten Vögel stehen dieses Jahr gleich zwei Arten: Amsel und Haussperling. Beide wurden in 79 % der Gärten gesichtet – und dies, obwohl in den letzten Jahren teils ein Amselsterben beobachtet worden war. Allerdings wurden dieses Jahr nur noch 2,2 Amseln pro Garten gezählt; letztes Jahr waren es noch 3,2 gewesen. Der Haussperling war mit total 41 259 Vögeln gleichzeitig auch die Art mit den meisten gezählten Individuen. An dritter Stelle der häufigsten Arten steht die Kohlmeise (65%). Andere typische Gartenvögel sind viel seltener: Der Stieglitz besiedelt nur 20% der Gärten, der Grünfink 19 % und der Girlitz gar nur 7%. Die Daten zeigen auch, dass sich die Aufwertung des Gartens lohnt: In Flächen mit mehr als fünf verschiedenen naturnahen Elementen wie einheimischen Hecken oder Asthaufen gab es im Durchschnitt 11,6 Arten zu zählen, in solchen mit weniger als zwei waren es nur 7,1 Arten.

Filmaufnahmen mit Raffael Ayé von BirdLife Schweiz in Corona-Zeiten.

MAI

10. Mai   **Ein genialer Vogel**

Die Wasseramsel wurde 2017 in der Schweiz zum Vogel des Jahres bestimmt. Diese Auszeichnung war verdient, wenn man ihre ausserordentlichen Fähigkeiten als Referenz nimmt. Sie kann nämlich fliegen, schwimmen, tauchen und singen. Weltweit für einen Vogel einzigartig!

Die Wasseramsel lebt hauptsächlich an klaren, schnellfliessenden, nicht allzu tiefen, mit aus dem Wasser ragenden Steinen versehenen Gewässern. Dabei schreckt sie selbst vor tosenden Bergbächen nicht zurück. Ihre Nahrung besteht aus Larven und Wasserinsekten, welche sie am Grund des Fliessgewässers findet. Wasseramseln geben mit ihrer Anwesenheit Zeugnis ab über die Qualität eines Gewässers. Interessantes dazu finden Sie auf der Seite vom 4. November.

Durch das farblich einem Bachbett angepasste Gefieder sind diese Vögel sehr gut getarnt. Am besten entdeckt man sie, wenn sie, knapp über der Wasseroberfläche fliegend, einen aus dem Wasser ragenden Stein als Sitzwarte für einen baldigen Tauchgang anfliegen.

Jährlich haben Wasseramseln ein bis zwei Gelege mit vier bis sechs Eiern. Ihre mit Moos ausgepolsterten Nester bauen sie gut versteckt am Rande ihrer Ernährungsgebiete. Eigens konnte ich schon Nester und fütternde Paare unter Bach- und Flussschwellen beobachten.

Wasseramsel vor und nach dem Tauchgang.

MAI

Woll-Rindeneule, verschiedentlich auch als Pudel bezeichnet.

11. Mai

Biodiversität, wie sie leibt und lebt!

Mit Freude habe ich die heutige Geschichte geschrieben und bereits zwei Bilder von einem Schwan ausgesucht: eines vom Höckerschwan und eines von einem Schmetterling, der auf Deutsch auch Schwan heisst. Einem schönen, «schwanweissen» Nachtfalter. Ich konnte ihn im Garten fotografieren. Also zwei völlig unterschiedliche Schwäne aus unserer Biodiversität. Spannend und sicher für viele neu.

Sicherheitshalber legte ich das Foto vom Nachtfalter zur sicheren Identifizierung noch meinem Freund und Schmetterlingsexperten Hans-Peter Wymann vor. Noch gleichentags bekam ich die leider negative Rückmeldung. Es handle sich bei meinem Falter nicht um den Schwan, sondern um einen Streckfuss. Seine Begründung lautete, mein Falter sei zu wenig weiss. Gleichzeitig schickte er mir aus dem Lepiforum ein Bild vom Schwan. Genau diesen glaubte ich aber letzten Frühling auch im Garten gesehen und fotografiert zu haben. Also war meine Geschichte noch längst nicht im Eimer. Nach über einer Stunde des Suchens fand ich das andere Foto. Erleichtert übermittelte ich Hans-Peter nun meinen vermeintlich richtigen Schwan zur Kontrolle.

Mit meinem vermeintlichen Schwan war es nämlich wieder nichts. Im Gegensatz zu mir war aber Hans-Peter begeistert. Der Experte erkannte auf dem Bild eindeutig eine frisch geschlüpfte Woll-Rindeneule und schrieb, dass er diesen Schmetterling seit dreissig Jahren vergebens im Berner Oberland gesucht hätte. Er gratulierte mir zum tollen Fund. Und nun wissen Sie, warum es mit den Bildern von den beiden Schwänen nichts wurde. Des einen Freud, des andern Leid fand ich als Titel für die Geschichte übertrieben. Schliesslich freue ich mich auch darüber, dass die offenbar seltene Woll-Rindeneule in unserem naturnahen Garten vorkommt.

MAI

12. Mai

Reaktionsschnelles Handeln war wohl lebensrettend

Ich stehe im Garten und beobachte aus der Nähe ein Eichhörnchen auf der Futtersuche. Zwei Dinge fallen mir dabei auf und erscheinen mir aussergewöhnlich. Erstens wirft das Eichhörnchen trotz meiner Nähe kein Auge auf mich. Zweitens steht es ungewöhnlich lange auf zwei Beinen und scheint in der Luft zu schnuppern. Weiter passiert nichts und für mich ist die Stellung und Position des Eichhörnchens günstig zum Fotografieren.

Erst nach einiger Zeit läuft das Eichhörnchen wieder auf allen Vieren und versucht schnuppernd, am Boden etwas Essbares zu finden. Genau in diesem Moment und für mich völlig überraschend schnellt unter dem nahen Holzschopf Nachbars Katze hervor und versucht das Eichhörnchen zu packen. Reaktionsschnell rettet sich dieses im Sprung auf den Holzzaun und von dort in die Äste. Erst jetzt nehme ich die Katze wahr, welche sich fast ebenso schnell von dannen machte. Ich war bei diesem unerwarteten und äusserst kurzen Zusammentreffen derart erschrocken, dass ich trotz umgehängter Kamera unmöglich ein Foto machen konnte. Vögel, Mäuse, Eidechsen, Fische, Libellen und Schmetterlinge wurden bei meinen Beobachtungen schon Opfer von Katzen. An ein Eichhörnchen hätte ich eigentlich nicht gedacht. Um den Katzen das Auflauern zu erschweren, habe ich jetzt den freien Luftraum unter dem Holzschopf mit Ästen aufgefüllt und mit Bedauern festgestellt, dass ich früher als Fussballtorhüter wohl über eine bessere Reaktionszeit verfügte als heute bei der Tierfotografie. Allerdings bin ich damals ob dem Auftauchen der gegnerischen Spieler auch nie erschrocken.

Das Eichhörnchen scheint kurz vor dem Katzenangriff der Situation nicht zu trauen.

MAI

13. Mai **Der Schwarze Schnegel**

Vor noch nicht allzu langer Zeit sah ich in unserem Wäldchen auf einem vermoosten, am Boden liegenden Totholzstamm eine ausserordentlich lange schwarze Nacktschnecke. Irgendwie fehlte mir die Zeit, diese zu beobachten und zu fotografieren. Gleichwohl erinnere ich mich immer noch an diese spezielle Schnecke. Einige Monate später sehe ich auf einem vermoosten Wurzelstock wieder eine Nacktschnecke, wenn auch eine deutlich kürzere. Jetzt nehme ich mir aber Zeit, beobachte und fotografiere, wie sie sich schlangenähnlich fortbewegt.

In der Fachliteratur finde ich rasch heraus, dass es sich bei diesem Tier um einen Schwarzen Schnegel handeln muss. Schwarze Schnegel unterscheiden sich deutlich von den häufigeren Wegschnecken. Das Atemloch liegt deutlich in der hinteren Hälfte des Mantelschildes und Schnegel besitzen im Gegensatz zu den Wegschnecken einen Rückenkiel. Der Schwarze Schnegel ist die grösste bei uns vorkommende Landschnecke. Im Gegensatz zu den Wegschnecken lebt sie im Wald und meidet die Kulturlandschaft. Sie frisst also auch keine Salatblätter, sondern ernährt sich von Pilzen, Algen, absterbendem pflanzlichem Material und verschmäht auch andere schädliche Nacktschnecken nicht. Sie erfüllt so im naturbelassenen Wald eine wichtige Funktion. In wirtschaftlich genutzten Wäldern kommt der Schwarze Schnegel in der Regel nicht vor.

Wenn Sie mehr über dieses nachtaktive Tier wissen möchten, bedienen Sie sich der Fachliteratur. Allein schon das Paarungsritual, welches über dem Boden stattfindet, muss ein Naturspektakel sein, wie wir es uns kaum vorstellen können.

Das weit hinten am Mantelschild liegende Atemloch und der Rückenkiel sind beim Schwarzen Schnegel gut erkennbar.

MAI

14. Mai **Ein Glückstag**

Ich sitze seit einer Stunde im Wald hinter einem Baum versteckt. Etwa fünfzehn Meter vor mir hat es einen verborgenen Fuchsbau mit einem Vorplatz. Zu diesem habe ich zwischen den Fichten eine gute Einsicht. Alfred, ein guter Kollege von mir und erfahrener Naturbeobachter, hat mir mitgeteilt, dass er hier in den letzten Tagen junge Füchse beim Spielen beobachtet hätte. Jetzt schien mir hier aber alles sehr ruhig und still zu sein. Gedanklich stelle ich mir vor, wie die Fähe und ihre Jungen unter dem Boden schlafen und kein Interesse zeigen, bei dieser trüben Wetterlage den Bau zu verlassen. Weil meine Anreise nicht gerade kurz war, bleibe ich aber geduldig und scharf beobachtend hinter der Fichte, was sich schon bald lohnen soll. Nahe am Bau im Krautgewächs erscheint für kurze Zeit der Kopf der Fähe. Ich verhalte mich absolut ruhig und verzichte auf ein Foto. Und jetzt kommen die jungen Füchse. Mindestens acht. Es können aber auch elf sein. Sie scheinen mir unterschiedlich gross, was darauf schliessen lässt, dass es in diesem Bau wohl mehr als eine Fähe gibt.

Ich schaue dem Treiben und «Ganggle» der Jungfüchse zu und mache unbemerkt, bei eher schwachem Licht, einige Fotos. Für mich überraschend taucht plötzlich eine Fähe bei den Jungen auf und diese fangen augenblicklich an zu säugen. Dieser Augenblick bleibt für mich unvergesslich. Weil mir für das Fotografieren teilweise eine Fichte im Weg steht, riskiere ich einen kleinen, sorgfältigen Schritt zur Seite. Genau einen Schritt zu viel. Laut wie ein Hund bellend sucht die Fähe das Weite und die Jungen verschwinden im Bau. Ich brauche keine zweite so grossartige Begegnung. Wer aber solches erlebt haben darf, hat ein respektvolleres Verhältnis zur Natur. Ich verlasse den Wald und stelle mir auf dem Heimweg vor, wie die Fähe schon bald wieder bei den Jungen ist.

Fähe mit säugenden Jungen vor dem Bau.

MAI

15. Mai

Ein sagenumwobenes Tier

Als wir in Solothurn wohnten, es ist bereits ein Vierteljahrhundert her, ging ich gerne in der Verenaschlucht spazieren. Eingangs der Einsiedelei sah ich um diese Jahreszeit bei Regenwetter auf dem Parkplatz gelegentlich überfahrene Feuersalamander. Weil Feuersalamander hauptsächlich nachts aus ihren Verstecken kommen, wurden diese von wegfahrenden Autolenkern nicht erkannt und so ungewollt überfahren. Bedauerlich, aber auch ein Zeichen, dass deren Vorkommen in diesem Gebiet nicht selten war. Gelegentlich sah ich auch tagsüber bei regnerischem Wetter, wie sich ein Feuersalamander etwa am Rande des Baches auf einem moosbewachsenen Stein oder zwischen Totholzstrukturen langsam kriechend bewegte. Ich blieb dann jeweils stehen und war fasziniert vom gelbschwarzen Farbenkontrast dieser grössten in der Schweiz vorkommenden Salamanderart. Feuersalamander haben auf Menschen seit Jahrhunderten eine mystische Ausstrahlung und sind entsprechend sagenumwoben. So glaubte man zum Beispiel, dass die Anwesenheit dieser Tiere Feuer fernhalten würde. Bei Gefahr können die Tiere über ihre Hautdrüsen ein giftiges Sekret ausscheiden, welches für Feinde abschreckend bis tödlich sein kann. Beim Menschen bewirkt das Gift beim Hautkontakt in der Regel nicht mehr als ein leichtes Brennen und Erröten der Haut. Die Weibchen legen zur Fortpflanzung anstelle von Eiern bereits weit entwickelte Larven ab. Dazu benötigen sie flache Restwasserflächen wie Tümpel oder wassergefüllte Wagenspuren. Feuersalamander gelten als standorttreu und können in der Natur bis zu 25 Jahre alt werden. Amphibien sind in der Schweiz gesetzlich geschützt. Auf der Roten Liste der gefährdeten Tierarten wird der Feuersalamander als verletzlich eingestuft.

Da mein hauptsächliches Beobachtungsgebiet in den Voralpen liegt, begegnet mir hier auf gut 1000 Meter Höhe im Gegensatz zum gänzlich schwarz gefärbten Alpensalamander kaum je ein Feuersalamander. Meine letzte Beobachtung eines Feuersalamanders machte ich erstaunlicherweise in einem dunklen, feuchten, natürlichen Kellergewölbe eines sehr alten Bauernhauses im Emmental.

Im Kellergewölbe hausender Feuersalamander.

MAI

Wenn natürliche Ressourcen fehlen, kann auch eine Vertiefung im Dolendeckel hilfreich sein.

16. Mai Hauptsache feucht und gut versteckt

Erdkröten sind Wirbeltiere. Lange glaubte ich, diese seien wirbellos, weil sie sich sehr klein machen können, wenn es darum geht, sich in kleinste Verstecke zu verkriechen. Wie ich später in Erfahrung bringen konnte, ist dem nicht so, weil alle Amphibienarten einer Klasse innerhalb der Wirbeltiere angehören. Falls Sie bezüglich der genauen Zuteilung mehr erfahren möchten, gibt es zum Beispiel viele Informationen dazu unter «info fauna - karch», dem nationalen Daten- und Informationszentrum der Schweiz für Amphibien und Reptilien.

Mich überrascht einfach immer wieder, wie es den Erdkröten gelingt, mangels natürlicher Alternativen Verstecke zu finden, welche ihre Überlebenschancen kurzfristig gewährleisten oder zumindest verbessern. Nach dem einfachen Motto: Hauptsache feucht und gut versteckt.

Bei uns verkroch sich zu meiner Überraschung eine Erdkröte erfolgreich in die kleine Einbuchtung eines Dolendeckels, welche für die Einführung des Schachthakens vorgesehen ist. Als dann gleich ein Erdkrötenpaar an gleicher Stelle Unterschlupf finden wollte, erwies sich die kleine «Höhle» als doch zu klein und ich verlegte das Paar möglichst schonend an einen geeigneteren Platz weit ausserhalb unseres betonierten Kellereingangs.

MAI

17. Mai

Sprintstark und sprunggewaltig

Vor noch 50 Jahren war der Feldhase in der Schweizer Landschaft zahlreich und entsprechend oft zu beobachten. Das hat sich in den letzten Jahren drastisch verändert. In den meisten Landesteilen ist der Hasenbestand stark rückläufig oder auf tiefem Niveau stabil. In verschiedenen Kantonen ist der Hase gesetzlich geschützt und nicht mehr jagdbar. In anderen Kantonen verzichten Jäger freiwillig auf den Abschuss. Als Grund für den starken Rückgang wird die stete Intensivierung der Landwirtschaft angesehen. In der Schweiz obliegt das Monitoring und die Förderung des Feldhasenbestandes der Vogelwarte Sempach. Die für die Hasen nötigen und zu fördernden Landschaftsstrukturen sind auch zur Erhaltung verschiedener Vogelarten von grösster Bedeutung.

Feldhasen sind äusserst schnellkräftige Tiere. Als Läufer erreichen sie Spitzengeschwindigkeiten bis zu 70 km/h und können drei Meter weit und zwei Meter hoch springen. Selbst im hohen Tempo gelingen ihnen hakenschlagend extreme Richtungswechsel. Vor Feinden sind sie durch ihre Fellfarbe gut getarnt und in geduckter Stellung kaum zu erkennen. Als Besonderheit gilt es noch zu erwähnen, dass Hasen kurzsichtig sind aber dafür sehr gut hören und riechen können. Auch kommt es vielfach vor, dass sie ihre eigenen Kotpillen schlucken, um die Nährstoffe aus der schwerverdaulichen Pflanzennahrung optimal nutzen zu können. Die Jungen werden gut versteckt ausgesetzt und täglich mindestens zweimal zum Säugen von der Häsin aufgesucht.

Meine Aufnahme entstand, als ich bei regnerischem Wetter in der Abenddämmerung aus dem Auto durch das offene Fenster längere Zeit zwei sich in einer Waldlichtung mit der Nahrungssuche beschäftigte Hasen beobachten konnte.

Zwei Feldhasen in der Abenddämmerung in einer Waldlichtung.

Männlicher Steinschmätzer.

18. Mai Immer schwieriger

Heute fahre ich diesen Frühling erstmals auf die 1464 Meter hoch gelegene Schörizegg. Die gut unterhaltene Strasse ist gebührenpflichtig. Ich löse jeweils eine Jahreskarte. Mich interessiert, wie weit es hier oben schon Frühling ist. Schnee, Regen, Wind und Sonne begleiten mich über die Steinige Schöriz. Wobei die Sonnenstrahlen eher spärlich sind.

Die von mir erwartete Flora habe ich wie erwartet angetroffen. Wie steht es aber um die Tiere? In den an die Alpweiden grenzenden Waldabschnitten finde ich Hirschspuren, Gams-Losung und ein Reh liess sich gar fotografieren. Bezüglich Insekten ist wetterbedingt nichts oder zumindest fast nichts zu sehen. Entsprechend zurückhaltend sind auch die Aktivitäten der Vögel. Verschiedene Drosseln, darunter eine schöne Ringdrossel, Hausrotschwanz, Buchfink, Alpendohlen, Bachstelze, Mäusebussard und einen Bergpieper kann ich auf Distanz immerhin erkennen. Zusammengefasst stelle ich fest, dass der Frühling auch da oben angekommen ist. Bezüglich der Tiersichtungen hätte ich eher mehr erwartet.

Mit Freude erkenne ich kurz vor dem Rückzug auf einer Steingruppe ganz in meiner Nähe einen Neuntöter. Es ist meine erste Sichtung in diesem Frühjahr und etwas überraschend, weil ich in deutlich tieferen Lagen noch keinen dieser Vögel in ihren angestammten Habitaten sehen konnte.

Als ich zu Hause die Fotos kontrolliere, kommt mir mein «Neuntöter» irgendwie «spanisch» vor. Ich stecke meine Nase in die Fachliteratur. Und stelle fest, dass mein Vogel am ehesten dem Raubwürger ähnelt. Bloss etwas kleiner. Der Raubwürger gilt aber in der Schweiz als ausgestorben. Was nun? Ich rufe einen mit mir befreundeten und erfahrenen Ornithologen an. Auf Grund meiner Beschreibung hat er seine Meinung schnell gemacht und tippt auf einen männlichen Steinschmätzer, obwohl dieser üblicherweise in deutlich höheren Lagen zu erwarten ist. Sofort nach Erhalt meiner Bilder kam auch schon seine Bestätigung. Ich habe bisher zirka 110 Vogelarten eigens fotografiert. Der Steinschmätzer kommt jetzt neu dazu. Meine Tageszusammenfassung fällt jetzt viel positiver aus. Es wird nämlich für mich immer schwieriger, eine weitere Art zu beobachten und zu fotografieren.

MAI

19. Mai **Beobachten kann man bei jedem Wetter**

Das weltweite menschenverursachte Insektensterben kann sich ohne Gegenmassnahmen sehr verhängnisvoll auswirken. Denken wir nur an die Bestäubung für die blütentragenden Bäume, deren Früchte einen wesentlichen Teil einer gesunden menschlichen Ernährung ausmachen. Auch der Vogelbestand und andere sich von Insekten ernährende Tierarten würden dramatisch abnehmen.

Bei jedem Gartenrundgang achte ich darauf, ob ich etwas Kriechendes oder Fliegendes beobachten kann. Bei warmem Wetter mit Sonnenschein ist das kein Problem und ich muss mich nicht besonders anstrengen, um verschiedene Insektenarten zu erkennen. Anders ist es bei trübem oder gar regnerischem Wetter. Dann wird es schon schwieriger, Insekten, auch die Käfer gehören dazu, zu beobachten. In einem einigermassen naturnahen Garten muss das aber möglich sein. Die untenstehenden Bilder habe ich bei einer solchen Wetterlage gemacht und brauchte dazu gerade mal eine Viertelstunde.

Falls Sie bei einem Rundgang durch Ihren Garten bei trübem Wetter, ausgenommen im Winter, nichts Kriechendes oder Fliegendes antreffen, dann verwenden Sie zu viele Spritzmittel, schneiden das Gras zu oft oder haben zu wenig einheimische Pflanzenarten und sind für das Insektensterben mitverantwortlich. Sollten Sie beim Rundgang dagegen beim Suchen von Insekten erfolgreich sein, dann leisten Sie mit Ihrem Garten, natürlich im Kleinen, aber nicht unbedeutenden Ausmass, einen Beitrag gegen das Insektensterben.

Hummel, Steinfliege, Blattkäfer, Rüsselkäfer.

MAI

20. Mai **Regenwetter**

Es regnet in Strömen. Am liebsten bleibt man bei diesem Wetter zu Hause. Lesen, Schreiben oder Aufräumen passen zu dieser Wetterlage. Jedenfalls keine erfolgversprechende Ausgangslage, um in der Natur zu fotografieren. Gegen den Regen kann man sich schützen. Aber die Lichtverhältnisse sind bei trübem Wetter für meine Fotoausrüstung eine grosse Herausforderung. Zu wenig Licht bedeutet für meine Bilder zu wenig Tiefenschärfe.

Weil ich einen Brief erwarte, spaziere ich mit offenem Regenschirm zum ungefähr 500 Meter entfernten Postfach. Aus lauter Gewohnheit trage ich die Kamera am Riemen um den Hals, die Kameraeinstellung auf ON, aber ohne jegliche Erwartung auf ein zu fokussierendes Sujet.

Das ändert sich schlagartig, als ich auf dem Rückweg direkt neben der Strasse auf einem Zaun sitzend ein klatschnasses Hänfling-Paar bemerke. Den Brief unter den linken Arm, den Schirm unter den rechten Arm geklemmt, habe ich einen kurzen Moment beide Hände frei zum Fotografieren.

Hänflinge sind für mich von Jahr zu Jahr schwieriger zu entdecken. Zurückzuführen auf das Fehlen von Ruderalflächen mit Samen tragenden Unkräutern, die zunehmende Versiegelung von Feldwegen sowie durch Herbizideinsätze in der Landwirtschaft und in privaten Gärten. Am Wetter dürfte es jedenfalls nicht liegen, wie die Bilder beweisen.

Hänfling-Paar im Regen.   *Hänfling-Männchen.*

MAI

Das einzige auf diesem Alpweidenabschnitt, nebst vorwiegend verblühtem Löwenzahn, noch wachsende Knabenkraut zeugt von der fortschreitenden Artenverarmung auf dieser Voralpenweide.

21. Mai — Landwirtschaft und Biodiversität

Der Einfluss der intensiv betriebenen Landwirtschaft auf den Boden ist längst bekannt. Düngemittel und das Ausbringen grosser Mengen von Hofdünger haben auf den Wildpflanzenwuchs, insbesondere auf dessen Artenvielfalt, einen grossen Einfluss. Im Mittelland ist das zumindest von jüngeren Menschen kaum mehr wahrnehmbar. Längst bestehen dort die Weide- und Mähflächen nur noch aus futtermässig ertragsreichen, aber artenarmen Fettwiesen. Blühen sieht man dort zur Hauptsache noch den Löwenzahn. Es ist wie es ist. Und dort wird das wohl auch so bleiben. Wir alle haben bezüglich unserer Ernährungssicherheit von dieser Entwicklung profitiert und sind für die vorhandene Bodenqualität mitverantwortlich. Immerhin versucht man, durch das Ausscheiden von Biodiversitätsförderflächen und gesetzlichen Auflagen hier wieder einiges zu verbessern.

Anders ist es im Voralpengebiet und in der Alpwirtschaft. Hier sind die Weideflächen bezüglich der Artenvielfalt qualitativ noch besser bewachsen. Der Verdrängungskampf zwischen den nährstoffarmen Boden benötigenden Wildblumen und den nährstoffhaltigen Boden liebenden und durch die vermehrte Ausbringung von Gülle und Mist begünstigten Pflanzen der Fettwiesen kann aber auch hier beobachtet werden. Insekten und insbesondere die Schmetterlinge sind dabei in Gefahr, ihre Nahrungspflanzen zu verlieren. Und nicht zu unterschätzen ist, dass auch der beliebte Alpkäse, der für die Bewirtschafter eine bedeutende Einnahmequelle darstellt, qualitativ unter der Artenverarmung der pflanzlichen Vegetation leiden könnte. Eine sorgfältige, biodiversitätsfreundliche Bewirtschaftung des Alpweidelandes müsste also im Interesse aller sein.

Meine Beobachtung und Befürchtung versuche ich mit dem oben stehenden Bild einer Alpweide zu illustrieren.

MAI

22. Mai **Ein unerwartetes Duell**

Kurz vor der Dämmerung fahre ich auf der Hauptstrasse von Heimenschwand in Richtung Kreuzweg, Unterlangenegg. Zu meiner linken Seite sehe ich auf dem Feld nahe der Strasse zwei sich offensichtlich streitende Rehböcke. Ich fahre sofort an den Strassenrand und signalisiere den heranfahrenden Autos, langsam zu fahren. Zwei Lenker stellen ihre Wagen auch ab und verfolgen mit mir das Treiben der beiden Böcke aus der Nähe. Unsere Anwesenheit scheint sie nicht davon abzuhalten, ihre Zänkereien auch mitten auf der Strasse fortzusetzen. Nicht auszudenken, was hätte passieren können, wenn es hier zu einem Crash mit einem Auto gekommen wäre.

Im hohen Gras dicht am Strassenrand liefern sich die beiden Rivalen noch einige Duelle, um anschliessend gemeinsam im Wald zu verschwinden. Natürlich habe ich dieses unerwartete, glimpflich abgelaufene Duell fotografisch festgehalten.

Zwei sich duellierende Rehböcke.

MAI

23. Mai **Erwähnenswert vorbildlich**

Eine Waldbaumläuferbrut in einer Holzbeige weckt meine Aufmerksamkeit. Das Brennholz lagert an der Wand eines Gebäudeunterstandes, welcher an eine befahrbare Waldstrasse grenzt. Als ich die Brut von der Strasse aus beobachte, kommt es auch zu einem Gespräch mit dem Besitzer dieses kleinen Brennholzbetriebes. Er hat, wohl aus Zeitgründen, noch keine Kenntnis von den brütenden Waldbaumläufern in dieser Holzbeige. Als ich ihn darauf aufmerksam mache, nimmt er sich Zeit, zusammen mit mir eine Fütterung zu beobachten. Er ist beeindruckt, als er miterlebt, wie der Vogel mit dem Schnabel voller Insekten in die Holzbeige fliegt und die Jungen füttert.

Von sich aus sagt er zu mir, er werde jetzt den Abholtermin der drei Klafter Brennholz, welche bereits verkauft seien, um zwei Wochen verschieben. Das Holz würde sonst bereits übermorgen abtransportiert. Jetzt bin ich beeindruckt. Nicht vom bereits wieder fütternden Vogel, sondern von der Handlungsweise dieses mir vorher unbekannten, bereits etwas älteren Mannes.

Obwohl ich im Buch schon viele Vogelbruten vorgestellt habe, scheint mir diese besonders erwähnenswert.

Holzbeige am Waldstrassenrand mit Waldbaumläufernest.

MAI

24. Mai   **Der Nachnutzer verkleinert den Eingang**

An einer abgestorbenen Fichte im Emmental konnte ich zwei Naturbruten beobachten. Zuerst von einem Buntspechtpaar, welches die Bruthöhle zimmerte, und ein Jahr später von einem Kleiberpaar, welches die letztjährige Spechthöhle benutzte. Kleiber bauen selbst keine Höhlen und sind sogenannte Zweitnutzer. Das in der Regel für ihre Sicherheit zu grosse Eingangsloch vermögen sie mit Lehm geschickt zu verkleben, respektive zu verkleinern. Diese Spezialität hat dem Vogel auch den Namen gegeben. Kleiber klettern an Bäumen kopfvoran nach unten. Dazu dienen ihnen die kräftigen Fusskrallen.

Auf Grund von Strukturdefiziten wird der Kleiberbestand in der Schweiz von den Ornithologen als schwach rückläufig bezeichnet, obwohl er auf der Roten Liste als nicht gefährdet eingestuft erscheint. Kleiber machen eine Jahresbrut mit einem Gelege von fünf bis acht Eiern und sind ganzjährig bei uns.

Frühling/Sommer 2019 Buntspechtbrut.

Frühling/Sommer 2020 Kleiberbrut mit verkleinertem Spechthöhleneingang.

MAI

25. Mai

Rothirsche im Rudel

Heute bin ich nahe der Wasserscheide zwischen dem Berner Oberland und dem Emmental auf Alpweiden und Bergwegen unterwegs. Nahe an den Felswänden kann ich mehrere Gams-Gruppen beobachten. Meine Aufmerksamkeit gilt allerdings den Rothirschen. Von einem mir gut bekannten Alpbewirtschafter bekam ich den Hinweis, dass im Gebiet grössere Rudel zu beobachten seien. Kleinere Gruppen konnte ich gelegentlich schon im Eriz beobachten. Eine Beobachtung eines ganzen Rudels fehlte mir jedoch noch. Hier oben in einem Jagdbanngebiet hoffte ich also auf eine solche Begegnung.

Ich wurde nicht enttäuscht. Zuerst sehe ich in der Abendsonne eine kleine Gruppe von Stieren am Horizont. Und als ich mich bereits auf dem Rückweg befinde, entdecke ich noch ein gut 30 Tiere umfassendes Rudel von Kühen beim Weiden und ein noch grösseres Rudel Stiere beim Überqueren eines Grabens. Wenn Sie die Bilder sehen, werden Sie meine Begeisterung verstehen können. Im Gespräch mit dem Alpbewirtschafter erfahre ich allerdings glaubhaft, dass der hohe Hirschbestand für die Bewirtschaftung problematisch werden könne.

Kleine Gruppe von Stieren in der Abendsonne.

Teil eines Stieren Rudels beim Überqueren eines Grabens.

MAI

26. Mai

Die Lilienkiller

Das Lilienhähnchen ist der verbreitetste hier bekannte Lilien-Schädling. Die Weibchen legen zwei Wochen nach der Paarung ihre zahlreichen Eier auf der Blattunterseite ihrer Futterpflanze ab. In unserem Garten, wenn im Mai die Türkenbundlilien aus dem Boden kommen, muss ich wachsam sein. Verpasse ich die Paarungszeit der Schädlinge, kommt hier keine einzige Lilie zum Blühen.

Die roten Lilienhähnchen sind auf den grünen Pflanzenblättern gut zu erkennen. Bei Gefahr fliegen sie nicht davon, sondern lassen sich zu Boden fallen. Weil ich im Garten keinerlei Spritzmittel einsetzen will, pflücke ich die Hähnchen jeweils ab. Am besten geht es, wenn man ein Glas mit Wasser unter das Blatt hält, die Tiere abschüttelt und anschliessend aus dem Wasser nimmt und sie zerquetscht.

Das ist zwar kein schönes Prozedere, aber die einzige Möglichkeit, ohne Spritzmittel unsere geliebten Türkenbundlilien im Garten blühen zu sehen.

Lilienhähnchen an jungem Türkenbund.

MAI

27. Mai **Sensation im Kanton**

Dieser Freitag im späten Mai 2017 bleibt mir unvergessen. Seit 194 Jahren konnte im Kanton Bern erstmals wieder ein in der freien Natur lebender Braunbär gesichtet und gar fotografiert werden. Und zwar von meinem Kollegen Walter Gyger vom Gysenbühl im Eriz. Er bewirtschaftet im Innereriz nahe am Grünenbergpass am Ramsgrind eine Schafalp.

Wie kam es dazu? Walter war im nicht leicht zugänglichen Gelände am Zäunen für die bald ankommenden von ihm betreuten Schafe. Dabei bemerkte er, dass sich ihm vom Wald her ein grösseres Tier, mehr rennend als laufend, näherte. Ja, es war ein Braunbär. Dieser hatte ihn nun auch bemerkt und machte sich nach einer Richtungsänderung in Richtung Sieben Hengste auf und davon.

Ob er mehr erschrocken oder erfreut war, das kann ich nicht genau sagen. Auf jeden Fall nahm Walter mutig die Kamera aus dem Rucksack und schoss vom davoneilenden Bären noch zwei brauchbare Fotos. Nur dank dieser Bilder wurde diese Geschichte glaubhaft. Erzählt hat mir diese am Tag nach dem Ereignis unser Wildhüter Res, welcher am Sonntag mit Walter und Spezialisten vom Jagdinspektorat vor Ort noch weitere Bärenspuren feststellte und sicherte.

Nach dieser Spurensicherung kamen Walter und Res noch bei mir vorbei. Walter erzählte mir die Bärenbegegnung bis ins letzte Detail und schenkte mir für meine Geschichte das beste von ihm westlich des Ramsgrind geschossene Braunbärenfoto.

Der später als M29 identifizierte, von Italien herkommende Braunbär im Eriz. Foto: Walter Gyger

MAI

28. Mai **Eine birnenförmige Pupille**

In den Augen der Vögel erkennt man mehrheitlich eine runde Pupillenform. Anders ist dies beim Schwarzspecht. Bei diesem erkennt man in den hellen Augen eine dunkle, ovale, meist birnenförmig aussehende Pupille. Grund für diese optische Wahrnehmung ist gemäss Literaturrecherchen ein dunkler, vor der Pupille liegender Fleck.

Der Schwarzspecht ist der grösste der bei uns vorkommenden europäischen Spechte. Wie für diese üblich, ist er ein Höhlenbrüter und seine schallenden Standortrufe und das kräftige Trommeln sind weit herum zu vernehmen. Spechte erkennt man in der Luft auch an ihrem typischen Wellenflug.

Die Geschlechter des Schwarzspechtes sind durch die unterschiedliche Rotfärbung am Kopf gut zu unterscheiden. Beim Männchen ist am Kopf der ganze Scheitel rot, während das Weibchen nur einen roten Fleck am Hinterkopf aufweist.

Meine schönsten Schwarzspecht-Beobachtungen konnte ich auf Alpweiden machen, wenn die Vögel auf den überwachsenen Steinen nach Nahrung suchen und mit ihrer Zunge Ameisen einsammeln.

Männchen.

Weibchen.

Schwarzspecht-Männchen auf überwachsenem Alpstein.

MAI

29. Mai

Fischbeobachtungen

Fische zu beobachten hat etwas Beruhigendes an sich. Die Herausforderungen dabei sind aber ganz unterschiedlich. Einen Karpfen in einem seichten Standgewässer schwimmen zu sehen, ist wohl schön, stellt an den Betrachter aber keine Ansprüche. Im Biotop Moderlieschen zu beobachten ist schon etwas schwieriger. In einem Bergbach eine Bachforelle zu fotografieren braucht dagegen Geduld und Geschick. Wildlebende Forellen sind sehr aufmerksam und scheu. Schon der kleinste Schattenwurf genügt und sie verschwinden blitzartig aus unseren Augenwinkeln und zeigen sich so bald nicht wieder. Es ist deshalb eine Herausforderung, diesen schönen Fisch mit den roten Punkten unbemerkt in der Strömungsmitte eines fliessenden Baches zu beobachten, wo er auf Beute lauert oder an der Oberfläche nach Mücken schnappt, und dann im richtigen Moment abzudrücken.

Ich gehe jedes Jahr mehrmals an einen Bach, um Forellen zu beobachten, und freue mich dabei auch über die Schwellen- und Uferrenaturierungen, welche den Fischen ermöglichen, flussaufwärts zu ihren Laichplätzen zu gelangen.

Moderlieschen im kleinen Biotop.

Bachforelle im Bergbach.

Karpfen im schwachen Fliessgewässer.

MAI

30. Mai **Die Ringelnatter und ihr abgestreiftes «Natternhemd»**

Die ungiftige und unter Schutz stehende Ringelnatter ist eine von acht einheimischen Schlangenarten und eine ausgezeichnete Schwimmerin. Sie lebt entsprechend gerne in der Nähe des Wassers. Mehrmals jährlich häutet sie sich. Ein Hinweis auf die baldige Häutung sind trübe Augen. Mit etwas Glück kann man ein «Natternhemd» finden. Als Nahrung dienen ihr vorwiegend Amphibien.

Ringelnatter von oben nach unten: Abgestreifte Haut (Natternhemd im Garten), im Wasser und an Land.

MAI

31. Mai

Begehrte Immobilie

In einer kleinen Waldlichtung wurde durch den Natur- und Vogelschutzverein Wasen an einer Metallstange ein Waldkauzkasten aufgestellt. Diese Art Immobilie hat sich für Waldkauzbruten etwa als Schutz vor Mardern bereits mehrfach bewährt.

An einem Kasten hat sich dann selbst für erfahrene Ornithologen Überraschendes abgespielt. Ein Kleiberpaar hat tatsächlich das grosse Einflugloch bis auf eine kleine Öffnung mit Lehm verklebt und den Kasten für sich beansprucht. Eine schier unvorstellbare Arbeitsleistung. Damit aber noch nicht genug. Kaum waren die Kleiber eingezogen, wurden sie von einem Bienenschwarm vertrieben. Erfolgreich bauten die Bienen ihre Brutwaben im Kasten. Dieser wurde erst vor dem Einwintern gründlich gereinigt, um im kommenden Frühling wieder dem Waldkauz als Brutplatz zu dienen. Erfreulicherweise gelang dies auch entsprechend. Jedenfalls konnten später bei der Brutkontrolle vier gut genährte Nestlinge gezählt werden.

Waldkauzkasten mit vom Kleiber stark verkleinerter Öffnung.

Vom Kleiber stark verkleinerte Öffnung am von den Bienen beschlagnahmten Kasten.

Im neuen Jahr ist der Waldkauz wieder erfolgreich eingezogen.

MAI

Frage Mai

5. Wie heissen die Käfer auf Bild A?

☐ Lilienhähnchen

☐ Marienkäfer

---

6. Wie heisst ihre bevorzugte Futterpflanze auf Bild B?

☐ Wiesen-Glockenblume

☐ Türkenbundlilie

Auflösung Seite 407

JUNI

1. Juni

Alter Wurzelstock

Als ich vor 10 Jahren den naturnahen Garten anlegte, holte ich aus der Zulg einen angeschwemmten Wurzelstock und setzte ihn in den nährstoffarmen Boden. Durch verschiedene Käferarten, Ameisen und weitere Insekten vermulmte das Totholz teilweise. Im Sommer eine Stunde beobachtend vor dem Wurzelstock zu sitzen, erklärt bezüglich der Bedeutung von Totholz für die Biodiversität einiges. Zu meiner grossen Freude entdeckte ich unter anderem auch einen selten gewordenen männlichen Hirschkäfer.

Hirschkäfer sind stark gefährdet und europaweit geschützt. Das Weibchen legt die Eier an morsche Baumstrünke. Die Larven zermalmen das Totholz zu Mulm, welcher einen natürlichen Dünger für den Waldboden darstellt. Sie sind also Nützlinge und richten in Garten und Wald keine Schäden an. Dieser Prozess kann fünf bis sieben Jahre dauern, bis endlich der Käfer schlüpft.

Hirschkäfer am Wurzelstock.

Alter Baumstrunk im naturnahen Garten.

JUNI

2. Juni

Junger, einjähriger, nicht ausgefärbter Karmingimpel auf einer Erle im Garten.

Wieder einmal kaum zu glauben

An der Geissegg-Brücke bin ich im Gespräch mit «Chlöisu». Er hat gestern am Geisseghügel die Disteln bekämpft und wir haben uns darüber unterhalten. Obwohl wir nicht immer gleicher Meinung sind, verstehen wir uns insgesamt sehr gut. Über die Brücke kommt ein älterer, rüstiger Mann mit Feldstecher. Er fragt, ob wir etwa einen Karmingimpel gesehen oder gehört hätten. Chlöisu schaut mich ungläubig und fragend an und auch ich war einen Moment sprachlos. Seit über 30 Jahren fragen mich hier Wanderer, wie der Weg über die Sichel sei, wie lange es noch gehe bis ins Kemmeribodenbad und ob man mit dem Auto über den Grünenbergpass fahren könne. Und jetzt fragt einer nach dem Karmingimpel!

Er erklärt uns, dass am Morgen auf Ornitho eine Beobachtung und der Ruf eines Karmingimpels genau von hier gemeldet worden sei. Gerne sei er nun mit dem ÖV von Bern angereist, um hoffentlich den in der Schweiz selten zu sehenden Vogel beobachten zu können.

Ich erkläre ihm, dass ich vor zwei Jahren einen jungen, nicht ausgefärbten Karmingimpel hier ganz in der Nähe in unserem Garten fotografieren konnte. Die Vogelwarte Sempach hätte mir auf Grund des Fotos den Vogel bestätigt. Ob der Experte Hans Schmid heisse, will er wissen. Ich bejahe. Nun weiss ich, dass da ein ausgewiesener Ornithologe vor mir steht. Willy Däppen heisst er und weiss wesentlich mehr über die Vögel als ich. Leider muss ich ihm sagen, dass ich heute hier weder einen Karmingimpel gesehen noch gehört habe. Gerne nimmt Willy dann mein Angebot an, sich unseren naturnahen Garten anzusehen. Ein wahres Paradies für Vögel, lobt er begeistert, bevor er sich verabschiedet, um den Bus nicht zu verpassen.

Wie immer, wenn ich im Eriz bin, mache ich vor dem Einnachten noch eine Runde im Garten. Unüberhörbar und unaufhörlich ruft zuoberst auf der Erle ein Vogel. Obwohl das Erkennen von Vogelstimmen nicht zu meinen Stärken gehört, ist mir sofort klar, dass es nur der Ruf des Karmingimpels sein kann. Ein Blick mit dem Feldstecher bestätigt meine Annahme und trotz knappem Licht kann ich noch die Beweisbilder machen, welche mir Hans Schmid wieder in gewohnt freundlicher und kompetenter Art und Weise bestätigt. Natürlich erhält auch Willy Däppen noch ein Foto, damit seine Beobachtungstour ins Eriz doch noch halbwegs erfolgreich wird. Ein schöner Tag, der mir in bester Erinnerung bleiben wird. Hoffentlich vermag die Geschichte auch Ihnen ein kleines Schmunzeln zu entlocken.

JUNI

3. Juni

Das «Flüehblüemli»

Der Bergfrühling kommt je nach Höhenlage etwas unterschiedlich, aber in der Regel doch zwei Monate später als der Frühling im Unterland.

Auf den höher gelegenen Weiden und grasigen Hängen erscheinen zuerst die Krokusse, die Frühlingsenziane und die Soldanellen. Noch höher im felsigen Gelände folgen die teils bis in den Juni blühenden Flühblumen.

Jedes Jahr kann ich auf dem «Flüehwägli» in den Felsbändern unter dem Gebirgszug des Hohgant zahlreiche satt gelb blühende Flühblumen sehen. Eindrücklich, wie sich die kalkliebenden, mit einer feinen Wachsschicht überzogenen und wie mit Mehl bepudert wirkenden Pflanzen in den Felsspalten zu behaupten vermögen und dabei Kraft ausstrahlen.

In unserem Garten blühen in einer grossen Schale jeden Frühling «Rote Flühblumen». Ich habe die Blumen mitsamt der Schale von einer mir bekannten einheimischen Frau vor vielen Jahren unter der Bezeichnung Rote Flühblume geschenkt bekommen. Offenbar handelt es sich um eine Kreuzung mit der Roten Felsenprimel. Im natürlichen Gelände ist mir diese Art noch nie begegnet. Die Flühblume ist bei uns in den meisten Kantonen gesetzlich geschützt.

Flüehblüemli im felsigen Gelände oberhalb des Flüehwägli.

«Rote Variante» in einer Schale im Garten.

JUNI

4. Juni — **Eine seltene Schönheit an einem unmöglichen Standort**

Kleinere Gartenarbeiten erledige ich gerne in Eigenregie. So auch die Bepflanzung einer kurzen, niedrigen Böschung hinter dem Haus zwischen dem Gartengrill und dem Kompostierbehälter. Dazu brauchte ich zwei Kubikmeter möglichst mageren Humus aus der Region. Ich wollte darin einige einheimische Gehölze einpflanzen. Schon vor einiger Zeit hatte ich den Wegmeister darauf angesprochen und ihn gebeten, mir bei der Beschaffung der mageren Erde behilflich zu sein.

Der gewünschte Humus kam, die Bepflanzung auch und damit begann es in der Böschung zu wachsen und zu spriessen. Nach zwei Jahren, eher etwas spät im Frühling, glaubte ich, dass da noch Nachzügler vom Bärlauch aus dem Boden ragten. Erst einige Tage später und bei genauem Betrachten merkte ich, dass das kein Bärlauch sein konnte. Zu meiner Überraschung und grossen Freude erkannte ich die Pflanzen als Frauenschuh.

Seither wachsen und blühen hier jedes Jahr vier bis sechs Frauenschuhe. Sie vermehren sich nicht und nur selten wachsen zwei Blüten am gleichen Stiel. Diese wunderschöne, seltene und streng geschützte einheimische Orchideenart muss wohl mit der Humuslieferung des damaligen Wegmeisters in unseren Garten gelangt sein. Und jetzt wächst sie an einem für ihre Schönheit eigentlich völlig unangemessenen Ort zwischen dem Gartengrill und dem Kompostbehälter. Dennoch sind die Frauenschuhe eines der pflanzlichen Highlights in unserem Garten.

Frauenschuh blüht im Garten.

Zwei Blüten an einem Stiel.

JUNI

5. Juni

Weissstorchenbrut im Neeracherried und Swiss-Maschine im Landeanflug nach Zürich.

Die Natur lieferte den sofortigen Aufsteller

Am Tag nach meinem 74. Geburtstag fuhr ich nach Zürich, um bei einem Retroquiz teilzunehmen. Das Schweizer Fernsehen und die Produktionsfirma B&B EndemolShine hatten mich eingeladen. Nicht unerwartet hatte ich dabei gegen die starke jüngere Konkurrenz wenig Chancen und der Einzug ins Finale blieb jedenfalls in weiter Ferne. Natürlich ging es in erster Linie darum, den Zuschauerinnen und Zuschauern Freude und Spass zu bereiten und über die Quizfragen alte Erinnerungen hochleben zu lassen. Ein Quiz bedeutet aber auch immer etwas Wettbewerb. Diesbezüglich war ich mit meinem Auftritt nicht ganz zufrieden. Der Moderator meinte es dabei gut mit mir und erklärte mich zum «Sieger der Herzen».

Von einem Freund hatte ich vernommen, dass im BirdLife-Zentrum Neeracherried Weissstörche am Brüten sind und dabei von den vorbeiziehenden, Kloten anfliegenden Flugzeugen kaum Kenntnis nähmen. Ich nutzte die Chance und fuhr vom Fernsehstudio direkt ins nahe gelegene Neeracherried. Die drei Storchennester hoch auf den Bäumen waren nicht zu übersehen. Jetzt fehlten nur noch die Flugzeuge am Himmel. Wegen der Corona-Pandemie ist der Flugbetrieb immer noch stark reduziert. Also machte ich vorerst einige Bilder von den Weissstörchen auf ihren Nestern und suchte eine günstige Position, falls doch noch ein Flugzeug erscheinen würde. Die Anflugschneise des Flughafens Zürich Kloten liegt mit Abstand, aber optisch doch unmittelbar hinter den Storchennestern und die vorbeifliegenden Maschinen könnten interessante Sujets liefern. Dabei hatte ich dann mehr Glück als beim Quiz. Tatsächlich kamen bei noch genügend Licht zum Fotografieren einzelne Flugzeuge und erlaubten mir Bilder, die zeigen, was für Mensch und Natur bei entsprechenden Massnahmen möglich ist. Für mich ist klar, dass die Erhaltung unserer Biodiversität mehr natürliche Schutzgebiete und Förderflächen benötigt und der Flugbetrieb auch ohne Corona-Massnahmen reduziert werden muss. Auf erträgliche Art. Statt zweimal in die Ferien zu fliegen, könnte man einmal im Ausland und einmal in der Schweiz Ferien erleben. Das ist immer noch ein riesiges Privileg und ein kleiner Verzicht zu Gunsten der Natur. Die Storchennester im Neeracherried liessen mich die leise Enttäuschung über das Abschneiden beim Quiz schnell vergessen. Beobachtung und Bilder sorgten für einen raschen «Aufsteller».

JUNI

6. Juni — Weinbergschnecken-Paarung

Weinbergschnecken sind Zwitter. Das heisst, jedes Tier produziert sowohl männliche wie weibliche Keimzellen. Die Schnecken können sich jedoch nicht selbst befruchten. Sie legen vierzig bis sechzig Eier in kleine ausgehobene Erdgruben und decken diese danach zu und kümmern sich anschliessend nicht mehr um deren Entwicklung. Von den Eiern bis zur geschlechtsreifen Schnecke schaffen es von einem solchen Gelege etwa fünf Schnecken. Alle anderen werden Opfer von verschiedenen Fressfeinden oder durch von Menschen verursachtes Fehlverhalten (Schneckenkörner, Spritzmittel, Zerquetschen mit Schuhen und Pneus).

Weinbergschnecken beim Liebesspiel. Diese können, wie hier zu dritt, mehrere Stunden dauern.

JUNI

7. Juni **Die Wichtigkeit alter Totholzbäume im Wald**

Weshalb man mehr alte Totholzbäume im Wald stehen lassen sollte, zeigte mir das Beispiel aus einem Wald im Emmental eindrücklich. An der Tanne in der Bildmitte konnte ich in Nesthöhlen gleichzeitig erfolgreiche Bruten von Haubenmeisen und Buntspechten beobachten.

Ein grossartiges Naturerlebnis.

JUNI

8. Juni   **Drei neue Nester für den Weissstorch**

Im Nationalen Pferdezentrum in Bern gibt es seit noch nicht allzu langer Zeit zwei belegte Storchennester. Heute gilt es, durch einen Beringer von Storch Schweiz die Jungvögel zu beringen und auf Grund der Nachfrage drei weitere Nester auf die Dächer der hohen Gebäude zu montieren. Dank meinen guten Beziehungen zu Alfred Winkler vom Natur- und Vogelschutzverein Wasen im Emmental konnte ich die interessante Aktion vor Ort miterleben. Er ist der Erbauer der Nestkonstruktion.

Nach den nötigen Instruktionen durch Alfred Winkler wurden die neuen, handgefertigten Nestkonstruktionen durch ein starkes Team der Feuerwehr Ostermundigen auf die Dachgiebel gebracht und dort ohne Dacheingriff sicher verankert. Die anwesenden Störche verfolgten die Aktion unaufgeregt und mehrheitlich von ihren Nestern aus.

Einmal mehr durfte ich mich davon überzeugen, was möglich ist, wenn behördliche Institutionen und freiwillige, qualifizierte Mitglieder von Natur- und Vogelschutzvereinen gemeinsam ein Projekt umsetzen. Alle Beteiligten wirkten professionell, unkompliziert und top motiviert. Falls die das Pferdezentrum weitläufig umgebende Landschaft die nötigen Strukturen für die Nahrungsgrundlage der Weissstörche bereitstellen kann, dürfen sich diese auf ihr neues Zuhause freuen.

Aktionsbilder und Alfred mit Feuerwehr.

JUNI

9. Juni

Wetterfeste Bestäuber

Unter den Bestäubern unserer Kulturlandschaft, insbesondere bei den Fruchtbäumen, ist die Honigbiene die bekannteste und wohl auch wegen dem in der Bevölkerung beliebten Honig die am meisten geschätzte Art. Entsprechend wird sie gefördert und von den Imkern in der Regel auch sehr gut betreut.

Der April 2021 war der kälteste seit über 20 Jahren und der anschliessende Monat Mai war sehr niederschlagsreich. In dieser Zeit flog kaum eine Honigbiene in unserem Garten, obwohl schon einiges am Blühen war. Die Honigbiene ist ein «Schönwetterflieger» und Sammler. Mangels Bestäubung der Blüten wird 2021, aus meiner Sicht, bezüglich der Früchte kein Spitzenjahr.

Nebst anderen, weniger bekannten Insektenarten, welche auch Funktionen als Bestäuber übernehmen können, fielen mir in dieser Zeit vor allem die Hummeln auf. Sie sind bezüglich Wetterlage weit weniger wählerisch als die Honigbienen und fliegen selbst bei kaltem und regnerischem Wetter von Blüte zu Blüte.

In der Schweiz gibt es vierzig Hummelarten. Sie gehören zu den echten Bienen und der Pollentransport geschieht generell an den Hinterbeinen. Hummeln haben einen Saugrüssel und können entgegengesetzt zur allgemeinen Annahme auch stechen. Allerdings nur die Arbeiterinnen.

Baumhummel mit Pollentasche an Engadiner Weide.

Erdhummel mit ausgefahrenem Saugrüssel an Niesswurz.

JUNI

10. Juni   **Ablenkungsversuch als Brutschutz**

Mehrmals schon hatte ich im Garten oder unweit von unserem Chalet Goldammern beobachtet. Ein Teil dieser wunderschönen Vögel überwintert bei uns. Andere zieht es Richtung Süden. Allgemein wird die häufige Goldammer den Standvögeln und Kurzstreckenziehern zugeordnet. Sie ist durch ihre Gefiederfarbe ein sehr auffälliger Vogel. Insbesondere das goldgelb leuchtende Männchen ist in einem grünen Dornengebüsch kaum zu übersehen.

Jetzt im frühen Juni sind die Vögel stark mit ihren Bruten beschäftigt. Goldammern haben in der Regel drei bis fünf Junge und die brauchen bis zur selbstständigen Futtersuche täglich eine grosse Portion Insekten. Beim geschickten Beobachten ist bei der Fütterung auch das in der Regel gut versteckte Nest aufzufinden. Als mich die Goldammern in der Nähe ihres Nestes bemerkten, zeigten sie ein auffälliges Verhalten.

Bewusst präsentierten sich das Männchen und das Weibchen zum Teil lautstark abseits ihres Nestes hoch auf einer jungen Fichte. Dieses Verhalten sollte mich vor dem Auffinden ihres in Bodennähe liegenden Nestes abhalten, indem sie meine Aufmerksamkeit auf sich zogen. Diesen Gefallen tat ich ihnen dann auch. Nach einigen Fotos machte ich mich von dannen und beobachtete aus der Ferne mit dem Feldstecher, wie sie sich wieder ihrer Brut annahmen.

Goldammerpaar macht abseits des Nestes auf sich aufmerksam.

Goldammermännchen.

JUNI

11. Juni **Mehr als eine Sitzwarte**

Auf der Gartenwiese habe ich zwischen dem Haus und dem nahen Waldrand einen Baumstamm mit einem weit auslaufenden Ast im Boden verankert. Diese Totholzstruktur ist als Sitzwarte für die Vögel gedacht.

Ich montiere dort regelmässig einen Apfelschnitz oder ein Stück Käserinde. Tagsüber sehe ich dann auf dem Ast verschiedene Vögel am «Picken» des angebrachten Futters. In der Regel bleibt da meistens bis am Abend nichts mehr übrig. Falls ausnahmsweise was liegen bleibt, dann wird das entsprechende Apfelstück oder die Käserinde nachts abgeholt. Natürlich wollte ich wissen von wem. Dazu verbrachte ich einige Nächte vor dem offenen Küchenfenster.

Wie Sie teilweise bereits lesen konnten und dann in verschiedenen folgenden Geschichten noch vernehmen werden, hat sich meine Ausdauer aber gelohnt.

Für heute zeige ich Ihnen ein Bild, auf dem sich gegen Abend eine ganze Kohlmeisenfamilie an den Apfelschnitzen auf dem Ast gütlich tut. Die Kohlmeise ist die häufigste unter den in der Schweiz vorkommenden Meisenarten und bleibt mehrheitlich ganzjährig in ihrem Brutgebiet.

Kurz vor dem Einnachten konnte ich auf dem Ast an den Apfelschnitzen eine Kohlmeisen-Familie beobachten.

JUNI

12. Juni

Immer noch zu viele

Rehgeissen setzen ihre Kitze zur Deckung und Tarnung ins hohe Gras. Während der Zeit von Anfang Mai bis Ende Juni müssen Landwirte vor dem Mähen der Wiesen ihre Aufmerksamkeit speziell auf mögliche Rehkitze lenken. Jagdgesellschaften sind gerne behilflich, Vorkehrungen zu treffen, damit Rehkitze nicht den Mähmaschinen zum Opfer fallen. Die beste Methode, Rehkitze vor dem Mähtod zu schützen, ist am Vorabend die Wiesen auf mögliche Rehkitze abzusuchen und zu verblenden. Damit sich die Rehe nicht an die Veränderung gewöhnen, ist es besonders wichtig, dass am Folgetag auch gemäht wird. So besteht die Chance, dass die Rehgeiss das Kitz aus dem verblendeten Gebiet trägt oder das Kitz beim Suchen gefunden wird. Ein gefundenes Kitz darf nicht mit blossen Händen angefasst werden. Am besten legt man einen grossen Harass über das Tier, welcher nach dem Mähen wieder entfernt wird und die Geiss das unversehrte Kitz wieder aufsuchen kann. Weil ich in unserem Wäldchen eine Rehgeiss beobachtete, vermutete ich im angrenzenden Wiesland ein Kitz. Nach Absprache mit dem Bauern verblendete er am Vorabend des Mähtages die Wiese und mit einem Freund suchten wir das Wiesland noch eineinhalb Stunden bis zum Einnachten ab. Erfolglos. Wir liessen den bereitgestellten Harass am Feldrand zurück. Als wir diesen am anderen Tag abends abholten, vernahmen wir, dass es beim Mähen zu keinem Zwischenfall kam. Gleichzeitig erfuhren wir, dass ganz in der Nähe beim Suchen zwei Kitze gefunden und gerettet werden konnten. Gerne stellten mir die aus Jägerkreisen stammenden Bekannten ein Bild von einem der geretteten Kitze für diesen Beitrag zur Verfügung. In der Schweiz werden jährlich etwa 2000 Kitze vermäht. Noch immer viel zu viele. Es ist zu hoffen, dass die in neuster Zeit zur Suche eingesetzten Flugdrohnen hier Abhilfe schaffen können.

Die Bilder zum Beitrag: Verblenden, suchen, finden und mähen.

JUNI

13. Juni

Der Steinmarder holt sich nachts die Apfelschnitze vom Ast.

Nachts im Garten. Der Steinmarder

Heute Nacht beobachte ich vom offenen Küchenfenster aus eine Vogelsitzwarte im Garten. Ich habe die Totholzstruktur ja bereits beschrieben. Am Astende hatte es immer noch zwei kleine, für die Vögel bestimmte Apfelstücke. Bis tief in die Nacht passierte da nichts. Dann plötzlich ging es aber schnell. Flink und geschickt kletternd holte sich ein Steinmarder die zwei Apfelschnitze vom Ast und verschwand wieder in der dunklen Nacht. Dank meiner guten Vorbereitung und Geduld konnte ich die Aktion zu meiner Freude bildlich festhalten.

Der in der Schweiz häufige Steinmarder ist ein Kulturfolger. Er ist mehrheitlich nachtaktiv und gilt als weniger scheu als der seltenere Baummarder. In Siedlungsräumen macht er sich unbeliebt, weil er sich nachts lärmend auf einem Dachboden einnisten kann oder etwa ein Kabel unter der Motorhaube eines abgestellten Autos beschädigt, um die Spuren eines möglichen Artgenossen zu verwischen.

Steinmarder können durch jede Öffnung, die nicht kleiner als der Durchmesser eines Fünffrankenstückes ist, hindurch schlüpfen. Vertreiben kann man sie in Gebäuden am besten durch Lärm. Zum Beispiel mit einem eingeschalteten Radio in der Nähe seines häuslichen Versteckes. Vor anderen Selbsthilfemassnahmen ist aus Gründen des Tierschutzes abzusehen. Notfalls hilft der zuständige Wildhüter.

JUNI

14. Juni **Zirkusreif**

Völlig überraschend kam am helllichten Tag der Fuchs in den Garten. Was dann abging, habe ich bildlich festgehalten. Unglaublich und alles nur wegen einem Stück Käserinde, welches für die Vögel bestimmt war.

Was für die Vögel?

Diese Käserinde hol ich mir!

JUNI

15. Juni

Die Maurer unter den Vögeln

Sehr gefreut habe ich mich im Garten über eine erfolgreiche Kleiberbrut. Eine Eigenart dieser Höhlenbrüter besteht darin, dass sie selbst keine Bruthöhlen zimmern, sondern bestehende, natürliche Baumhöhlen oder alte Spechtunterkünfte benutzen. Zu ihrem Schutz vermauern sie mit Lehm die Einstiegslöcher so, dass nur gerade noch die für sie kleinstmögliche Ein- und Ausstiegsöffnung vorliegt. In unserem Garten benutzten sie einen aufgehängten Nistkasten, welcher für Meisen gedacht war. Dank einem entsprechend kleinen Ein- und Ausstiegsloch gab es hier nichts mehr zu vermauern. Zu meinem Erstaunen wurde am Kasten gleichwohl gemauert. Einfach unter dem Dach, obwohl gar keine Öffnung vorlag. Ganz offensichtlich nach dem Grundsatz «Übung macht den Meister».

Kleiber mit Insekten zur Brutfütterung.

Kleiber brüten im Meisen-Kasten und mauern unter dem Kastendach.

JUNI

16. Juni   **Flüehblüemli in verschiedenen Farben**

Nach einer vierstündigen Wanderung stand ich vor dem gesuchten Felsband, wo es Flühblumen in verschiedensten Farbtönen zu sehen gibt. Jedenfalls werden sie von der einheimischen Bevölkerung so bezeichnet. Ob die botanische Bezeichnung Flühblume für alle Farbvarianten zutrifft, müsste von Experten der Alpenflora untersucht und bestimmt werden. Auch ohne diese Kenntnis ist das Vorkommen dieser Blumen an diesem Felsband etwas Grossartiges.

Flühblume in verschiedenen Farbtönen.

JUNI

17. Juni

Flüehblüemli mit Bastarden im Niederhorngebiet. Foto Adrian Möhl

Die vielfarbigen Flüehblüemli (Aurikelchen) sind Bastarde

Ohne gute Vernetzung mit Experten auf den verschiedenen Gebieten der Biodiversität hätte ich mich kaum an dieses Buch gewagt. Ihre Bereitschaft, mich zu unterstützen, bedeutet für mich auch eine grosse Motivation, mit Beobachten, Fotografieren und Schreiben weiterzumachen.

Adrian Möhl zum Beispiel kenne ich von einer Begegnung im Eriz. Er ist ein absoluter Experte in Sachen Botanik und Mitglied mehrerer Fachgruppen. Nebst vielen anderen Publikationen gibt es von ihm die «Flora amabilis» mit vielen spannenden Geschichten zu Alpenblumen. Erschienen ist das Buch im Hauptverlag.

Adi hat mir ausführlich beschrieben, dass meine in verschiedenen Rottönen vorkommenden Flüehblüemli Kreuzungen zwischen der Roten Felsenprimel und dem Flüehblüemli sind. Dabei spielt die Bodenbeschaffenheit eine entscheidende Rolle. An einigen Orten gibt es auf dem Kalk unserer Voralpen, dem Boden für das Flüehblüemli, saure Sandsteindecken und auf diesen wächst die Rote Felsenprimel. Weil sich dabei die beiden Arten relativ nahe stehen, kreuzen sie sich auf natürliche Weise. Dabei entstehen die Hybriden Primula x pubescens, also Bastard-Aurikel. Voilà! Alles klar. Adi hat mir zur Antwort gleich ein Foto aus dem Gebiet des Niederhorns zugestellt. Ein schönes, passendes Beispiel und mit seiner Erlaubnis darf ich es hier verwenden.

JUNI

18. Juni   **Der Goldschuh**

Ich freue mich über alle Zuschriften bezüglich meiner Bücher und Vorträge und wenn immer möglich beantworte ich sie auch. Auf diese Weise habe ich schon viel Neues und Interessantes von Naturliebhabern vernommen, welche wesentlich mehr über die Biodiversität wissen als ich.

So zum Beispiel, als mich ein Leser auf den Goldschuh aufmerksam machte.

Diese völlig gelbe Version des Frauenschuhs (Cypripedium colceolus var flavum) wird im Volksmund als Goldschuh bezeichnet. In der Schweiz soll es kaum ein halbes Dutzend Standorte mit dieser wunderbaren Orchidee geben.

Natürlich nahm ich das Angebot für eine Besichtigung gerne an, obwohl der vereinbarte Treffpunkt nicht gleich bei mir um die Ecke lag. Für das Buch durfte ich den Goldschuh fotografieren. Über den Standort haben wir zum Schutze der Pflanze ein Stillhalteabkommen getroffen. Schliesslich ist diese wie der Frauenschuh in der Schweiz streng geschützt. Schön, dass sie in der Schweiz vorkommt und ich sie gesehen habe und im Buch zeigen kann.

Goldschuh.

Frauenschuh.

JUNI

19. Juni **Eine Blume mit Geschichte**

Dort, wo die ein- bis zweijährige Pflanze vorkommt, ist sie mit ihrer leuchtend roten Blüte nicht zu übersehen. Der Klatschmohn wird von verschiedensten Bestäubern angeflogen und vom menschlichen Auge direkt aufgesogen. Mir ging es jedenfalls so, als ich in Steffisburg am Gelände des «Bärnärä»-Hof vorbeifuhr. So nahe am Strassenverkehr ein solches Blütenmeer. Ich musste einfach einparken. Einzeln oder in kleinen Gruppen ist die praktisch weltweit vorkommende, jedoch immer mehr bedrängte Pflanze noch häufig zu sehen. So grossflächig wie hier findet man sie bei uns aber immer seltener. Nebst der natürlichen Verbreitung kommt sie bei uns auf landwirtschaftlich genutzten Feldern vor, deren Getreidesaatgut mit Klatschmohn verunreinigt war.

Über den Nutzwert der nektar- und duftlosen Blüten gibt es unterschiedliche Meinungen und Aussagen. Interessant ist aber der starke Symbolcharakter des optisch einen Garten oder eine ganze Landschaft prägenden, tiefwurzelnden Klatschmohns. Im englischsprachigen Raum symbolisiert und erinnert der Klatschmohn an gefallene Soldaten, weil auf den Erdhügeln der Grabstätten als erstes diese Mohnpflanzen wuchsen. Im persischsprachigen Raum steht die rote Blume als Symbol der Liebe. Eigentlich erstaunlich, wenn man weiss, dass ihre Blüte nach zwei bis drei Tagen bereits viel von ihrer Pracht verloren hat.

Klatschmohn, ein absoluter Augenschmaus.

JUNI

20. Juni **Ein Highlight**

Als einziger unserer Brutvögel ist der Kuckuck ein Brutschmarotzer und überlässt die Aufzucht seiner Jungen kleineren Singvögeln.

Wenn der Kuckuck ruft, müsse man sofort ein Geldstück im Sack anfassen, dann sei man nie mehr ohne Geld unterwegs. Diese Legende habe ich schon als Kind gekannt. Auch die Eigenart, dass er seine Eier in fremde Nester legt, war mir schon früh bekannt.

Damit allerdings ein junger Kuckuck allein und ohne Hilfe in sein Winterquartier nach Afrika fliegen kann, mussten seine Eltern, die er nie sieht, geschweige denn kennenlernt, bei der Eiablage zahlreiche raffinierte Tricks anwenden. Und zur erfolgreichen Aufzucht müssen die kleinen Wirtsvögel Grosses leisten.

Die Bilder unten zeigen ein einzigartiges, leider immer seltener werdendes Beispiel aus der Natur, das ich selber beobachten durfte. Um den jungen Kuckuck im Hausrotschwanznest bei der Fütterung zu fotografieren, brauchte es Glück, Respekt, Verschwiegenheit und Geduld. Viele Faktoren, damit ich Ihnen dieses Highlight zeigen kann.

Junger Kuckuck wird vom Hausrotschwanzweibchen gefüttert.

JUNI

21. Juni

Ein seltener Gast im Emmental

Am späteren Nachmittag war ich auf einer Beobachtungstour im Emmental unterwegs. Die Wetterprognose hatte vor starken Gewittern mit Hagelschlag gewarnt. Ich selbst war lediglich starken Regenfällen begegnet. Auf dem Heimweg kurz vor Röthenbach war der Boden stellenweise mit Hagelkörnern bedeckt, was auf ein vorangegangenes Gewitter schliessen liess. Jedenfalls dämpfte der Boden immer noch und die Sicht war dadurch eingeschränkt.

Immerhin vermochte ich aus dem fahrenden Auto auf der an die Strasse grenzenden Matte im Dunst einen grossen Vogel zu erkennen. Sofort war mir klar, dass es sich um einen Schwarzstorch handelte.

Diesen sieht man bei uns nicht gerade häufig. Ich stellte das Auto am Strassenrand ab und wagte einige Schritte in die verhagelte und klatschnasse Matte, um den Vogel so gut es ging zu fotografieren. Weit kam ich dabei nicht. Zu schnell hob der Schwarzstorch ab und verschwand in der Bachuferlandschaft. Es war meine erste Sichtung eines Schwarzstorchs und ich war froh um die gemachten Belegfotos.

«Mein» Schwarzstorch hat sich wohl auf dem Zug befunden und musste wahrscheinlich witterungsbedingt eine längere Rast einlegen. Eine Brut dieser Vogelart konnte in der Schweiz noch nie nachgewiesen werden. Dort, wo der Schwarzstorch vorkommt, ist die Welt noch in Ordnung, pflegen Naturbegeisterte zu sagen. Warum also nicht eines Tages eine Schwarzstorchbrut im Emmental, frage ich mich.

Schwarzstorch im Nebel des noch dämpfenden Bodens nach starkem Hagelniederschlag.

JUNI

Wendehals am Kasten mit der Kohlmeisenbrut.

22. Juni

Auf der Suche

Gelegentlich kommt es vor, dass ich im Garten einen Vogel auf der gleichen Sitzwarte auffällig lange rufen höre. Meistens sind die Sänger zwei, drei Tage in der Nähe und ziehen dann weiter. Es sind Männchen auf der Suche nach einem Weibchen.

Auch wenn diese Vögel hier nicht brüten, weil es zu wenig Weibchen hat, sind sie, wenn auch nur kurzzeitig, ein Teil unserer Biodiversität im Garten. Beim Beobachten konnte ich dabei sehr interessante und teilweise für mich überraschende Verhaltensweisen seltener Arten wie den Wendehals beobachten und fotografieren.

Immer wieder flog der Wendehals an diesem Beobachtungstag an den an einer Föhre aufgehängten Meisenkasten, in welchem sich bereits die Nestlinge einer Kohlmeisenbrut befanden. Was er dabei genau im Schilde führte, das kann ich nicht sagen. Ich hatte nie gesehen, dass er in den Kasten eingestiegen wäre. Ich sah den Vogel in den darauffolgenden Tagen nicht mehr, obwohl mir unsere Nachbarin sagte, sie habe ihn zwei Wochen später hier immer noch rufen hören.

Da ich grundsätzlich während einer Brut keine Kästen öffne, werde ich erst im Herbst bei der Kastenreinigung erfahren, wie es der Kohlmeisenbrut ergangen ist.

JUNI

23. Juni — Biodiversität im naturnahen Garten in Bildern

Impressionen von einem Vorabend im Frühsommer.

JUNI

24. Juni

Unerwartet doch noch gefunden

Der einheimische Siebenpunkt-Marienkäfer ist für mich seit meiner Kindheit das «Himmugüegeli».

«Himmugüegeli flüg uf u bring mer Glück», ein berndeutscher Satz, der mich schon als Kind, von meinen Eltern gelernt, ob gewollt oder nicht, mit der Natur und der Biodiversität in Verbindung brachte.

Heute sind die meisten Marienkäfer, die man in Gärten sieht, Asiatische Marienkäfer. Sie wurden ursprünglich zur biologischen Bekämpfung von Blattläusen in Gewächshäusern eingesetzt und sind in die Natur entwichen. In vielen Regionen haben sie die einheimischen Arten bereits besorgniserregend verdrängt.

Auf meiner Suche nach dem «Himmugüegeli» bin ich dann doch noch fündig geworden: Eine Mehlschwalbe beglückte allerdings damit einen Nestling!

*Mehlschwalbe
am Nest mit Siebenpunkt-Marienkäfer.*

Asiatische Marienkäfer.

JUNI

25. Juni **Ein wunderbares Gelege**

Die Heckenbraunelle ist ein schlicht gefärbter scheuer Vogel, der sich mit Vorliebe am Boden aufhält. Dort ist er dank seines unauffälligen Gefieders gut getarnt und nur schwer zu entdecken. Auffällig sind dagegen seine himmelblauen Eier im allerdings sehr gut versteckten Gelege. Die Heckenbraunelle ist ein Kurzstreckenzieher und macht jährlich zwei Bruten mit drei bis sechs Eiern. Der Bestand wird in der Schweiz gemäss der Roten Liste als nicht gefährdet eingestuft.

Heckenbraunelle.

Gelege mit 5 türkisblauen Eiern.

Das Heckenbraunellenpaar in der Bildmitte ist am Boden nur schwer zu sehen.

JUNI

Hausrotschwanz füttert den vor 4 Tagen ausgeflogenen Kuckuck in den Fichtenästen.

26. Juni Allein Inhalt für ein ganzes Buch

Als ich begeistert vom jungen Kuckuck im Hausrotschwanznest berichtete, erwähnte ich, wie unglaublich viel zusammenspielen müsse, damit bei uns ein Kuckuck aufwachsen kann, dann den Weg nach Afrika findet und hoffentlich später wieder zu uns zurückkommen wird. Ich bin mir auch nicht sicher, ob man hier wirklich alles weiss.

Nachdem der von mir beobachtete Kuckuck das Nest verlassen hatte, konnte ich ihn etwa 100 Meter von seiner Geburtsstätte entfernt in einem kleinen Wäldchen auf einer kleinen, teilweise dürren Fichte erneut beobachten. Dass die Hausrotschwänze den Kuckuck auch noch Tage nach seinem Ausfliegen füttern müssen, war mir bekannt. Die Art und Weise, wie die kleinen Rotschwänze den bereits grossen Vogel weiterfüttern, wie wenn es ihr eigenes Junges wäre, ist schon erstaunlich. Und wie der Kuckuck in dieser Zeit durch diese Fütterung mit Insekten derart an Masse zulegt, bleibt mir ein Rätsel.

JUNI

27. Juni   **Eine Abendrunde**

Das Wetter war heute regnerisch mit trockenen Abschnitten. Die Sonne sah ich nie. Ich sortierte Fotos, schrieb einige Beiträge und machte dazwischen immer wieder eine Runde im Garten. Schliesslich ruft Thilde am frühen Abend zu Tisch. Es gibt Cordon Bleu mit Gemüse und Salat. Mmm, das schmeckt gut. Gestärkt und motiviert nehme ich mir vor, noch nach den Neuntötern zu schauen. Will heissen, den Geissegghügel hoch und natürlich auch wieder hinunter zu steigen. Den Neuntöter sehe ich dann auch schon bald. Ein Männchen mit Insekten im Schnabel auf einem Dornengebüsch. Das Weibchen ist wohl auf dem Nest am Brüten. Die Neuntöter kamen dieses Jahr witterungsbedingt gut zwei Wochen später als üblich. Für ein gutes Foto ist das Licht schon knapp und ich habe weder Zeit noch Geduld, in der Nähe in Deckung zu warten, bis der Vogel nahe genug ist. Spontan entscheide ich mich, auf der Anhöhe noch eine Abendrunde Richtung Rotmoos einzubauen, um dann via Bergweg wieder auf die Geissegg zu gelangen. Es lohnt sich. Am Rande einer Waldlichtung entdecke ich eine äsende Gamsgeiss mit ihrem Kitz. Natürlich bleibe ich etwas verdeckt stehen und schiesse einige Bilder. Ein schöner und friedlicher Anblick. Einzig die Abendsonne fehlt, um das Glück vollends zu machen und die Bilder in ein besseres Licht zu rücken. Unter der Prämisse «Sujet vor Schärfe» kann das Bild gleichwohl gefallen. Näher heranzugehen wäre sinnlos gewesen. Die beiden wären bestimmt blitzschnell im Wald verschwunden. Und schliesslich hat mich beim «Äsen» des Cordon Bleus auch noch nie einer vertrieben…

Gamsgeiss mit Kitz.

JUNI

28. Juni   **Posieren**

Beim Beobachten und Fotografieren von Tieren freue ich mich natürlich beim Antreffen von neuen, noch nicht beobachteten und fotografierten Arten. Unter Biodiversität versteht man schliesslich eine möglichst grosse Artenvielfalt innerhalb unserer Flora und Fauna in dazu passenden Lebensräumen. Aber es ist deswegen nicht etwa so, dass ich ständig auf der Suche nach noch fehlenden Objekten bin. Ich kann mich eigentlich an jeder Beobachtung freuen.

So gesehen können mich auch häufig vorkommende Vögel, wie hier zum Beispiel Stieglitz, Buntspecht, Kolkrabe und die Goldammer begeistern, wenn sie mir regelrecht für ein Foto posieren.

JUNI

29. Juni **Seltene Naturbrut**

Auf Grund verschiedener Umstände hat der Bestand des Gartenrotschwanzes in unserer Garten- und Kulturlandschaft gegenüber früher deutlich abgenommen. Bei uns fehlt es dem Höhlenbrüter an seinen ursprünglichen natürlichen Ressourcen. In seinen Winterquartieren in der Sahelzone haben ihm Dürreperioden und Spritzmitteleinsätze aus der Landwirtschaft arg zugesetzt.

Mit grossen Anstrengungen und nachweisbarem Erfolg gibt es bei uns Artenförderungsprojekte für gefährdete und stark gefährdete Vogelarten. Dazu gehört unter anderem mit gutem Erfolg auch das Anbringen von speziellen Nistkästen für den Gartenrotschwanz. Schwieriger ist dagegen mangels Vorkommen entsprechender Bäume, eine Naturbrut zu entdecken. Jedenfalls freute ich mich sehr über meine rare Beobachtung mit den entsprechenden Bildern.

Gartenrotschwanz-Männchen auf einem Ast in der Nähe der Bruthöhle.

Gartenrotschwanz-Weibchen vor der Bruthöhle.

JUNI

Westliches Wachtelweizen-Scheckenfalter- Paar vor der Kopulation auf einer Bergflockenblume.

30. Juni Wachtelweizen-Scheckenfalter (Melitaea athalia)

Der Wachtelweizen-Scheckenfalter ist ein sehr schöner, bei uns häufig anzutreffender Edelfalter. Er benötigt Strukturen wie Wacholder-Heiden, Feuchtwiesen am Rande von Mooren und artenreiche Wildblumenwiesen. Dort saugt er bevorzugt an Sumpf-Kratzdisteln und Wiesenflockenblumen. Als Futterpflanzen für die Raupen dienen hauptsächlich Wiesen-Schachtelweizen, Wiesen-Augentrost und Spitzwegerich.

Das hier Beschriebene findet sich auf dem Bild aus unserer Wildblumenwiese wieder. Es zeigt ein Wachtelweizen-Scheckenfalter-Paar auf einer Wiesenflockenblume in der Vorbereitung auf die Kopulation.

Juli

JULI

1. Juli — Ein Waldrapp!

«Chäppu», ein guter Kollege von mir und passionierter Jäger, rief mich an und erzählte mir von einem in Uebeschi gesichteten Waldrapp. Eine Sensation! Der Waldrapp galt nämlich bis vor kurzer Zeit in der Schweiz als ausgestorben. International wird er hauptsächlich dank den Bemühungen in Marokko «nur noch» als besonders stark gefährdet eingestuft. Klar, dass ich mein Programm sofort änderte und an den Sichtungsort fuhr. Tatsächlich konnte ich den Vogel in einem Feld mit Biogemüse noch sichten und gut fotografieren. Eine Sensation ist es nicht, aber bestimmt eine Seltenheit. Beim genauen Betrachten konnte ich, nicht unerwartet, am Vogel eine Beringung und Besenderung feststellen. Zweifellos handelt es sich hier um einen ausgewilderten Waldrapp aus einem Wiederansiedlungsprojekt. In der Schweiz gibt es noch kein solches Projekt, da der Zug der Vögel in ihr Winterquartier und wieder zurück als problematisch eingestuft wird. Der mir begegnete Waldrapp dürfte am ehesten von der Aufzuchtstation Ueberlingen (De) am Bodensee ausgewildert worden sein. In der Schweiz unterstützt zum Beispiel der Zoo Basel durch eine erfolgreiche Aufzucht von Waldrapps ein erfolgversprechendes Projekt in Spanien und BirdLife Schweiz ein weiteres in Marokko. Schön, diesen seltenen und sagenumwobenen Vogel von mir beobachtet und fotografiert im Buch zu wissen.

Waldrapp. Auf dem kleinen Bild erkennt man die Beringung und Besenderung.

JULI

2. Juli **Die Spechttanne**

Im letzten Herbst habe ich in der Wildblumenwiese nebst anderen Kleinstrukturen eine Spechttanne aufgestellt. Bereits im darauffolgenden Sommer hat ein Starenpaar in der alten Spechthöhle erfolgreich gebrütet. Für mich war es erfreulich, wie rasch die Stare eingezogen sind, und ich fand es interessant, die Fütterung zu beobachten.

Zur Fütterung der hungrigen Nestlinge wurden unermüdlich Insekten und Beeren gesammelt.

JULI

3. Juli

Nestbaumaterialien

Vögel brauchen für den Nestbau verschiedenste Materialien, welche sie in der Regel auch in ihren Habitaten finden können. Jede Vogelart hat dabei ihr bevorzugtes Nestbaumaterial. Gängige Materialien sind Moose, trockenes Laub- und Pflanzenmaterial, Haare, Federn und bei grösseren Vögeln auch Aststücke. Höhlenbrüter brauchen alte Specht-Behausungen und grössere und kleinere Höhlen in alten Bäumen. Röhrengrabende Vögel brauchen Fels- und Uferwände mit Sandeinlagen (Sandlinsen).

Eine Besonderheit bezüglich des Nestbaues sind die Mehlschwalben. Bei uns gelten diese Vögel als Gebäudebrüter. Sie bauen ihre halbkugelförmigen Nester, indem sie kleinste Ton- und Lehmteilchen mit ihrem Speichel zu kleinen Kügelchen formen und diese, vorwiegend unter Dächern, an die Gebäudewände zementieren. Diese sehr aufwendige Bauart bedingt, dass die Schwalben bis zu zwei Wochen lang täglich bis zu 1500 Lehmkügelchen verbauen müssen. In der Schweiz sind die Mehlschwalben und ihre Nester geschützt. Leider werden aber immer wieder Nester wegen Unkenntnis und Angst vor Kotverschmutzungen von den Wänden gerissen. Dabei könnte mit wenig Aufwand, wie etwa einem unter den Nestern angebrachten Kotbrett, dieses mögliche Problem behoben werden. Da in unserer Landschaft viele feuchte Kies-, Ton- und Lehmflächen durch Landkorrekturen trockengelegt wurden, konnte der Rückgang der Mehlschwalben nur mit dem Anbringen von künstlichen Nestern aufgefangen werden. Diese werden von den Vögeln in der Regel sehr rasch und alle Jahre wieder angenommen.

Hier wurden von den Schwalben zwischen den künstlichen Nestern noch zwei natürliche Nester angelegt. Die kleinen Bilder zeigen Mehlschwalben beim Suchen von Nestbaumaterial.

JULI

4. Juli

Ein kleiner Beitrag

Ein 540 Quadratmeter grosses Stück Bauland, welches durch eine Zonenänderung in die Gefahrenzone versetzt wurde, konnte ich in Pacht nehmen, um eine Wildblumenwiese anzulegen. Nach einer minimalen Bodenvorbereitung säte ich zwei Wildblumenmischungen und setzte zahlreiche Wildblumenziegel. Mit Totholz, Ästen und Steinen baute ich einige Kleinstrukturen. Begleitend mit der nötigen Pflege lasse ich nun die Natur walten und hoffe, so einen kleinen Beitrag für die Biodiversität zu leisten.

So wie oben sah es zu Beginn aus. In der Mitte und unten die Wildblumenwiese nach zwei Jahren.

JULI

5. Juli — **Eine traurige Geschichte**

Aus dem Stubenfenster sehe ich an einer vom Landschaftsgärtner neu gepflanzten Hainbuche an einem Ast herunterhängend etwas flattern. Ein sofortiger Augenschein vor Ort erfordert meine unverzügliche Hilfe. Eine frisch ausgeflogene Bachstelze hat sich mit einem Fuss völlig in einem Schnurfadenstrang verwickelt, hängt damit an einem Ast und flattert chancenlos. Sofort nehme ich die Schnur vom Ast. Mit Lupe und feiner Schere befreie ich den Vogel vom Schnurgewirr. Anschliessend stelle ich fest, dass der Vogel das Bein nicht mehr anziehen kann. Wahrscheinlich hatte er sich bei den Befreiungsversuchen zu stark verletzt. Ich versuche noch, ihn auf einen laubtragenden Ast zu stellen. Der Versuch schlägt fehl. Der Vogel ist nicht mehr in der Lage, sich festzuhalten. Traurig bleibt mir nichts anderes übrig, als dem kurzen Leben im Sinne einer Erlösung ein Ende zu bereiten.

Wie dieses traurige Beispiel zeigt, müssen Landschaftsgärtner während ihrer Ausbildung auf solche Gefahren aufmerksam gemacht werden. Zur Befestigung von jungen Bäumen sollten weniger ausfransende Materialien verwendet werden und die Anbindstelle darf nicht einer einladenden Sitzwarte für Vögel entsprechen.

Wie die Bilder zeigen, können solche Baumbefestigungen für Vögel eine Falle sein.

JULI

6. Juli

Orchideen

In der Schweiz gibt es zirka 70 Orchideenarten. Alle sind ungeachtet ihres Aussehens oder Vorkommens geschützt. Heute zeige ich Ihnen das durch seine Grösse imponierende und in verschiedenen Farbtönen vorkommende Fuchs-Knabenkraut, das weniger auffallende Grünliche Breitkölbchen und das gar unscheinbar wirkende Grosse Zweiblatt.

Fuchs-Knabenkraut in zwei Farbvarianten.

Grosses Zweiblatt.

Grünliches Breitkölbchen.

JULI

7. Juli

Grossartig schön

Grossartig schön! Was braucht es dazu? Einen Spaziergang, eine Wildblumenwiese und ein paar Sonnenstrahlen. Mir ging es wenigstens so, als ich auf einem Fuchs-Knabenkraut einen Baumweissling saugen sah und unweit daneben auf einem blühenden Grashalm einen Dickkopffalter beim Aufwärmen entdeckte.

Halten Sie doch beim nächsten Spaziergang an einem sonnigen Tag nach einer Wildblumenwiese Ausschau. Bestimmt werden auch Sie Grossartiges, Schönes beobachten können. Falls es in Ihrer Nähe keine Wildblumenwiese gibt, ist Ihre Wohngemeinde bezüglich die biodiversitätsfördernden Massnahmen arg im Hintertreffen. Und schliesslich haben Sie auf Grund Ihrer Steuerbeiträge in Ihrer Wohngemeinde auch das Anrecht auf eine öffentlich zugängliche Wildblumenwiese. Wenn Ihnen die Bilder gefallen, werden Sie mir zustimmen. Und hoffentlich die politisch Verantwortlichen in Ihrer Gemeinde auch!

Baumweissling auf Fuchs-Knabenkraut und Dickkopffalter auf Grashalm.

JULI

8. Juli **Mehr Action**

Den Eisvogel habe ich Ihnen schon am 15. April auf einem Ast sitzend vorgestellt. Immerhin noch mit einem Bild, auf welchem ein Männchen und ein Weibchen zu sehen sind. Um diese Aufnahme zu machen, war Geduld gefragt. Aber spektakulär ist sie nicht. Immer wieder sehe ich von Profis spektakuläre Bilder von Eisvögeln, die Fische fangen. Also versuchte ich mein Glück erneut in La Sauge in der Hoffnung, einen ins Wasser schiessenden Eisvogel beim erfolgreichen Fischfang fotografieren zu können.

Tatsächlich hatte ich diesmal Glück und konnte beobachten, wie der Vogel nach Fischen taucht. Obwohl meine Kamera für solche Gelegenheiten eigentlich etwas zu langsam ist, kann ich Ihnen hier diese interessante und spektakuläre Beobachtung zeigen.

Erfolgreich bringt der Eisvogel den erbeuteten Fisch ins Trockene.

Der Eisvogel schiesst nach einem Tauchgang aus dem Wasser.

JULI

Zirka 50 Tage alter Jungvogel beim Verzehren einer vom Adlerpaar geschlagenen und in den Horst getragenen Gämse.

9. Juli

Der Steinadlerhorst

Von unserem Garten aus sah ich oft hoch am Himmel den Steinadler fliegen. Schliesslich konnte ich mit dem Feldstecher auch seinen Horst ausfindig machen. Ein Glücksfall, weil ich wusste, dass von einer gegenüberliegenden Felswand ein Einblick in den Horst möglich war, ohne die Brut zu gefährden. Meine Beobachtungen waren dann auch nur kurz und der Standort sollte möglichst wenigen Leuten bekannt bleiben, weil bei häufigen Störungen das Adlerpaar den Horst nicht mehr aufsuchen würde und die Brut verloren wäre. Leider kommen solche Eingriffe durch zu lüsterne, respektlose Fotografen immer wieder vor.

Steinadler können bis 20 Jahre alt werden und haben in der Regel jährlich eine Brut mit einem bis zwei Jungvögeln, wobei in den meisten Fällen nur ein Jungvogel aufgezogen wird. Dieser muss bis zum Ausfliegen vom Adlerpaar während 70 bis 80 Tagen mit Jagdbeute gefüttert werden. Dank des Schutzstatus ist die Steinadlerdichte momentan in der Schweiz zufriedenstellend.

JULI

Zirka 70 Tage alter Jungvogel beim Verzehr eines vom Adlerpaar geschlagenen und in den Horst getragenen Greifvogels.

10. Juli **Kurz vor dem Ausfliegen**

Bereits zum zweiten Mal konnte ich in diesem Horst eine erfolgreiche Steinadlerbrut fotografieren, ohne die Vögel bei der Aufzucht zu stören. Meine Beobachtungszeit beschränkte ich aus Rücksichtnahme und Respekt vor den Steinadlern auf wenige Minuten. Acht Tage später war der junge Steinadler erfolgreich ausgeflogen.

JULI

11. Juli   **Revierverteidigung**

Unser Trauerschnäpperpaar im Garten habe ich Ihnen schon am 30. April vorgestellt. Sie haben nun überraschend in einem anderen Nistkasten Junge und verteidigen ihr Revier um den Nistkasten sehr aggressiv. Sie attackieren selbst das Eichhörnchen und auch der Buntspecht wird vertrieben. Sowohl im Abwehrkampf wie beim Füttern unterstützt sich das Vogelpaar gegenseitig. Das Beweisbild dürfte möglicherweise auch Ornithologen überraschen.

Das Weibchen vertreibt aggressiv das Eichhörnchen vom Brutplatz.

Weibchen (oben) und Männchen im Nistkasten.

JULI

12. Juli

Die Bedeutung des Holunders in Landschaft und Garten

Ist der Holunder eigentlich ein Baum, ein Busch oder ein Strauch? In der Fachsprache hat man sich weitgehend auf Strauch geeinigt. Letzterem werden seit Jahrhunderten magische Kräfte und heilende Wirkung verschiedenster Art zugesprochen. Für zahlreiche Insekten sind Holunder wichtige Nahrungspflanzen. Am wichtigsten sind die Sträucher als Nahrungsquelle für viele Vogelarten. Der Schwarze Holunder findet vielerlei Verwendung in der Küche. Zum Beispiel lässt sich eine ausgezeichnete Konfitüre herstellen. Entsprechend häufig sind diese schwarzen Beeren in unseren Gärten zu finden. Die Beeren des bereits Wochen früher blühenden Roten Holunders gelten als ungeniessbar und finden in der Küche keine Verwendung. In den Gärten sind sie kaum zu finden.

Weil sie jedoch viel früher Beeren tragen, wären sie als Nahrung für viele Jungvögel wichtig. Gärtner und Landschaftsgestalter müssten das wissen und auch wieder mehr Roten Holunder setzen. Die dritte in der Schweiz vorkommende Art ist der weniger bekannte niedrige Zwergholunder (Attich), dessen schwarze Beeren als giftig eingestuft sind.

Altvogel vor dem Zug.

Heranwachsender Jungvogel.

Zwei grosse Holundersträucher im Garten, links der Schwarze am Blühen, rechts der bereits Beeren tragende Rote. Beide Arten sind als Beerenträger wichtig für die Vögel.

JULI

13. Juli

Erfolgreich dank zweierlei Holundersträuchern

Bruten der Mönchsgrasmücken sind häufig und für Ornithologen nicht spektakulär. Für mich schon. Mir bereitet das Vogelpaar mit seinen fünf Jungen in unserem Garten viel Freude und interessante Beobachtungen.

Bei den Mönchsgrasmücken trägt das Männchen eine schwarze Kappe, das Weibchen dagegen wie auch die Jungvögel eine braune. Dadurch sind sie voneinander gut unterscheidbar. Auf dem Zug legen sie zur Überwinterung unterschiedliche Distanzen zurück. Ein kleiner Teil der Vögel bleibt bei uns in milderen Zonen. Der grösste Teil dieser Vogelart macht aber längere Zugstrecken in den Mittelmeerraum oder bis nach Ost- oder Westafrika.

Für die Nestlinge benötigen die Eltern am Anfang ausschliesslich Insekten und kleine Weichtiere für die Fütterung. Später stehen für Eltern und Jungvögel Beeren auf dem Menüplan. In unserem Garten waren das die Früchte vom Roten und Schwarzen Holunder. Weil der Rote deutlich früher reift, wurden seine Beeren für die Aufzucht der Jungen verwendet und später die schwarzen Beeren für die Stärkung im Hinblick auf die bevorstehende lange Reise. Die Vögel blieben so lange, bis praktisch die letzte Beere gegessen war.

Grosses Bild: Männchen mit Jungvogel.

Männchen (oben) und Weibchen i. Roten Holunder.

JULI

14. Juli   **Wie ein Sommermärchen**

Ein weiterer Tag in diesem bisher verregneten Sommer 2021. Es regnet noch nicht. Auf dem Radar ist aber ab 17 Uhr wieder starker Regen angesagt. Für mein Vorhaben eher grenzwertig. Gute zwei Marschstunden von unserem Chalet entfernt habe ich im gebirgigen, niedrig bewachsenen Gelände auf etwa 1600 Meter Höhe auf Wanderungen gelegentlich schon ein Birkhuhn vorbeihuschen gesehen. Ein gutes Foto von einem Birkhuhn fehlt mir aber noch. Mit Feldstecher, Fotoapparat und einem guten Regenschutz im Rucksack riskiere ich es doch und hoffe auf eine mögliche Birkhuhn-Beobachtung samt Foto. Auf Grund der besagten Wettervorhersage gebe ich mir viereinhalb Stunden Zeit. Das Wetter hält und die Landschaft ist hier oben zauberhaft. Den Weg lege ich auf einem nicht mehr markierten, mir aber bekannten Bergweg zurück. Vereinzelt sehe und höre ich unterwegs einen Vogel oder bleibe vor einem besonders schönen Blümlein stehen und mache einige Fotos. Wild ist nicht auszumachen. Mir fehlt vor allem der bekannte zylinderförmige Kot von Birkhühnern auf meiner Wegstrecke.

Der Himmel verdunkelt sich. Umkehren ist angesagt. Ich muss dazu den gleichen Weg nehmen wie beim Aufstieg. Die Hoffnung, einem Birkhuhn zu begegnen, ist dadurch auf ein Minimum gesunken und meine Motivation hält sich in Grenzen. Eigentlich hoffe ich nur noch darauf, trocken nach Hause zu kommen. Immerhin verlockt mich ein helles Knabenkraut, den Weg für einige Meter zum Fotografieren zu verlassen. Als ich dabei eine etwa einen Meter hohe, im alpinen Gras wachsende Föhre mit dem Hosenbein streife, stellt sich zu meiner völligen Überraschung ein Birkhuhn auf. Es flattert von dieser Föhre weg, um in der nächsten Deckung zu verschwinden. Natürlich kann ich dabei meine Fotos machen. Als ich mich im Gras direkt an der Föhre noch etwas genauer umschaue, entdeckte ich zwei Küken. Jetzt ist mir klar: Die Henne hat hier ihr Nest. Noch zwei Fotos von den Jungen! Dann verlasse ich das Gelände und begebe mich bei vollster Zufriedenheit auf den Heimweg. Ich glaube und hoffe, dass die Henne trotz meiner Störung wieder zu den Küken, es waren wohl mehr als die zwei von mir gesehenen, zurückfindet. Obwohl es bereits wieder zu regnen anfängt, kommt mir das Ganze wie ein Sommermärchen vor. Birkhühner sieht man nicht mehr allzu oft und auf der Roten Liste gelten sie als potenziell gefährdet.

Küken und Henne.

JULI

15. Juli — Stiftung Wildstation Landshut

Die Artenvielfalt in der Wildstation Landshut ist beeindruckend. Zahlreiche Wildtiere befinden sich hier in Behandlung und Pflege. Bei jedem eingelieferten Tier hat das unter der Leitung von Frau Dr. med. vet. Ulrike Eulenberger stehende Stationsteam das Ziel, dem Tier nach der Behandlung die Rückkehr in seinen ursprünglichen Lebensraum zu ermöglichen. Die Auswilderung.

Wegen dieser Auswilderung bin ich heute hier auf der Station. Ich darf für unseren naturnahen Garten einen Igel abholen. Im Jahr 2020 wurden auf der Wildstation weit über 150 Jungigel abgegeben. Fast alle aus dem gleichen Grund: «mutterlos aufgefunden». Durch Unfälle der Muttertiere waren die Jungen verwaist und hungrig aus dem Wurfnest gekrochen, um nach der Mutter zu suchen. Dann ist es ein Notfall und eine Beratung hilft, die richtige Entscheidung zu treffen. Ist das Igeljunge noch zu klein, ist die Aufzucht in der Wildstation angezeigt.

Das Igelmännchen, welches ich abholen darf, ist allerdings schon etwas älter und musste, weil es stark abgeschwächt war, behandelt und gepflegt werden. Jetzt wieder gesund, darf es sich auf sein neues Zuhause freuen und ich natürlich mit ihm. Nebst der Hilfe für einheimische Wildtiere gibt es auf dem Gelände der Wildstation einen öffentlichen Naturlehrpfad mit interessanten Führungen. Ein Besuch der Station ist ein einmaliges Erlebnis für alle, die sich für die Artenvielfalt unserer Fauna und Flora interessieren und mehr darüber wissen möchten. Spenden zur Unterstützung dieser Stiftung bedeuten einen wesentlichen Beitrag zur Erhaltung unserer Biodiversität.

Die Stationsleiterin Frau Dr. med. vet. Ulrike Eulenberger und ein Stationsmitarbeiter zeigen mir die erfolgreiche Behandlung eines am Flügel erheblich verletzt gewesenen Rotmilans. Der Vogel kann erfreulicherweise in den nächsten Tagen im Besitz seiner vollen Kraft und Beweglichkeit ausgewildert werden.

Hier wird mir das für die Auswilderung bereite Igel-Männchen übergeben. Beide strahlen!

JULI

16. Juli

Die Meistersängerin

Die Feldlerche besticht vor allem durch ihren Gesang, welcher im steigenden Singflug mit trillernden und jodelnden Elementen vorgetragen wird. Dabei können die Gesangsstrophen mehrere Minuten dauern, ohne dass man dazwischen ein Atmen des Vogels feststellen kann. Wahrlich eine gesangliche Meisterleistung!

Die Feldlerche ist in der Schweiz auf Grund der intensiven landwirtschaftlichen Nutzung stark bedroht. Als Bodenbrüter ist der Vogel auf extensiv bewirtschaftete Flächen angewiesen.

Letztmals beobachtete ich eine aufsteigende, singende und herabstürzende Feldlerche bei einem Besuch auf den Feldern von Landwirt und Nationalrat Andreas Aebi in Alchenstorf. Res ist ein begeisterter Ornithologe und war 2021 als Nationalratspräsident der höchste Schweizer Politiker.

Auf Grund seines Amtes und meines damaligen Besuches hat mich die Wahl der Feldlerche zum Schweizer Vogel des Jahres 2022 besonders gefreut. Um den in den letzten Jahren in der Schweiz stark rückläufigen Beständen entgegenwirken zu können, wurden durch Naturschutzorganisationen mehrere Förderungsprojekte in die Wege geleitet.

Feldlerche singend am Himmel und beobachtend auf dem Feld.

JULI

17. Juli — Blickfänge im Garten

Auch einheimische, geschützte Blumenarten haben durchaus etwas Exotisches in ihrem prachtvollen Aussehen.

Türkenbundlilie.

Feuerlilie.

JULI

18. Juli — Ein erfolgreiches Projekt

In unserem Sprachgebrauch wird der Begriff Wendehals etwa für Menschen verwendet, die sich zu ihrem Vorteil bedenkenlos und überraschend eine andere Meinung zulegen. Nicht gerade eine schmeichelhafte Eigenschaft und Bezeichnung. Wohl in Anlehnung an den Vogel, der seinen Kopf auffällig in alle Richtungen drehen kann.

2007 wurde der Wendehals wegen seiner Gefährdung in der Schweiz zum Vogel des Jahres gekürt. Sein Rückgang ist auf landschaftliche Veränderungen zurückzuführen. Damit ist etwa das Ausräumen der Landschaft gemeint, was zum Verlust geeigneter Habitate wie Trockenrasen und Ruderalflächen führt. Dies bewog Hans Rudolf Pauli, einen Biologen aus Twann, zusammen mit Kollegen und Winzern in den Rebbergen über dem Bielersee ein Projekt zur Ansiedelung des Wendehalses aufzubauen. Mit Erfolg!

Der Wendehals verfügt über ein ausgezeichnetes Tarngefieder und ist an Baumstämmen kaum zu entdecken. Er gehört zu den Spechtarten, baut aber keine Höhlen. Er benutzt alte Baumhöhlen oder Nistkästen zur Brut. Seine Ernährung besteht hauptsächlich aus Ameisen und Ameisenpuppen. Bei Bedrohungen kann er schlangenähnliche Bewegungen simulieren. Er überwintert in Afrika, zur Hautsache in der Sahelzone. Bei uns ist der Wendehals ein regelmässiger, spärlicher Brutvogel und Durchzügler.

Auf meine Anfrage erhielt ich von Hansruedi die Einladung, mir die Entwicklung des Projekts vor Ort anzusehen. Versteckt in den Reben und ohne zu stören, konnte ich einen besetzten Nistkasten aus der Nähe beobachten und war beeindruckt, wie die Nestlinge durch beide Elternteile fleissig mit Ameisen und Ameisenpuppen versorgt wurden.

Wendehals vor dem Brutkasten und mit Ameisenpuppen im Schnabel.

JULI

19. Juli

Kiesgruben als Ersatz für fehlende steile Fluss- und Seeuferwände

In Zusammenarbeit mit verschiedenen Naturschutz-Organisationen und zum Teil gar eigens dafür ausgebildetem Personal schaffen Kies- und Steinbruchbetreiber schweizweit neue Lebensräume für bedrängte Tierarten. Dies als Kompensation für den im Baubereich benötigten Kiesabbau und den damit oft beanstandeten Gelände- und Landschaftsveränderungen. Gleichzeitig leisten sie aber auch einen bedeutenden Beitrag zur Erhaltung der Artenvielfalt einheimischer, zum Teil selten gewordener Tierarten.

Gerne zeige ich dies hier stellvertretend für andere Projekte am Beispiel der Uferschwalbenkolonien der Firma Hofstetter in Mattstetten und Hindelbank. Aus dem Winterquartier in Afrika zurückkommend, bauen hier schätzungsweise gegen hundert Paare Uferschwalben ihre Brutröhren in die Sandlinsen der senkrecht abgebauten Kieswände. In Hindelbank wurde mit speziell dafür geeignetem Sand zusätzlich ein Hügel angelegt, welcher jährlich neu abgetragen und hinten wieder aufgeschüttet wird, damit die Vögel wieder neue Röhren bauen können.

Gleichzeitig wird in diesen Produktionsanlagen im Sinne der Wirtschaft erfolgreich gearbeitet. Das eine tun und das andere nicht lassen ist zur Erhaltung unserer Lebensqualität und Biodiversität aus meiner Sicht unabdingbar.

Uferschwalben vor den von ihnen gebauten Brutröhren.

Brutröhren in natürlichen Sandlinsen.

Brutröhren in künstlich angelegtem Sandhügel.

JULI

20. Juli **Hochwasser**

Für Hochwasser gibt es nie einen günstigen Zeitpunkt. Für die Jungfische im Thunersee kam es aber im Sommer 2021 im dümmsten Moment. Zu Hunderttausenden wurden sie vom flachen Wasser in die dem Seeufer naheliegenden Wiesen und Wälder gespült. Teilweise sah es dort aus wie in einer mit Tümpeln versetzten Moorlandschaft. Die meisten Fische waren winzig und erst wenige Wochen alt. Als der Pegel wieder unter die Hochwassermarke gefallen war, waren die Jungfische in diesen bald wieder trockenen Tümpeln verloren. Unter der Leitung des Fischereiinspektorats versuchten geübte Fischereiaufseher unter Einsatz von bewährten Methoden möglichst viele der zehn bis fünfzehn Zentimeter grossen Fische einzusammeln und in den See zurückzubringen. In einem Interview mit dem Thuner Tagblatt erklärt Beat Rieder, Kreisleiter Oberland West des Fischereiinspektorats, welche Arten von Jungfischen sie in den See zurückgebracht hätten, und zeigt in einen seiner Kessel: Alet, Egli, Gründling, Laube, Rotauge, Rotfeder und weitere Fischarten erkennt er darin. Sogar einen Hecht haben sie gefangen. Anschliessend weist er darauf hin, dass sich der Schaden an der Fischfauna in Grenzen halten werde und die Fischbestände im Thunersee die Ausfälle problemlos verkraften würden. Eben genau wegen solchen möglichen Situationen, die in der Natur vorkommen können, sei die Fischbrut enorm zahlreich. Für mich ist dieses Interview hinsichtlich der Biodiversität eine Erfolgsmeldung und das mitten in einer für die in see- und flussnahen Quartieren lebenden Menschen äusserst schwierigen und bedrohlichen Zeit. Diese möglichst zu schützen und nötigenfalls zu unterstützen, hatte selbstverständlich die oberste Priorität. Dass dabei aber rasch auch den in Not geratenen Fischen geholfen wurde und sich der Fischbestand im Thunersee dabei immer noch als artenreich zeigt, scheint mir an dieser Stelle lobenswert.

Hochwasser in Thun an der Scherzligschleuse und im Bonstettenpark und verschiedene Jungfischarten in einem grösseren Tümpel.

JULI

21. Juli

Fast überall zu Hause

Der Hausrotschwanz ist ein typischer Kulturfolger. Als ursprünglicher Felsenbrüter ist er heute bis in die Städte hinein anzutreffen. Bei seiner Anspruchslosigkeit und Vielfalt an Lebensräumen kommt seinem Fortbestand die Zunahme der Siedlungsfläche gar entgegen. So ist es nicht erstaunlich, dass er Heute einer der häufigsten um die Häuser ziehenden Vögel ist. Als Sitzwarte und zum Singen benutzt er gerne den Giebel von Hausdächern. Mich erstaunt es immer wieder, wenn ich den Hausrotschwanz bei einer Bergwanderung auch auf über 2000 Meter Höhe antreffe. In diesen Höhenlagen hat er offensichtlich nichts von seiner Ursprünglichkeit eingebüsst. Ganz im Gegensatz zu seinen Artgenossen in den Städten. Diese singen nämlich auf Grund der permanenten Beleuchtung am Morgen deutlich früher als die in ländlichen Gebieten lebenden Hausrotschwänze.

Bei einem Rundgang durch die engen Gässchen von Twann am Bielersee stiess ich mitten in den alten, erhaltenswerten Häusern auf eine erfolgreiche Vogelbrut. Für sie keine Überraschung, wenn ich schreibe, dass es sich dabei um eine Hausrotschwanzfamilie handelte.

Hausrotschwanz-Männchen.

Hausrotschwanz-Weibchen beim Füttern der Nestlinge.

Hausrotschwanz-Weibchen.

JULI

22. Juli — **Flug- und Jagdunterricht**

Ein schöner Spätsommertag. Ich sitze leicht versteckt neben einem grossen Stein mitten in einer Alpweide mit Blick zum nahen Waldrand. Dass ich gerade hier Platz genommen habe, hat einen Grund.

In den Fichten des Waldrandes sitzen drei Turmfalken. Ein Altvogel und zwei Jungvögel. Abwechslungsweise rütteln sie über der offenen Weide, um nach Beute zu jagen. Mit rütteln bezeichnet man das Flugverhalten der Vögel, wenn diese in der Luft auf der Stelle stehen bleiben, um dann die erspähte, unter ihnen liegende Beute im Sturzflug mit den Krallen zu ergreifen. Hier sind es grosse Insekten, mehrheitlich Grüne Heupferde. Turmfalken jagen auf diese Art deutlich öfter als von einem Ansitz aus. Bei meiner Beobachtung fliegen vor allem die Jungvögel. Ich glaube auch, dass diese unter der Aufsicht des Altvogels am Üben sind. Jedenfalls ist nicht jeder Rüttelflug erfolgreich. Und wenn ausnahmsweise der Altvogel in der Luft ist, warten die Jungvögel zuschauend in den Ästen.

Unbemerkt kann ich gut eine halbe Stunde dieses Treiben beobachten, ehe die Vögel im Wald verschwinden. So schön und von so nahe konnte ich das Jagdverhalten der Turmfalken noch nie beobachten. Ich beobachtete schon Turmfalken mit erbeuteten Mäusen und Eidechsen in den Fängen. Diesmal waren es deutlich kleinere Beutetiere. Ob das auf die Unerfahrenheit der Jungvögel zurückzuführen war oder ob die Turmfalken generell viele Insekten fangen, bleibt mir auf Grund dieser faszinierenden Beobachtung ungeklärt.

Junge Turmfalken üben das Jagen im Rüttelflug.

JULI

23. Juli — Das Beweis- und Belegbild

Cristina und Roger sind zwei gute Bekannte von uns. Beide haben eine «Tschütteler»-Vergangenheit. Beruflich haben sie auch eine recht steile Karriere hinter und noch vor sich. Ich lernte Cristina als Eventverantwortliche an einem meiner Vorträge kennen. Weil ihr Partner Roger auch sehr naturverbunden ist, besuchten sie uns schon im Eriz in unserem Garten. Beide sind reise- und abenteuerlustig und dabei meistens mit dem eigens von Roger umgebauten Camper unterwegs. Schwindlig wird es ihnen dabei nicht so schnell. Immerhin ist Cristina schon erfolgreich die Eigernordwand hochgestiegen und Roger hat einmal mit dem FC Concordia gegen den FC Solothurn ein Tor geschossen. Bilder und Berichte bestätigen und belegen das.

Sie erzählen mir dann auch immer, welche seltenen Pflanzen und Tiere sie bei ihren Trips in teilweise verlassenen Gegenden schon gesehen hätten. «Jägerlatein» pflege ich dabei gelegentlich zu sagen, weil ich weiss, wie schwierig solche Beobachtungen sein können. Zumindest müssten sie mir auch hier ein Beweisfoto vorlegen können, damit das Erzählte für mich glaubhaft sei.

Wie lernfähig Cristina und Roger dabei sind, zeigt die kürzlich im Eriz als Postkarte gestaltete und verschickte Beweisaufnahme von beim Klettern angetroffenen Gänsegeiern!

Gänsegeier sind auf ihrem Zug regelmässig auch bei uns zu sehen. Eine Brut wurde allerdings noch nie beobachtet. Durch Cristina und Roger und vor allem dank ihrem Beweisfoto sind sie jetzt immerhin im Buch angekommen.

Als Postkarte gestaltete Beweisaufnahme mit zwei Gänsegeiern.

Liebe(r) Thilde, Hanspeter und Thomas,
heute bekamen wir während dem Klettern im Cevennen Nationalpark Besuch von wunderschönen Gänsegeiern. Weil wir von Hanspeter gelernt haben, dass nur ein Foto als Beweis zählt, stellten wir die Sicherheit an zweite Stelle. Kamera raus und sofort abdrücken! ;-) Wir schicken euch ganz liebe Grüsse ins Eriz.

Cristina & „Stächschufflä" Roger

JULI

24. Juli

Im Austausch

Werner und Brigitte wohnen im Thurgau. Gute zweieinhalb Autostunden vom Eriz entfernt. Sie haben meine Bücher gelesen und möchten mir gerne ihren grossen, naturnahen Garten zeigen. Die beigelegten Fotos machten mich so richtig «gluschtig», mir diesen Garten aus der Nähe anzusehen. Ein Freund von mir bot sich an, mich zu chauffieren. Ich fahre nicht mehr allzu gerne so lange Strecken und wir wollten abends wieder zurück sein. Besuch und Austausch haben sich gelohnt. Werner und Brigitte haben hier mit viel Leidenschaft, Beharrlichkeit und Geduld bezüglich der Biodiversität ein kleines Paradies realisiert. Ein kleines, langsam fliessendes natürliches Bächlein und drei grössere Biotope sind bestückt mit vielen im und am Wasser wachsenden Pflanzen und allerlei Lebewesen. Auf den verschiedenen Böden wachsen unterschiedlichste Pflanzen. Auch seltene. Aber alles einheimische Arten und ein Eldorado für vielerlei Insekten. Ich verabschiedete mich dankend für die Gastfreundschaft und die Fotos, die ich machen durfte. Hier ein kleiner Einblick.

Fingerhut, Natternkopf, Stendelwurz, Teichrose.

Gartenteilansicht.

JULI

25. Juli **Wildbienen**

Unter «naturschutz.ch» wird darauf hingewiesen, dass es in den Alpen gegen 700 Wildbienenarten gibt und nur eine davon produziert Honig, unsere Honigbiene. Folglich denken viele Menschen beim bekannt gewordenen Bienensterben nur an die Honigbienen. Es ist aber so, dass eine Vielzahl von Wildbienen bedroht oder am Verschwinden sind.

Wildbienen haben wichtige Bestäuber-Funktionen und ihr Fehlen könnte für uns in vielerlei Hinsicht verheerende Folgen haben. Denken wir nur an den enormen Beitrag zur Bestäubung der Pflanzen auf Wiesen und Feldern, in unseren Gärten und Wäldern. Diese Funktion der Wildbienen überwiegt den Nutzen der Honig-Produktion der Honigbienen bei weitem. Stellvertretend für viele andere, zeige ich hier zwei Wildbienenarten aus unserem Garten.

Die Grosse Holzbiene als die grösste unserer einheimischen Wildbienen an einer Fliederblüte und eine Blattschneider-Biene mit einem Blattabschnitt unterwegs zum Tapezieren ihres Baus.

Grosse Holzbiene.   *Blattschneider-Biene.*

JULI

26. Juli

Zwei Raritäten

Meine Eisvögel sind keine Vögel, sondern drei sehr schöne, in der Schweiz vorkommende Schmetterlinge.

Der Kleine Eisvogel bevorzugt Habitate mit Waldrändern und Waldlichtungen, Hecken und Buschwerk mit der Roten Heckenkirsche (Eiablage) in der Nähe von Wasserläufen. Gelegentlich saugt er auch an Blüten. Bei uns ist die Art recht häufig zu sehen.

Der Grosse Eisvogel ist landesweit verbreitet, jedoch nur vereinzelt und sehr selten vorkommend. Der grosse Falter besiedelt sonnenwarme, bewaldete, nicht zu trockene Regionen, wo Zitterpappeln und Schwarzpappeln (Nährpflanzen der Raupen) gut vertreten sind.

Der Blauschwarze Eisvogel kommt noch vereinzelt und sehr selten in den Kantonen Wallis und Graubünden vor. Der Falter lebt an temperaturbegünstigten, sonnigen Waldrändern und Lichtungen. Auch felsige, grasbewachsene Flächen mit Strauchwuchs werden bevorzugt. Wie beim Kleinen Eisvogel ist der Falter auf verschiedene Heckenkirschenarten (Raupenfutterpflanzen) angewiesen.

Der Grosse und der Blauschwarze Eisvogel gelten auf der Roten Liste der Tagfalter der Schweiz als stark gefährdet. Selbst erfahrene Entomologen bezeichnen es als grosses Glück, wenn sie auf einen der beiden Schmetterlinge stossen. Mir sind die beiden Arten jedenfalls noch nie begegnet.

Hans Peter Wymann und Bernhard Jost, zwei mit mir befreundete Schmetterlingsexperten, hatten diesen grossen Moment und stellen mir die Fotos zur Verfügung, sodass ich neben dem Kleinen Eisvogel auch die zwei Raritäten zeigen kann.

Kleiner Eisvogel.   *Grosser Eisvogel.*   *Blauschwarzer Eisvogel.*

JULI

Dem Silberscheckenfalter reichten wenige Sonnenstrahlen, um sich zu zeigen.

27. Juni

Regen und Gewitter

Der Sommer 2021 verdient bisher seinen Namen nicht. Seit 40 Jahren hat es nie so viel geregnet wie jetzt. Und noch ist kein Ende abzusehen. Beim Bieler-, Thuner- und Vierwaldstättersee wurde bezüglich der Hochwassersituation die höchste Alarm- und Gefahrenstufe ausgerufen. Verschiedene Seen sind längst über die Ufer getreten. Hangrutsche und Murgänge sind weitere, unberechenbare Gefahrenherde. Nebst den Gebäudeschäden sind vor allem der Gemüseanbau und die Landwirtschaft stark betroffen. Sicherheitskräfte und die Feuerwehren stehen im ständigen Einsatz und leisten Enormes. Noch stärker betroffen ist unser Nachbarland Deutschland. Nebst dem riesigen Schadenausmass gibt es auf Grund der letzten Unwetter bereits über hundert Todesopfer zu verzeichnen.

Experten versuchen die Zusammenhänge zwischen den immer häufigeren und stärkeren Unwetter mit der Klimaveränderung zu erklären. Die EU beschloss soeben, bis ins Jahr 2030 den Ausstoss von klimaschädlichen Gasen gegenüber dem Jahr 1990 um 55 Prozent zu reduzieren. «Fit for 55» heisst das Massnahmenpaket. Die Schweiz tut sich weiterhin schwer, die Klimaziele zu erreichen.

Auch bei meinen Beobachtungen von Flora und Fauna hatten die ausserordentlichen Niederschläge einen starken Einfluss. Ich merke es am auffälligsten bei den Schmetterlingen. Kommt für einen kurzen Moment die Sonne zum Vorschein, sind sie da. Anzahl- und artenmässig eher wenige, aber zur Aufheiterung der allgemeinen Gemütslage gerade genug. Wenn ich dabei in unserer Wildblumenwiese einen Silberscheckenfalter entdecke, könnte ich jauchzen vor Freude. Dabei ist der auch als Baldrian-Scheckenfalter bezeichnete Schmetterling häufig und ich habe ihn auch schon öfters fotografiert. Aber bei diesen wetterbedingten Umständen war seine Beobachtung ein regelrechtes Highlight.

JULI

28. Juli **Farbenprächtig**

Menschen werden sehr gerne auf Grund ihres Äusseren beurteilt. Natürlich spricht man überall von der Wichtigkeit der inneren Werte. Bei flüchtigen Begegnungen ist es aber sehr oft von Bedeutung, ob man gefällt oder nicht. Auch die Pflanzen- und Tierwelt unserer Natur betrachten wir gerne auf diese Weise. Blumen mit farbenprächtigen Blüten, bunte Schmetterlinge und Vögel mit einem auffallend farbigen Gefieder erwecken unsere Aufmerksamkeit mehr als schlicht gefärbte. Bekannte Vögel mit starken Farben sind bei uns etwa der Stieglitz, der Eisvogel, der Buntspecht, der Pirol, der Dompfaff, die Blaumeise, das Rotkehlchen, der Mauerläufer und noch wenige andere.

Einer dieser anderen, in der Schweiz brütenden Vögel ist der Bienenfresser. Für mich ist er der farbigste. Seit 30 Jahren brütet der vorwiegend in Afrika beheimatete, Insekten fressende Zugvogel wieder in der Schweiz. Am besten kann diese Rarität, die Vogelwarte Sempach spricht von einem schweizweiten Bestand von fünfzig bis siebzig Paaren, im Leukerfeld im Wallis beobachtet werden. In einem zum regionalen Naturpark Pfin-Finges gehörenden Gebiet wurden alte Ausläufer der Rhone renaturiert und die sandigen Ufer entbuscht, sodass die Bienenfresser dort ihre Brutröhren bauen können. Ein gelungenes Projekt zur Erhaltung unserer Biodiversität.

Auf dem kleineren Bild sind am oberen Bildrand die Brutröhren zu erkennen.

Bienenfresser auf Sitzwarte mit Insekt im Schnabel. Bienenfresser brauchen für sich und ihre Bruten möglichst viele, am liebsten grössere Insekten. Für die Bienenzüchter stellen sie jedenfalls keine Gefahr dar.

JULI

Schwalbenschwanz saugt auf Rotklee.

29. Juli

Der Schmetterling

Ohne die riesige Zahl von Nachtfaltern, von ihnen gibt es wesentlich mehr als Tagfalter, mitzuzählen, sind in der Schweiz etwa 230 Schmetterlingsarten bekannt. Ich meine, etwa 70 davon in der freien Natur erkennen zu können. Die allermeisten meiner Bekannten kennen vielleicht ein halbes Dutzend. Immer dazu gehört der grosse und wunderschöne Schwalbenschwanz. Bezüglich seiner Habitate ist er nicht sehr wählerisch und deshalb recht häufig. So kann er im Garten, auf dem Balkon, aber auch auf über 2000 Meter Höhe vorkommen. Eine Bekannte von mir schickte mir ein Foto auf mein Mobiltelefon und schrieb, diesen wunderbaren Fuchsschwanz hätte sie in den Geranien vor dem Fenster fotografiert. Auf dem Bild war dann fast erwartungsgemäss ein Schwalbenschwanz zu sehen.

Dieser eindrucksvolle Schmetterling ist bei den Leuten sehr beliebt und sein Bild wird bei allerlei Sujets verwendet. Seine Anwesenheit oder auch nur Bilder von ihm bereiten Freude und für viele ist er der Schmetterling schlechthin. Wo beispielsweise andere als Glücks- und Friedensbringer weisse Tauben fliegen lassen, lässt Marc de Roche, besser bekannt unter dem Namen Papa Papillon, auf Bestellung Schmetterlinge fliegen. Selbst gezüchtete Schwalbenschwänze sollen etwa bei Hochzeiten dem Brautpaar Glück bringen. Das Freisetzen der Falter und diese gegen den Himmel fliegen zu sehen ist für die Anwesenden immer ein Highlight und erinnert an die Schönheit und Wunder unserer Natur, welche es zu bewahren gilt.

JULI

30. Juli

Namensgeber

Schachbrett, Waldbrettspiel, Landkärtchen. Was versteht der Laie darunter? Schwierig, möglicherweise handelt es sich um Spielutensilien. Ein Naturinteressierter hat den einen oder andern dieser Ausdrücke schon im Zusammenhang mit Namen von Schmetterlingen gehört oder kennt die Falter sogar.

Ein Entomologe sagt sofort, dass dies die deutschen Namen von Melanargia galathea, Pararge aegeria, Araschnia levana sind. Alles Schmetterlinge, die bei uns eher häufig sind und auf Grund ihrer Zeichnung deutsche Namen erhalten haben.

Ich verzichte bewusst auf lateinische, wissenschaftlich richtige und wichtige, für den Laien aber nicht geläufige Namen und Ausdrücke. Abgesehen davon, wäre ich derer gar nicht mächtig. Denn ich habe dieses Buch nicht für Biologen, Entomologen und Ornithologen, sondern für Leser mit einem mir ähnlichen Wissensstand und ähnlicher Freude an der Natur geschrieben. Vor den naturwissenschaftlichen Experten habe ich allerdings grossen Respekt und staune immer wieder über deren Wissen und bin dankbar, ab und zu für meine Beobachtungen ihre Hilfe und Unterstützung in Anspruch nehmen zu dürfen.

Wenn Sie die Zeichnung und Muster auf den Flügeln der abgebildeten Falter genau betrachten, werden Sie deren deutscher Namen verstehen und bei einer Begegnung erkennen können.

Schachbrett.

Waldbrettspiel.

Landkärtchen.

JULI

31. Juli

Das wäre zu schön gewesen

In Steffisburg wurde im Frühjahr in einem Rebberg eines Biobauers während einigen Tagen ein Wendehals beobachtet. Zeitweise sollen es gar zwei gewesen sein. Schleunigst wurden daraufhin vom Natur- und Vogelschutzverein drei entsprechende Nistkästen installiert. Jetzt, einige Wochen später, wo die Zeit für die Beobachtung von Wendehalsbruten günstig wäre, habe ich mir die Brutkästen im besagten Rebberg angeschaut. Zuerst, um nicht zu stören, aus einer grösseren Distanz. Weil sich aber um die Kästen nichts bewegt und im Rebberg kein Wendehals oder anderer hier möglicherweise brütender Vogel zu sehen ist, gehe ich nahe an einen Kasten. Zu meiner Überraschung sehe ich gerade noch, wie sich etwas in den Kasten zurückzieht. Sind da etwa doch junge Vögel im Kasten? Rasch gehe ich wieder auf Distanz und sehe dann von blossem Auge, leider hatte ich den Feldstecher nicht dabei, wie immer wieder etwas aus dem Einflugloch herausschaut. Also doch junge Vögel. In dieser Grösse müssten diese fleissig gefüttert werden. Also beschliesse ich, den Kasten aus Distanz weiter zu beobachten. Als nach 30 Minuten immer noch kein Vogel in die Nähe des Kastens kommt, schleiche ich mich so nahe heran, dass ich erkennen kann, was da immer aus dem Einflugloch schaut. Eine Eidechse! Dazu noch eine eingeschleppte Art aus Mittelitalien, welche die einheimische Zauneidechse verdrängt. Junge Wendehälse durfte ich sicher nicht erwarten. Das wäre zu schön gewesen. Zumindest aber eine andere Vogelart. Und schon gar nicht erwartete ich eine Eidechse. Auf Grund dieser Beobachtung werde ich die Verantwortlichen vom Natur- und Vogelschutz darauf aufmerksam machen, dass sie die Brutkästen besser an einer runden Metallstange befestigen sollten, um kletternde Eindringlinge fernzuhalten. Nur dann können sie in den nächsten Jahren hier zuversichtlich einer Wendehalsbrut entgegensehen.

Nistkasten für Wendehälse in den Reben.

Eine Eidechse schaut keck aus dem Kasten.

JULI

Frage Juli

7. Welcher der beiden Schmetterlinge heisst Schachbrett?

☐ Bild A

☐ Bild B

---

8. Was nennt man Waldbrettspiel?

☐ Ein Würfelspiel für Kinder

☐ Einen Schmetterling

August

AUGUST

1. August

Alperose chöme mir i Sinn…

Polo Hofers Kultsong hat es in sich. Sein Refrain «Alperose chöme mir i Sinn…» liess ihn im Text in den schönsten Erinnerungen schwelgen. Mir geht es ähnlich. Allerdings in einer völlig anderen Beziehung.

Immer wenn ich in den Bergen Alpenrosen sehe, erinnere ich mich an meine längst verstorbene Mutter. Die Alpenrose war ihre Lieblingsblume. Jedenfalls konnte ich ihr jeden Sommer eine grosse Freude machen, wenn ich mit ihr in die Berge fuhr und sie Alpenrosen sehen konnte. Und als später ihr Gesundheitszustand eine Fahrt in die Berge nicht mehr zuliess, konnte ich ihr mit nur einem Zweig Alpenrosen in einer kleinen Vase eine riesige Freude bereiten. Immer hatte ich dabei das Gefühl, es gehe ihr in solchen Momenten deutlich besser. Wenn ich sie mehrere Tage danach anrief, um zu fragen, wie es ihr gehe, sagte sie als erstes: «Die Alpenrose blüht dann noch.» Alpenrosen sind nicht generell unter Naturschutz. In einzelnen Regionen ist jedoch das Pflücken oder Abschneiden verboten. Ich brauche jetzt auch keinen Zweig mehr. Wenn ich die Alpenrosen in den Bergen sehe, tut es mir jedoch immer gut. Ich erinnere mich dann an das zufriedene Gesicht meiner Mutter.

Wieso gerade die Alpenrose Mutters Lieblingsblume war, habe ich nie erfahren. Es wird wohl für immer ihr Geheimnis bleiben. Kein Geheimnis ist aber, dass es bei uns zwei Arten von Alpenrosen gibt, die sich im Aussehen sehr ähnlich sind. Botanikus beschreibt die Unterscheidung vereinfacht wie folgt:

Die Rostblättrige Alpenrose hat eine rostbraune, haarlose Blattunterseite und wächst auf saurem Boden von Alpweiden. Die Bewimperte Alpenrose hingegen hat eine hellgrüne Blattunterseite mit nur vereinzelten braunen Tupfen und liebt kalkhaltigen Boden und wächst bevorzugt auf Felsschutt und ist auch unter dem Namen Steinrose bekannt.

Bewimperte Alpenrose, mit saugender Gammaeule, in der Steinigen Schöritz.

AUGUST

2. August

Selten so zu beobachten

An warmen Sommerabenden, wenn sich die Männchen der Blaugrünen Mosaikjungfern bereits vom Biotop zurückgezogen haben, kommen die Weibchen an den Biotoprand, um ihre Eier abzulegen. In der Regel geschieht das einzeln. Gelegentlich kommt es vor, dass zwei Weibchen nahe beieinander am gleichen Substrat ihre Eier ablegen.

Dass sich hingegen vier Weibchen gleichzeitig bei der Eiablage treffen, konnte ich bisher nur einmal beobachten. Diese Aufnahme dürfte auch für erfahrene Libellenkundler ein Highlight darstellen.

Am Biotoprand legen gleichzeitig vier Weibchen der Blaugrünen Mosaikjungfer ihre Eier ab.

AUGUST

3. August

Der Grüner Zipfelfalter

Schmetterlinge im Bauch zu haben ist bei uns ein geflügelter und geläufiger Ausdruck, um eine positive Gefühlslage zu beschreiben. Schmetterlinge gefallen auch mir. Dabei sind es nicht in erster Linie die Entwicklungsstadien vom Ei zur Raupe, dann zur Puppe und schliesslich zum Falter, die mich faszinieren. Schmetterlinge, dazu gehören auch die Nachtfalter, beeindrucken mich durch ihre Flugkünste, ihre verschiedenen Farben und Zeichnungen. Ein Tagpfauenauge oder einen Admiral, beide mit starken Farben, auf einer Blüte am Saugen zu sehen, ist an natürlicher Schönheit kaum zu überbieten.

Entomologen flippen beim Anblick solch häufiger Arten allerdings kaum noch aus. Zu oft bekommen sie diese farblich kontrastreichen Bilder auf ihren Exkursionen zu Gesicht. Dagegen können sie sich gelegentlich über einen vom Kontrast her unscheinbaren, dafür aber eher seltenen Falter erfreuen.

Hans-Peter Wymann, ein absoluter Topexperte in Sachen Schmetterlinge und Freund von mir, freute sich jedenfalls riesig über einen von mir beobachteten und fotografierten Zipfelfalter. Was Laien bezüglich des Fotos eher als Grün in Grün bezeichnen würden, vermochte bei Hans-Peter gar ein wenig Schmetterlinge im Bauch auszulösen. Für mich Grund genug, die Beobachtung aus unserem Garten ins Buch aufzunehmen. Passt doch ganz gut, dass der Grüne Zipfelfalter 2020 in Deutschland zum Schmetterling des Jahres erkoren wurde.

Tagpfauenauge.   *Grüner Zipfelfalter auf Föhrenzapfen.*   *Admiral.*

AUGUST

4. August — **Was Vögel als Nahrung brauchen**

Greifvögel, vom Sperlingskauz bis zum Steinadler, sind in erster Linie Fleischfresser und erbeuten in der Regel Kleinwild, Jungwild, Mäuse, Amphibien, Fische, Vögel und auch grössere Insekten. Grundsätzlich erbeuten sie alle Lebewesen, welchen sie von der Kraft her überlegen sind. Auch Aas und Knochen werden verwertet.

Andere Vögel holen ihre Nahrung vorwiegend aus dem Wasser. Eisvogel und Wasseramsel sind zwei Beispiele davon. Daneben gibt es noch die Allesfresser. Wie etwa Elstern und Eichelhäher.

Der weitaus grösste Teil unserer Vögel benötigt für sich und die Aufzucht der Brut Insekten, Sämereien und Beeren. Alle Vögel müssen auch trinken. Folglich brauchen sie auch Wasser. Heute beobachtete ich einen Star, welcher zur Brutfütterung Insekten und Beeren benutzte.

Der Star trägt zur Fütterung seiner Brut einmal ein Heupferd und einmal eine Preiselbeere im Schnabel.

AUGUST

5. August

Ein spezielles Blühverhalten

Die Wegwarte ist eine recht häufig anzutreffende Wildpflanze. Man findet sie an Weg- und Strassenrändern, auf Schuttplätzen und Bahnschotter. Wegen ihren wunderbaren hellblauen Blüten auch in Parks und Gärten. Die Gemeine Wegwarte, im Volksmund mehrheitlich einfach als Wegwarte bezeichnet, ist ein Stickstoff liebendes, auf unterschiedlichen Böden wachsendes Korbblütengewächs.

In unserem naturnahen Garten pflanzte ich vor vielen Jahren zwei Wegwartestöcke, welche gut gediehen. Bei einer Pflanze haben sich später im Wurzelbereich Ameisen eingenistet, sodass diese nach und nach einging. Nur unweit daneben wachsen jetzt zwei neue Pflanzen. Und weiter oben im Garten auf einer ruderalen Fläche eine weitere Wegwarte. Und genau diese, durch nur einen Pflanzenstiel auffallende Pflanze hat meine Aufmerksamkeit besonders geweckt. Vom Sommer bis in den Herbst trägt der Stiel immer eine bis zwei wunderschöne Blüten. Ganz selten gibt es Tage, an welchen der Stiel blütenlos bleibt. Dadurch ist mir aufgefallen, dass jede Blüte eben nur immer einen Tag blüht. Bei den grossen, mehrere Stiele aufweisenden Wegwartestöcken habe ich das nicht bemerkt, weil hier täglich immer wieder viele neue Blüten aufgehen.

Die Fachliteratur hat mir meine Beobachtung bestätigt und ich finde die auch als Heilpflanze geltende Wegwarte mit ihrer täglich zu erneuernden Blütenpracht eine grossartige, auch für die Insekten äusserst wertvolle einheimische Wildpflanze.

Wegwarte mit zwei Blüten.

Täglich ein bis zwei neue Blüten für einen Tag.

AUGUST

6. August

Da zeigt Thilde viel Verständnis

In unserem naturnahen Garten gibt es viele verschiedene beerentragende Gehölze und Stauden. Ganz besonders lieben wir die Heidelbeeren. Sie wachsen in unserem Garten an mehreren Stellen. Ein Naturejoghurt mit zerquetschten Heidelbeeren ist etwas Herrliches und Natürliches. Meine Frau Thilde kauft die Beeren auf dem Markt. Unsere sind nämlich für die Vögel bestimmt. Wir haben gemeinsam beschlossen, im Garten für uns nichts zu ernten und alles den Tieren zu überlassen. Nicht zuletzt auf Grund dieser Tatsache ist die Artenvielfalt unserer Gartengäste, insbesondere der Vögel, sicher überdurchschnittlich gross. Für mich ergeben sich dabei viele Beobachtungsmöglichkeiten, welche ich fotografisch festhalten kann.

Natürlich ist es für Thilde nicht immer einfach, meine Einstellung zu verstehen. An den Bildern und Gartenerlebnissen freut sie sich aber genauso wie ich und ich schätze ihr Verständnis sehr. Umgekehrt zucke ich auch nicht mit der Wimper, wenn ich von auswärts nach Hause komme und den Eindruck bekomme, die Vögel seien in meiner Abwesenheit besonders hungrig gewesen. Alles klärt sich dann, wenn ich im Keller zwei Gläser mit frischer Konfitüre entdecke. Halb so schlimm! Ich mag ihre Konfitüre sehr. Selbst wenn die Beeren ausnahmsweise aus unserem Garten sind. Das eine tun und das andere nicht lassen, das habe ich schliesslich schon vielen Gartenbesitzern empfohlen.

Amsel und Mönchsgrasmücke erfreuen sich an den Heidelbeeren.

AUGUST

7. August

Das Chrinde-Mandli und der Regenbogen

Mein hauptsächlichstes Beobachtungsgebiet ist das Eriz und das Naturschutzgebiet Hohgant-Seefeld. Das Eriz wurde im Jahr 2020 beachtliche 700 Jahre alt. Das wollte man mit einem Buch würdigen und einem grossen Fest feiern. Wegen der Corona-Pandemie musste das Fest um zwei Jahre verschoben werden. Damit der Schwung und die Begeisterung für das Fest nicht verloren gehen und das Buch ja fertig war, beschloss das Organisationskomitee, die Buchvernissage im Jahr 2021, also genau am 7. August, durchzuführen.

Ich durfte die Vernissage moderieren. Die grosse Aula im Oberstufenzentrum Unterlangenegg war prächtig hergerichtet und mit 250 Personen bis auf den letzten Stuhl gefüllt. Ein Zeichen der Bevölkerung, dass sie sehr gespannt auf das vom ehemaligen, langjährigen Erizer Gemeindeschreiber Christian Aeschlimann geschriebene und gestaltete Buch mit der Geschichte des Eriz wartete. Und sie wurden nicht enttäuscht. Ein grossartiges Buch. Darüber hörte man keine zwei Meinungen. Die Laudatio hielt Regierungsrat Christoph Neuhaus. Für die Musik war das Schwyzerörgeliquartett Familie Bühlmann besorgt. Das OK leistete unter der Führung des Gemeindepräsidenten Daniel Kropf ganze Arbeit. Dank dem feinen Tischapéro ging auch niemand hungrig nach Hause. Ein schöner und dem Buch würdiger Tag ist somit auch Geschichte.

Als ich ins Innereriz zurück fuhr, war über dem Eriztal ein wunderschöner Regenbogen zu sehen. Kann Zufall sein. Kann aber auch sein, dass der älteste Erizer, das Chrinde-Mandli, mit diesem Zeichen seine Zufriedenheit ausdrücken wollte. Wenn Sie das Chrinde-Mandli auch kennen lernen möchten, müssen Sie das Buch «700 Jahre Eriz» lesen. Und so ein Regenbogen würde sich doch auch über Ihrer Wohnregion gut machen.

Regenbogen über dem Eriz mit Hohgant und Trogenhorn im Hintergrund.

Der älteste Erizer: das Chrinde-Mandli.

AUGUST

8. August **Zu Besuch in einem Königshaus**

Durch einen Freund erhielt ich die Nachricht, dass bei einem Bauern im Emmental an einem Gartenhaus ein Nest vom Zaunkönig mit Nestlingen zu beobachten sei. Nach einer telefonischen Anfrage bei Anita und Aschi, den Besitzern und Betreibern des Betriebes, erhielt ich die Einladung, mir das «Königshaus» vor Ort anzusehen.

Und tatsächlich. In der Eingangsveranda des Gartenhauses hängt an einem Elektrokabel eine Mooskugel in der Grösse einer Kokosnuss mit einer kleinen Öffnung. Sobald ein Zaunkönig mit dem Schnabel voller Insekten vorsichtig in die Nähe des Nestes fliegt, ragen auch schon drei offene, hungrige Schnäbel aus der kleinen Öffnung.

Etwas versteckt und ohne zu stören kann ich dann mehrere Fütterungen der drei Nestlinge beobachten. Zaunkönige machen ihre Nester in der Regel gut versteckt am Boden, in alten Wurzelstöcken, in Asthaufen oder nur knapp über dem Boden in dicht stehenden jungen, niedrigen Fichten und sind nur schwer zu beobachten.

Für mich ist es eine einmalige Gelegenheit, hier das Treiben in einem «Königshaus» aus nächster Nähe beobachten und fotografieren zu können.

Zaunkönig kommt zur Fütterung. Das Kugelnest ist nur am Elektrokabel befestigt.

AUGUST

9. August

Gelbrandkäfer, ein Räuber im Teich

Einer der grössten unserer Schwimmkäfer lebt von Insekten und deren Larven, von Würmern, Kaulquappen und kleinen Fischen. Weil der Gelbrandkäfer auch Aas nicht verschmäht, gilt er oft auch als Gesundheitspolizist der Gewässer. Er ist auch ein guter Flieger. Um ein neues Gewässer aufzusuchen, kann er, vorwiegend nachts, kilometerweite Strecken zurücklegen.

Die meiste Zeit verbringt der Käfer unter Wasser. Um Luft zu holen, muss er auch immer wieder an die Wasseroberfläche. Dabei streckt er seinen Hinterleib aus dem Wasser und sammelt so einen Luftvorrat unter den Flügeldecken. Nach der Paarung werden die Eier in vorgängig aufgeschlitzte und nach der Ablage wieder verklebte Wasserpflanzenteile gelegt.

Extrem räuberisch sind die Larven des Gelbrandkäfers. Diese ernähren sich praktisch ausschliesslich von Kaulquappen. Bis zur Entwicklung des fertigen Käfers frisst die Larve bis zu 900 Kaulquappen. Gepackt von den kräftigen Fangzangen der Larve und gleichzeitiger Verabreichung einer zersetzenden Flüssigkeit, wird die Beute ausgesogen. Selbst Artgenossen und kleine Fische sollen gemäss verschiedenen Beschreibungen erbeutet und gefressen werden.

Gelbrandkäfer beim Luftholen und Larve mit erbeuteter Kaulquappe.

AUGUST

10. August **Eine Stunde am Biotop**

Am Nachmittag bei sonnigem Wetter beobachte ich gerne im Garten alles, was da fliegt, kriecht oder schwimmt. Zuerst mache ich zügig eine Runde und anschliessend sitze ich fünf bis zehn Minuten an verschiedenen mir vertrauten Beobachtungsorten um den Biotoprand.

Immer in der Hoffnung, etwas Neues zu entdecken, was allerdings nur in seltenen Fällen passiert. Langweilig wird es mir deswegen nie. Zu gross und interessant ist die Artenvielfalt der anzutreffenden Lebewesen. Auch wenn ich diese schon mehrmals fotografiert habe, bin ich immer wieder von ihrer Schönheit oder ihrem Verhalten fasziniert. Hier eine kleine Auswahl.

Kleiner Fuchs, Schlanklibellen, Grasfrosch, Waldeidechsen (von oben links nach unten rechts).

AUGUST

So holte sich nachts der Fuchs die Käserinde vom Ast.

11. August

Nachts im Garten: Der Fuchs

Auf der Tagesseite vom 13.Juni habe ich Ihnen bereits beschrieben und bildlich gezeigt, wie sich im Garten auf einem Ast tags die Kohlmeisen und nachts der Steinmarder über die angesteckten Apfelscheiben hermachen. Gelegentlich, wenn ich keinen Apfel habe, stecke ich an gleicher Stelle ein kleines Stück Käserinde an den Ast. Kleinere Vögel picken gerne daran. Es kommt auch vor, dass Eichelhäher das ganze Stück Käserinde vom Ast holen.

Gelegentlich wird aber die Käserinde auch erst in der Nacht abgeholt. Und da habe ich Erstaunliches beobachtet. Tatsächlich klettert der Fuchs am Stamm hoch und läuft über den doch recht schmalen Ast, um sich das kleine Stück Käserinde zu holen. Der Fuchs ist eben nicht nur schlau, sondern auch sehr geschickt, wenn es ein Hindernis zu bewältigen gilt.

Und ich fühlte mich selber auch etwas als «Fuchs» beim Beobachten und Fotografieren.

AUGUST

12. August

Ein Beobachtungsbild mit Seltenheitswert!

Die heutige Überschrift verrät eigentlich schon recht viel über den Inhalt dieser Geschichte. Es gibt aber auch noch etwas zum Schmunzeln. Wenn Sie das Foto unten betrachten, werden Sie auf den ersten Blick eher an eine Übertreibung denken. Ornithologen werden mir aber beim genauen Hinschauen recht geben.

Als ich heute auf der Alp Drüschhubel mit dem Feldstecher aus grösserer Distanz Neuntöter beobachte, fällt mir auf, dass auf einem Zaunpfosten unmittelbar neben dem im Dornenbusch sitzenden Neuntöter-Männchen ein anderer Vogel Platz genommen hat. Ich denke zuerst an eine Drossel, was nichts Aussergewöhnliches wäre. Beim genaueren Hinsehen erkenne ich aber auf dem Zaunpfosten einen hier seltenen Wendehals.

Jetzt lege ich den Feldstecher schleunigst zur Seite und mache sofort ein Beweisfoto. Grosse Distanz hin oder her. Einen Neuntöter und einen Wendehals auf dem gleichen Bild! Ich glaube, das erlebe ich kaum ein zweites Mal.

Ich lasse mir die abgebildeten Vögel von einem Experten der Vogelwarte Sempach bestätigen. Hans Schmid schreibt mir rasch und kompetent zurück und ergänzt: «Toll! Latour hat wieder einmal mit einer Wurst zwei Hammen heruntergeschlagen.» Spätestens jetzt glauben auch die Nicht-Ornithologen, der Titel sei gerechtfertigt.

Auf dem Zaunpfosten sitzt der Wendehals und am rechten Bildrand im Dornenbusch das Neuntöter-Männchen.

AUGUST

13. August

Eine Trouvaille im Garten

In den letzten Jahren ist um unser grosses Biotop ein Rispen- und Seggensaum gewachsen. Zusammen mit den Wasserpflanzen entziehen diese starken Gräser dem Wasser viele Nährstoffe, sodass uns dieses klar und praktisch algenfrei erfreut. Ganz allgemein sind die Randzonen von bewachsenen Gewässern ideale Strukturen für allerlei Lebewesen und interessante Beobachtungsorte.

Gerne sitze ich abends mit dem Feldstecher beobachtend auf einer Bank und verfolge, was sich im und um das Biotop alles bewegt. Ab und zu fliegt auch ein Vogel in den Gräsergürtel, um sich ein Insekt zu holen. So auch etwa die Zilpzalpe. Für einmal bleibt aber ein Vogel deutlich länger im «Schilf» als üblich. Jedenfalls sah ich ihn gar nicht mehr hinausfliegen. Also suche ich mit dem Feldstecher nach ihm. Bald habe ich den Vogel geortet und postiere mich so, dass ich ihn beobachten kann. Zum Fotografieren ist es gar nicht einfach, weil mir immer wieder Gräser ein wirklich freies Blickfeld auf den Vogel verunmöglichen. Mit der nötigen Geduld und weil der Vogel vor Ort bleibt gelingen mir doch noch zwei Aufnahmen. Weil ich den Vogel nicht identifizieren kann, beanspruche ich die Unterstützung der Vogelwarte Sempach. Hans Schmid, verantwortlich für das Monitoring, erkennt den Vogel sofort als Schilfrohrsänger. Er spricht gar von einer Trouvaille, weil dieser selten zu sehen ist und schon gar nicht auf knapp über tausend Meter Höhe. Der Vogel musste auf dem Zug eine Rast einlegen und unser strukturreicher Garten kam ihm offensichtlich gelegen. Schilfrohrbruten sind in der Schweiz sehr selten und in den letzten Jahren fehlten sichere Nachweise fast gänzlich.

Schilfrohrsänger im Garten im Innereriz.

Teilansicht der sich sammelnden Mehlschwalben auf der Geissegg im Innereriz.

14. August   Sammlung der Mehlschwalben auf der Geissegg

Es ist ein Naturspektakel der besonderen Art, wenn sich Mitte August auf der Geissegg die Mehlschwalben zum gemeinsamen Rückflug in den Süden sammeln. Es kann vorkommen, dass 400 bis 600 Vögel, ich habe sie einmal zu zählen versucht, auf den Telefon- und Stromdrähten sitzen. Es sind viele Jungvögel dabei. Diese werden auf Bäumen sitzend immer noch gefüttert. Im Sommer beobachte ich hier regelmässig brütende Trupps von zwanzig bis vierzig Mehlschwalben und bin dann beeindruckt, wie viele plötzlich da sind, um gemeinsam eine weitere Etappe zu ihrem Winterquartier nach Afrika in Angriff zu nehmen.

Die Schwalben sind dann nur noch wenige Tage hier und werden erst nächstes Jahr im späten Frühjahr zurück sein. Mit verschiedenen Brutförderungsprojekten, zum Beispiel mit Kunstnestern, versucht man bei uns dem rückläufigen Bestand der Mehlschwalben entgegenzuwirken. Es kann aber nur funktionieren, wenn die Schwalben bei uns zur Fütterung der Jungen auch genügend Insekten finden.

AUGUST

Kleiner Kohlweissling im «Scheinwerferlicht».

15. August   Ins rechte Licht gerückt

Beim Fotografieren geht es bei mir darum, das Beobachtete und Erzählte zu dokumentieren. Quasi als Beweis, dass das Geschriebene oder Erzählte auch stimmt. Sehr oft ist hier ein schnelles, entschlossenes Handeln gefragt, weil sich die Situation rasch ändern kann. Ein Schmetterling schliesst die Flügel, ein Vogel fliegt davon, ein Reh rennt weg und eine Maus verschwindet im Boden.

Natürlich wäre es wünschenswert, wenn das Foto als Ganzes anspricht. Wenn kein auffälliger Ast im Weg steht oder kein störender Hintergrund die zu zeigende Thematik in Frage stellt. Ich bin, wenn immer möglich, bemüht, das zu zeigende Objekt ins rechte Licht zu rücken.

Von mir unbemerkt hat dies beim obenstehenden Bild die Natur mit einem bereits etwas verwelkten Blatt selbst inszeniert. Beim Herumstöbern in noch nicht sortierten Fotos erschien mir der sonst eher unscheinbare Kohlweissling plötzlich voll im «Scheinwerferlicht» und schaffte es so auf die vorliegende Seite.

AUGUST

16. August **Wildrosen**

In der Schweiz gibt es gut dreissig Wildrosenarten. Alle haben eine wichtige Bedeutung. Für viele Bestäuber sind sie Nektarspender und für verschiedene Vogelarten sind die «Dornen», wie sie von Alpbewirtschaftern bezeichnet werden, bevorzugte und geschützte Nestmöglichkeiten. Im Winter, wenn das Futter für verschiedene Wildtiere knapp wird, fressen diese gerne von den vitaminreichen Hagebutten. In der Küche sind diese auch als Tee und Konfitüre sehr beliebt. Und nicht zuletzt ist ein blühender Wildrosenstrauch, sei es im Garten oder in der Landschaft, ein Augenschmaus.

In unserem naturnahen Garten erfreue ich mich an vier verschiedenen, solitär oder als Heckenabschluss wachsenden Wildrosenstöcken. Bildlich habe ich hier die wohl häufigste in Gärten und Landschaft wachsende Hundsrose in verschiedenen Jahreszeiten festgehalten.

Hundsrose als Heckenabschluss im Garten in verschiedenen Jahreszeiten.

AUGUST

17. August **Beweidung in den Voralpen**

Als langjähriges Mitglied der Schweizerischen Vereinigung zur Erhaltung und Förderung der reinen Simmentaler Fleckviehrasse (SVS) bin ich gelegentlich erstaunt, was nebst den verschiedenen Schweizer Viehrassen auf unseren Alpweiden gehalten wird. Zum Beispiel afrikanische Zebus, indische Wasserbüffel, südamerikanische Alpakas oder amerikanische Bisons.

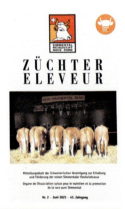

AUGUST

18. August **Ein Eldorado für Weinbergschnecken**

Weinbergschnecken stehen in der Schweiz unter Schutz. Bei Liebhabern der französischen Küche gelten sie in speziellen Pfännchen und mit Kräuterbutter zubereitet als Delikatesse. Die für die Küche gezüchteten Tiere stammen alle aus dafür eingerichteten und bewilligten Weinbergschneckenzuchten.

Unser naturnaher Garten, der an ein lichtes Wäldchen angrenzt, ist für Weinbergschnecken ein wahres Eldorado. Bewusst lasse ich als Nahrung für die Schnecken zum Teil absterbendes oder verwelktes pflanzliches Material liegen. Daneben gibt es Totholz, Steine, Sand und Erde, wo sie sich gut verkriechen oder eingraben können. Der hier regelmässig aufkommende Regen sorgt für die nötige Feuchtigkeit.

Weinbergschnecken sind in der Regel standorttreu und können mehrere Jahre alt werden. In der Literatur wird ihre Geschwindigkeit mit etwa sieben Zentimetern pro Minute angegeben. Ihnen beim Kriechen, Klettern, Fressen, Trinken, Paaren und Eingraben zuzuschauen kann spannender sein, als man sich das Schneckenleben im Allgemeinen vorstellt.

AUGUST

19. August   **Chäppus Telefon**

Chäppu kenne ich vom FC Thun. Er unterstützt den Verein seit Jahren. Er ist auch ein Naturfreund und kennt mein Interesse an der Biodiversität. Er hat mir schon mehrmals gute Tipps gegeben, wenn im Thuner Westamt etwas Interessantes zu sehen ist. So auch diesmal, als in meiner Hosentasche das Handy vibriert. In Uebeschi habe er heute schon dreimal auf einer dürren Fichte einen Wiedehopf gesehen, meldet er. Eine Dreiviertelstunde später sitze ich nicht mehr im Innereriz in der bequemen Stube, sondern gut versteckt vor der von Chäppu beschriebenen, am Boden liegenden Fichte. Und nur 35 Minuten später landet auch schon der Wiedehopf auf einem der Äste. Wie lange hatte ich schon auf diesen Moment gehofft. War erfolglos ins Wallis gereist und hörte immer wieder von Kurzaufenthalten eines Wiedehopfs im Gürbetal. Chäppus Wiedehopf befindet sich wohl schon auf dem Zug in den Süden. Nur dank seinem Telefon: konnte ich diesen, nur wenige Tage in Uebeschi rastend, endlich beobachten und fotografieren.

Die Vogelwarte Sempach gibt für die Schweiz einen Brutbestand von 190 bis 230 Paaren an. Diese sind vorwiegend in den Kantonen Wallis, Tessin und Graubünden zu sehen, sowie in der Region um den Genfersee. Auf der Roten Liste der schweizerischen Brutvögel wird der Wiedehopf als verletzlich eingestuft.

Kurz vor Redaktionsschluss wurde der Wiedehopf in Deutschland in einer öffentlichen Wahl von 143 000 Wählenden zum Vogel des Jahres 2022 gekürt.

Dürre Fichte mit dem wunderschönen Wiedehopf.

AUGUST

20. August **Albinos**

Unter Albinos versteht man in der Tierwelt ganzheitlich weisse Tiere, die eigentlich andersfarbig wären. Albinismus ist eine Erbkrankheit, die ihrerseits auf eine Stoffwechselkrankheit zurückzuführen ist. Die betroffenen Tiere sind nicht in der Lage, den Farbstoff Melanin zu bilden, und bleiben so meistens weiss. Albinos haben rote oder rosa Augen. Auf Grund ihrer Lichtempfindlichkeit sind sie anfällig auf Krankheiten und dazu fehlt ihnen die dunkle, schützende Tarnfarbe vor Fressfeinden. Ihre Überlebenschancen sind in der Natur nicht gross. Ein Kollege von mir hat über eine kurze Zeitphase (einige Wochen) eine völlig weisse Amsel beobachtet.

Von einem guten, tierliebenden Bekannten bekam ich die Nachricht, dass in seinem Garten, wo er einige Hühner hält, öfters ein weisser Spatz zu sehen sei. Natürlich wollte ich mir den Vogel ansehen. Tatsächlich erkannte ich einen hellen, teilweise weissen Sperling. Schwierig zu sagen ob ein Feldsperling oder ein Haussperling. Am Ort kommen beide Arten vor.

Ein Albino war es nach meinem Kenntnisstand aber nicht. Auf Grund seines zum Teil doch farbigen Gefieders handelte es sich hier eher um eine harmlose Defekt-Mutation, bei der die Haut keine farbstoffbildenden Zellen enthält. Der Schnabel war normal und die Augen waren im Gegensatz zu Albino-Vögeln normal dunkel. In Fachkreisen nennt man diese bekannte Defekt-Mutation Leuzismus. Leuzismus ist in abgestufter Form bei verschiedenen Vogelarten beobachtet worden.

Für mich war die Beobachtung erstmalig und der Beitrag für Sie hoffentlich verständlich.

Weisser Spatz mit Feldspatz an der Futterschale und allein am Maschenzaun.

AUGUST

21. August — Doch nicht alles nur Zilpzalp

Die Laubsänger sind eine Gattung innerhalb der Singvögel. Weltweit gibt es viele Arten. 2006 wurden sie einer eigenen Familie zugeordnet, den Laubsängerartigen. Bei uns sieht man vorwiegend die Arten Zilpzalp, Fitis, Berglaubsänger und Waldlaubsänger. Von der Gestalt und vom Gefieder sind sie selbst für erfahrene Ornithologen nicht leicht voneinander zu unterscheiden. Mit der entsprechenden Begabung lassen sich die Vögel durch ihren unterschiedlichen Gesang bestimmen. Weil ich das nicht kann, muss ich mich auf kleine Unterschiede im optischen Bereich beschränken und einschränken. Öfters schon legte ich den Spezialisten Bilder von nach meinem Dafürhalten unterschiedlichen Laubsängern vor. Egal ob von Kollegen, die mehr wissen als ich, oder Experten von BirdLife und der Vogelwarte Sempach, bekam ich immer die gleiche Antwort zurück. Alle waren Zilpzalpe. Der häufigste bei uns vorkommende Laubsänger.

Damit wollte ich mich nicht abfinden. Zumindest eine zweite Art müsste sich in unserer Umgebung beobachten und fotografieren lassen. Und eines Tages war ich sicher, dass der von mir beobachtete Laubsänger auf Grund meiner Kenntnisse ein Fitis sein müsste. Jetzt legte ich die Bilder mit einem entsprechenden Kommentar Hans Schmid von der Vogelwarte Sempach vor. Gespannt wartete ich auf die Antwort. Wie immer kam diese rasch und mit einem für mich erfreulichen Ergebnis: Es handelt sich, auch ohne den gesanglichen Nachweis, auf Grund der einwandfrei zu erkennenden Merkmale um einen Fitis.

Nicht immer sind die optisch erkennbaren Unterschiede so ausgeprägt, wie sie mein Beispiel erkennen lässt. Versuchen Sie die anhand der Fotos auch zu erkennen.

Fitis:
Viel Gelb im Gefieder,
lange Handschwingenprojektion,
helle Beinfarbe.

Zilpzalp:
Olivgrünes bis olivbraunes Gefieder,
kurze Handschwingenprojektion,
Beine dunkelbraun oder grauschwarz.

AUGUST

22. August **Ein kurzer Blumenblick im Garten**

Ein naturnaher Garten mit einheimischen Wildblumen hat kaum Prachtstauden im Angebot. Nebst den vielen niedrig und bodendeckend wachsenden und blühenden Pflanzen gibt es auch eine Vielzahl von in verschiedenen Farben blühenden halbhohen, hohen und buschartigen, mageren Boden liebenden Blühpflanzen. Nebst ihrer Schönheit sind sie für viele Insekten wichtige Nektarspender. Damit die Artenvielfalt erhalten bleibt, müssen sich stark ausbreitende, invasiv wirkende Pflanzen regelmässig reduziert werden. Hier eine kleine Auswahl von Blühpflanzen.

Glockenblumenart, Kartäusernelke, Orangerotes Habichtskraut, Gelbe Alpenaster, Heidenelke, Natternkopf.

AUGUST

23. August — **Unterwegs auf Wander- und Bergwegen**

Wie die Impressionen zeigen, kann auch ohne das Verlassen von markierten Routen vieles beobachtet werden. Alle Bilder wurden auf der gleichen Tageswanderung gemacht.

Steinadler, Perlmutterfalter, Alpenrose, Tannenhäher, Weitsicht, alter Ahorn dürften Ihnen wie mir bekannt sein. Immer wieder gibt es für mich Neues zu entdecken. Um welches Blümlein handelt es sich? Warum ist der Bach so weiss? Möglicherweise haben Sie eine Antwort!

AUGUST

24. August   **Ein gnadenloser Räuber**

Die Larve des Gelbrandkäfers gilt in kleineren und grösseren natürlichen oder künstlich angelegten Gewässern als gnadenloser Räuber. Die Larve selbst zeigt sich wesentlich räuberischer als die ausgewachsenen Käfer und wagt sich selbst an grössere im Wasser lebende Tiere. In der Literatur ist dabei die Rede davon, dass sie auch kleinere Fische erbeuten kann. Entsprechende Belegbilder habe ich aber kaum gesehen, bis mir eine eigene Beobachtung gelang. Tatsächlich konnte ich die räuberische Larve fotografieren, wie sie eine Libellenlarve, eine Kaulquappe und eben gar einen kleineren Fisch erbeutete.

AUGUST

25. August   **Von der Raupe zum Schmetterling im Aerarium**

Wenn über Raupen gesprochen wird, erinnern sich der durchschnittlich Naturinteressierte und vor allem auch die Kinder an die wunderschöne «Rüebliraupe». An die grosse, farbige, Fenchel und Dill liebende Raupe des prächtigen Schwalbenschwanzes. Heute habe ich sie im Garten fotografiert.

Ein geschätzter Bekannter von mir, Marc de Roche, bekannt unter dem Namen «Papa Papillon», züchtet Schmetterlinge und verkauft Aerariums in verschiedenster Grösse. Geliefert werden diese mit fachkompetenten Unterlagen zur Schmetterlingszucht und sind sowohl bei Erwachsenen wie bei Kindern sehr beliebt. Ein sehr geeignetes und empfehlenswertes Produkt für Schulen und Familien zur Förderung des Verständnisses von Natur und Umwelt.

«Rüebliraupe». Raupe vom Schwalbenschwanz auf Fenchel.

Aerarium für Raupen und Schmetterlinge erhältlich unter www.aerarium.ch

AUGUST

26. August **Prachtlibellen**

Libellen egal welcher Art sind für mich ganz einfach etwas vom Schönsten, was die Insektenwelt zu bieten hat. Bei der Blauflügel-Prachtlibelle und der Gebänderten Prachtlibelle sagt ja bereits der Name, von welcher Schönheit sie sind. Es sind die zwei einzigen Arten von Prachtlibellen, welche in Mitteleuropa vorkommen.

Die in der Schweiz mehrheitlich nur im Tessin vorkommende Gebänderte Prachtlibelle konnte ich noch nie mit Sicherheit beobachten. Die Blauflügel-Prachtlibelle sah und fotografierte ich hingegen schon in den Regionen des Neuenburger- und Thunersees. Einmal auch an einem Kleingewässer im Kanton Thurgau. Beide Arten bevorzugen die Ufer von langsam fliessenden, uferbewachsenen Gewässern. Nebst ihrer farblichen Schönheit fallen sie vor allem durch ihren eher an Grossschmetterlinge erinnernden schwebenden Flug auf.

Männchen der Blauflügel-Prachtlibelle.

Weibchen der Blauflügel-Prachtlibelle oder eventuell auch der Gebänderten Prachtlibelle.

AUGUST

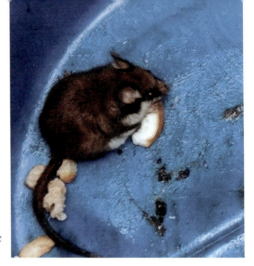

Gartenschläfer mit «Verpflegung» in der leeren Wassertonne kurz vor der Befreiung.

27. August — **Der selten zu sehende Gartenschläfer**

Laut einer Mitteilung des Tierparks Goldau ist der Gartenschläfer das am stärksten im Bestand zurückgegangene Nagetier Europas. Über die Ursachen laufen verschiedene Studien, so auch eine grössere in Deutschland. Das Naturmuseum Solothurn – einen Besuch kann ich sehr empfehlen – hat gar eine Belohnung für eine nachweisbare Sichtung eines Gartenschläfers im Solothurner Jura ausgeschrieben. In der Schweiz gilt der mittelgrosse Bilch als potenziell gefährdet und die Vorkommen beschränken sich vorwiegend auf die Alpen und den Jurabogen. Die Tiere sind vorwiegend nachtaktiv. Nicht weiter verwunderlich, dass noch keiner ins Blickfeld meiner Kamera kam.

Der Gartenschläfer ist unter den Schläfern die farbenfrohste Art. Mit seiner schwarzen, banditenhaften Gesichtszeichnung ist er unverwechselbar. Er ist ein Allesfresser und falls verfügbar liebt er auch tierisches Futter von allerlei Kleinlebewesen. Gartenschläfer haben jährlich einen Wurf mit meist vier bis sechs Jungen. Den Winterschlaf verbringen sie gut vor Kälte geschützt in der Zeit von Oktober bis April. Dass ich den Gartenschläfer ins Buch aufnehmen konnte, verdanke ich meinem Kollegen Walter. Er entdeckte den Bilch in seiner auf 1500 Meter Höhe gelegenen Schäferhütte in einem leeren Kunststofffass. In diesem lagert Walter gelegentlich altes Brot für seine Schafe. Offensichtlich verschaffte sich der Nager Zugang ins Fassinnere und fand danach nicht mehr hinaus. Ein Glück, dass Walter das Krabbeln im Fass bemerkte. Für den hungrigen Gartenschläfer gab es noch etwas hartes Brot und Wasser, das er auch sofort annahm.

Die Zeit reichte für ein kurzes Video und eine Aufnahme mit dem Handy, welche oben abgebildet ist, und dann verschwand der gerettete Gartenschläfer im umliegenden Gelände. Und kam offensichtlich zurück. Als Walters Frau Ursula zwei Wochen später in der Hütte eine Jacke vom Kleiderhaken nahm und anzog, sprang zu ihrem Schreck der Gartenschläfer aus der Jackettasche! Er wird wohl in der Hütte gut versteckt seinen Winterschlaf abhalten und kaum etwas davon erfahren, dass er in dieser Zeit von Pro Natura zum Tier des Jahres 2022 gewählt wurde!

AUGUST

28. August **Die Nacht der Fledermäuse**

Martin Leuenberger, der Präsident des örtlichen Natur- und Vogelschutzvereins, und Irene Weinberger, die Präsidentin des Fledermausvereins Bern, und eine Vertretung des Enthomologischen Vereins Bern vermochten die mehr als hundert Interessierten, darunter zahlreiche Kinder, mit ihren Beiträgen zu begeistern.

Für mich als Teilnehmer einmal mehr ein Beispiel, was aktive Naturschutzvereine für die Erhaltung einer möglichst grossen Biodiversität in unserer Fauna und Flora und die diesbezügliche Aufklärung in der Bevölkerung zu leisten vermögen. Der Dank zum gelungenen Anlass gehört auch den zahlreichen Helferinnen und Helfern.

AUGUST

29. August **Nelken im naturnahen Garten**

In der Schweiz gibt es gemäss der Fachliteratur acht wildwachsende Nelkenarten. Ich kenne die wenigsten davon. Dagegen staune ich jedes Jahr über die verschiedenen Farbtöne der in unserem Garten an gut besonnten Stellen auf dem wenig Wasser speichernden kargen Boden wachsenden Nelken. Sie wählen ihre Standorte selbst, weil ich sie immer bis in den Spätherbst stehen lasse und der Samen dort spriesst, wo er hingetragen wird und die Voraussetzungen dazu stimmen. Ich freue mich jedes Jahr auf das Blühen der Nelken. Mit ihren verschiedenen, mehrheitlich roten Farbtönen sind sie für jeden Gartenbesucher ein Hingucker.

Die Bilder zeigen die Verschiedenheit der Blüten.

Verschiedenfarbige Nelken.

AUGUST

30. August **Beobachtung einer Fledermaus bei Tageslicht**

Vieles, was ich vor zwei Tagen in der «Nacht der Fledermäuse» in Wasen im Emmental gehört hatte, konnte ich bei Tageslicht und zum Teil bei schwachem Sonnenschein über unserem Garten beobachten. Ich versuchte die Beobachtung fotografisch festzuhalten, was bei der Fluggeschwindigkeit der Fledermaus schwierig war. Schön war zu sehen, wie sie am Biotop, die Wasseroberfläche streifend, zum Trinken kam. Es dürfte sich am ehesten um eine Zwergfledermaus (Pipistrellus) aus der Familie der Glattnasen handeln.

Fledermaus beim Jagen nach Insekten über unserem Garten.

AUGUST

31. August — Mehrfarbige Wanzen

Wanzen sind Insekten. In Europa gibt es ungefähr 3000 Arten. Weltweit sind es mehr als das Zehnfache. Wanzen gelten bei uns mehrheitlich als Schädlinge und erwecken in der Regel beim Menschen keine positiven Reaktionen. Insbesondere die verpönte, Menschenblut saugende Bettwanze verstärkt diese negative Haltung gegen diese Insektenart. Es gibt übrigens kaum Lebensräume, auf denen nicht irgendeine Wanzenart leben könnte.

Viele Wanzenarten zeigen sehr schöne und unterschiedliche Färbungen und Zeichnungen auf ihrem dreigeteilten Körper. Teils in blassen Farben zur Tarnung, anderseits in grellen Farben zur Abschreckung. Um sich vor Fressfeinden zu schützen, können viele Arten zudem ein stinkendes Sekret verströmen. So auch die von mir beobachtete, recht häufige und im Flug rot leuchtende Wipfel-Stachelwanze.

Stachelwanze auf Seggengras.

AUGUST

Frage August

9. Welches Bild gehört zu welcher Blume?

☐ Habichtskraut

☐ Wegwarte

10. Wie lange blüht eine einzelne Blüte der Wegwarte?

☐ Eine Woche

☐ Einen Tag

September

SEPTEMBER

1. September **Unerwartete Zusammentreffen**

Unser naturnaher Garten grenzt an ein kleines Mischwaldstück, welches auch uns gehört. Dadurch entsteht für einige Tiere eine gute Vernetzung zwischen den Territorien und ihre Wege kreuzen sich gelegentlich. Interessant sind solche unerwartete Begegnungen verschiedener Waldbewohner zu beobachten. Weil die meisten nachts passieren, ist es schwierig, Bilder davon zu machen. Im Wissen, dass man Wildtiere nicht füttern soll, verzichte ich darauf, Futter auszulegen, um mit Fotofallen möglicherweise zu überraschenden Bildern aus dem Wald zu kommen. Ich beobachte in der Natur lieber live, was da kreucht und fleucht.

Im Garten selbst mache ich aber bezüglich Futter eine Ausnahme, indem ich, für Vögel gedacht, etwa kleine Portionen Sonnenblumenkerne, Haselnüsse, Apfelscheiben oder Käserinde und einen Brunnen mit fliessendem Wasser anbiete. Daneben sind im Garten auch viele Stauden und Hecken mit Sämereien, Nüssen, Knospen, Beeren und natürlich Insekten vorhanden.

Natürlich beobachte ich gerne, wer sich dabei genüsslich macht und gelegentlich aufeinandertrifft.

Eichelhäher mit Buntspecht, Buntspecht mit Eichhörnchen, Steinmarder mit Fuchs.

SEPTEMBER

2. September **In Vergessenheit geraten**

Als ich vor einem Dutzend Jahren in unserem Garten eine grössere Böschung anlegte, überliess ich die Bepflanzung einem Spezialisten. Mir waren dabei einzig zwei Dinge wichtig: Es mussten alles einheimische Bäume, Sträucher und Stauden sein und dabei eine dem Standort entsprechende, möglichst grosse Artenvielfalt heranwachsen können. Die Böschung entwickelte sich sehr gut, was vor allem Vögel und Insekten zu schätzen wissen.

Mir sind in dieser Zeit zwei Gehölze besonders aufgefallen und ich stellte mir die Frage, ob diese wirklich einheimisch seien. Die Sträucher waren mir jedenfalls in unserer Landschaft nie begegnet. Die inzwischen gut zwei Meter hohen, strauchartigen Bäume blühen weiss und haben nussartige Früchte. Meine Nachfragen ergaben rasch, dass es sich hier um die Pimpernuss handelt, welche, obwohl bei uns selten geworden, als einheimisch gilt und unter Naturschutz steht. Die weissen, leicht duftenden, traubenartig angelegten Blüten bilden grünliche, später braune, zipflige, mit zwei bis drei Kammern versehene Kapselfrüchte. In jeder Kammer lagern ein bis drei kleine Nüsse. Sobald diese reif und hart sind, fangen sie in der Hülle an zu klappern (pimpern).

Die harten braunen Nüsse (Samen) können nach spezieller Zubereitung in der Küche verwendet werden oder im Kunsthandwerk für Schmuck aller Art.

Bei uns auf gut 1000 Meter Höhe lasse ich die Kapseln an den Sträuchern hängen, bis sie zu Boden fallen. Dort werden sie als Nahrung von verschiedensten Kleinlebewesen sehr geschätzt.

Vielerorts ist die Pimpernuss in Vergessenheit geraten. Gerne habe ich diesen einheimischen Strauch mit doch etwas exotischem Flair aus unserer Böschung ins Buch aufgenommen.

Pimpernussstrauch in der Böschung.

Zweig mit noch grünen Fruchtkapseln.

SEPTEMBER

3. September

Die Wildblumenwiese

Anlässlich von zwei Seminartagen der Firma Otto Hauenstein Samen (OHS) durfte ich Referate über meine Naturbeobachtungen im naturnahen Garten und einer dazu gehörenden Wildblumenwiese halten.

Wildblumenwiesen, deren Entstehung und Pflege waren denn auch die Themen der beiden Kurstage. Ausgeschrieben war der Kurs für professionelle Gartenschaffende. Kursorte waren Bern und Rafz. Mitentscheidend zum Gelingen einer Wildblumenfläche ist deren Pflege. Wann und wie gilt es zu jäten und insbesondere zu mähen? Das sind Fragen, bei welchen selbst erfahrene Gärtner gelegentlich ins «Grübeln» kommen.

Der beste Schnitt für eine Wildblumenwiese und die darin lebenden Tiere ist derjenige mit der Sense. Doch wer beherrscht im Zeitalter der Mähroboter und Balkenmäher überhaupt noch das Arbeiten mit der Sense? Vor vielen Bauernhäusern sind die «Tängelisteine» längst verschwunden oder dienen höchstens noch für Dekorationszwecke. In den privaten Gärten haben Fadenmäher, Rasenmäher und Laubbläser längst Einzug gehalten. Anlässlich der Kurstage lernte ich Jürg von Känel von der Sensenwerkstatt Mammern kennen. Dieser zeigte den Kursabsolvierenden auf dem Gelände der Uni Bern und auf einer Schulhausanlage in Rafz gekonnt, eindrücklich und mit Witz, wie, wann und wo mit der Sense umzugehen ist.

Mit dem vermehrten Wunsch und Bedürfnis nach Flächen mit Wildblumenwiesen wird das Mähen mit der Sense eine Renaissance erfahren. Entsprechende Kurse für den Umgang mit diesem Gerät sind noch neu, aber immer rasch ausgebucht. Sensen kann man bereits, wie in einem Konfektionsgeschäft, auf die persönlichen Masse passend anfertigen lassen.

Jürg von Känel beim Tängelen und Schleifen in Bern.

Eine Auswahl verschiedener Sensen in Rafz.

SEPTEMBER

4. September **Verschiedene Perlmutterfalter**

In der Schweiz gibt es ein gutes Dutzend verschiedene Perlmutterfalter mit entsprechenden Zusatznamen. Alle gehören zu den Edelfaltern und sind auffällig farbig und schön gezeichnet. Sie zu unterscheiden ist selbst für geübte Entomologen nicht immer einfach. Zur Unterscheidung muss man diese Schmetterlinge bei geschlossenen Flügeln beobachten oder fotografieren können. Die Unterscheidung erkennt man nämlich zur Hauptsache an der Zeichnung auf der Unterseite der Flügel, will heissen an der verschiedenen Anordnung und Form der weissen Perlen.

Am besten kann ich das am Beispiel des häufigen Grossen Perlmutterfalters und des etwas selteneren Natterwurz-Perlmutterfalters aufzeigen. Bei beiden ähneln sich die Oberseiten der Flügel, während die Unterseiten unverwechselbar verschieden sind.

Oben: Grosser Perlmutterfalter.

Unten: Natterwurz-Perlmutterfalter.

SEPTEMBER

5. September   **Schnappschuss**

Schnappschüsse müssen ihrem Namen und ihrer Bedeutung gerecht werden. Vor allem sollten sie bezüglich Aktion, Standort und Zeitpunkt einem seltenen, ausdrucksstarken Zusammenspiel entsprechen. Eine Gelegenheitsaufnahme also, die kaum zweimal erlebbar und gar fotografisch festgehalten werden kann. Den Schnappschuss für ein gut 400 Seiten umfassendes Buch mit über 650 Bildern richtig zu wählen, fiel mir erstaunlicherweise relativ leicht. Dabei hat mir sicher geholfen, dass der Distelfink, der auch Stieglitz genannt wird, der Lieblingsvogel meiner Eltern war. Ich schlug dieses Erbe nicht aus und so wurde der farbige, einheimische Vogel, der ganzjährig bei uns anzutreffen ist, auch zu meinem Favoriten.

Jedes Jahr haben wir im Garten mindestens eine Stieglitzbrut. Immer ein schönes Erlebnis, die Vögel von der Paarung bis zur Fütterung der ausgeflogenen Jungen zu beobachten. Meistens geschieht das Füttern ausserhalb des Nestes versteckt und gut geschützt in den Ästen und Blättern der Bäume. Zum Fotografieren ergibt sich so selten ein freier Blick auf die Protagonisten.

Auf Grund dieser Erklärung können Sie sicher meine Wahl des untenstehenden Bildes verstehen und sich meiner Freude darüber anschliessen.

Stieglitz füttert Jungvogel auf der alten hölzernen Ente im Garten.

SEPTEMBER

6. September **Unsere Fledermäuse**

Bei uns im Innereriz haben wir Fledermäuse unter dem Dach. Am Haus finden wir beidseitig unter den Dachbalken ihre kleinen Kotkrümel. Ich beobachte sie nachts im Garten und über dem Biotop fliegend. Spannend ist es, in der Dunkelheit zu beobachten, wie sie knapp über dem Wasser, ja oftmals auch mit Wasserkontakt, jagen. Es dürfte sich um Wasserfledermäuse handeln. Ob diese unter unserem Dach logieren oder im angrenzenden Wald, kann ich nicht mit Bestimmtheit sagen. Rein optisch betrachtet glaube ich, dass es um unser Haus und im Garten mindestens zwei Fledermausarten gibt. Eben die Wasserfledermaus und eine etwas kleinere Art.

Fledermäuse zu fotografieren ist für mich und meine Kamera eine Herausforderung. Tags bekomme ich die Tiere kaum zu Gesicht und in der Dunkelheit fliegend setzt mir meine Kamera rasch unüberwindbare Grenzen für ein gutes Bild. Gleichwohl versuche ich es immer wieder und hoffe darauf, doch noch ein besseres Bild schiessen zu können.

Generell sind die Bestandzahlen der dreissig in der Schweiz vorkommenden Fledermausarten rückläufig. Je nach Art mehr oder weniger. Gründe dafür gibt es mehrere. Sicher spielen veränderte Landschafts- und Gebäudestrukturen eine wesentliche Rolle. Auch fehlende Insekten können ein wichtiger Faktor sein.

Fledermäuse beim Jagen über unserem Biotop.

SEPTEMBER

7. September   **Die etwas anderen Schmetterlinge**

Widderchen gehören zu den Schmetterlingen. Man findet sie in artenreichen Wildblumenwiesen bis in höhere Lagen. Gemäss Literaturangaben sind in der Schweiz über zwanzig Arten bekannt. Welt- und europaweit rechnet man mit gut tausend Arten. Am häufigsten sind bei uns die schwarzen mit den verschiedenen roten Punkten. Diese werden allgemein als Blutströpfchen bezeichnet. Seltener sind die grünen und von mir noch nie gesehenen andersfarbigen Widderchen. Europaweit ist bei den Widderchen ein Rückgang zu verzeichnen und die Falter werden als gefährdet eingestuft.

Bibernell-Widderchen.

Ampfer-Grünwidderchen.

Gemeines Widderchen.

SEPTEMBER

8. September   **Eine Rarität im Rotmoos**

Sonne und Wolken wechseln sich regelmässig ab. Immerhin regnet es am Nachmittag nicht mehr. Ein Abstecher für eine Falter-Beobachtung ins nahe gelegene Rotmoos ist für mich eine Überlegung wert. Gut, dass ich gehe. Es fliegen mehr, als ich erwarten durfte. Auch der «Star» unter den dortigen Schmetterlingen ist noch zu sehen: der recht seltene und nur noch an bestimmten Standorten anzutreffende Hochmoor-Perlmutterfalter (Boloria aquilonaris). Abgebildet in der oberen Bildreihe in der Mitte. Rarität hin oder her, finde ich, dass jeder Schmetterling ein Augenschmaus ist. Sicher geht es Ihnen auch so, wenn Sie die weiteren Beispiele von meinem kurzen Abstecher ins Rotmoos sehen. Und beispielhaft für eine intakte Biodiversität sitzen die Schmetterlinge ihrerseits alle auf einer anderen Blühpflanze!

Grosser Perlmutterfalter, Hochmoor-Perlmutterfalter, Alpenmatten-Perlmutterfalter (von links).

Rotklee-Bläuling, Schachbrett, Schwarzkolbiger Braun-Dickkopffalter (von links).

SEPTEMBER

9. September

In ganz Europa geschützt

Natürlich darf der Apollofalter, auch Roter Apollo genannt, in diesem Buch nicht fehlen. Der grosse, schöne Ritterfalter kommt im gesamten Alpenraum mit lokal begrenzten Populationen bis auf gut 2000 Meter Höhe vor. Seinen langsamen, flatternden und gleitenden Flug konnte ich bei einer Wanderung im Lötschental beobachten. Kaum gelandet, war er auch schon fotografiert.

Bei uns gibt es als zweite Art noch den Hochalpen-Apollo, welcher bis gegen knapp 3000 Meter Höhe vorkommen kann. Beide als bedroht geltenden Arten sind in ganz Europa gesetzlich geschützt.

Der Gattungsname ist in der griechischen und römischen Mythologie dem Gott für Licht und Heilung angelehnt und gewidmet.

Roter Apollo.

SEPTEMBER

10. September **Überlebensstrategien**

Um sich vor Fressfeinden zu schützen oder eigens zur Erbeutung von Nahrung sind viele Tiere farblich sehr gut getarnt und für uns nur bei genauem Hinsehen zu erkennen. So kann es gut vorkommen, dass wir nach einem Spaziergang in der Natur enttäuscht zurückkommen und den Eindruck haben, nichts wirklich Spannendes oder Sehenswertes gesehen zu haben. Mag sein. Sicher wurden wir selber aber von gut getarnten und versteckten Lebewesen unterwegs beobachtet.

Die zwei Beispiele unten mit der Wasseramsel im Bachbett und dem Heupferd im Laub stehen nur stellvertretend für viele andere, auf den ersten Blick kaum zu sehende, da gut getarnte Lebewesen.

Wasseramsel im Bachbett und Heupferd im Laub.

SEPTEMBER

11. September **Nachtaktiv**

Nachtfalter sind Schmetterlinge. Es gibt davon ein Vielfaches mehr als Tagfalter. Wir sehen sie meistens in der Dunkelheit, wenn sie um Lichtquellen wie etwa Strassenlampen herumfliegen. In den meisten Fällen sind es eher kleinere, unscheinbare Falter. Es gibt auch grosse und farbige Nachtfalter. Tagsüber sind diese gut versteckt und dank ihrer tarnfarbigen Flügel zum Beispiel an Baumstämmen kaum zu entdecken. Heute wollte ich in der Dunkelheit am Biotop sitzend den Fledermäusen zusehen wie sie über dem Wasser flogen und dieses oftmals im Flug streiften. Mir ist nicht klar, ob sie so Mücken fangen oder auf diese Weise Wasser trinken. Jedenfalls ist es spannend, in der Dunkelheit diesen Kunstfliegern zuzusehen.

Beim Beobachten bemerke ich einen grossen Nachtfalter, der knapp über dem Boden fliegend den ganzen Garten nach Blüten absucht. Was bei den Fledermäusen kaum möglich ist, sie in der Dunkelheit im Flug zu fotografieren, gelingt mir beim die Blüten anfliegenden Nachtfalter. Dank dem montierten Blitzgerät kann ich einige gute Bilder machen und den Nachtfalter eindeutig als den Kiefernschwärmer identifizieren. Er ist einer unserer häufigsten grossen Nachtfalter und verfügt über einen sehr langen Saugrüssel, welchen er im Schwirrflug zielgenau in den Blütenkelch einführt. Für mich ist es das erste Mal, dass ich ihn über längere Zeit beobachten kann. Weil es vorgängig nächtelang regnete, nutzt der Falter wohl die trockene Nacht, um ausgiebig an den verschiedenen Blüten zu saugen.

Kiefernschwärmer an Nelke. Man beachte den langen Saugrüssel.

SEPTEMBER

12. September   **Mondvogel**

Der Mondvogel, auch Mondfleck genannt, ist ein Nachtfalter. Er lebt in Laubwäldern und Parks vom Flachland bis auf eine Höhe von 1400 Metern. Seine Eier sind an den Legpflanzen dank ihrer weissen Farbe und ihrer Grösse (Eispiegel) gut zu erkennen. Ich entdecke ein entsprechendes Gelege samt Falter in unserem Garten. Bei geschlossenen Flügeln sieht der Falter einem gebrochenen Birkenzweig verblüffend ähnlich.

Mondvogel.

Eispiegel des Mondvogels.

SEPTEMBER

13. September Neophyten und ihre mögliche Verbreitung

Neophyten sind gebietsfremde Pflanzen, die auf irgendeine Weise durch den Menschen zu uns gelangt sind. Problematisch sind vor allem invasive Neophyten, welche sich stark ausbreiten und oft die einheimische Flora verdrängen. Die Schweizerische Kommission für die Erhaltung von Wildpflanzen zählt in der Schweizer Flora 2650 einheimische Arten, 305 Neophyten und 45 invasive Neophyten.

Noch nicht restlos geklärt ist, wie die invasiven, fremden Pflanzen in zum Teil unerwartete Gebiete gelangen und sich dort ausbreiten. Ein Beispiel könnte meine hier beschriebene Beobachtung sein.

Eine Mulde nahe einem Bergbach wurde mit herangeführtem Aushubmaterial aufgeschüttet, um die dahinterliegende landwirtschaftlich nutzbare Fläche zu schützen. Die Veränderung des Geländes erschien weder störend noch irgendetwas negativ zu beeinträchtigen. Wie die folgenden Bilder zeigen, enthielt das Aushubmaterial möglicherweise aber Wurzeln und Samenbestandteile von invasiven Neophyten, welche sich nun hier in einem Voralpengebiet auf Kosten von einheimischen Pflanzen ausbreiten können.

Aufgeschüttete Mulde am Bergbach mit invasivem Neophytenbewuchs.

Beispiele von Neophyten: *Japanischer Staudenknöterich, Kanadische Goldrute, Einjähriges Berufskraut (von oben nach unten).*

SEPTEMBER

14. September **Eine Erfolgsmeldung**

Vor zwanzig Jahren gab es in der Schweiz nur noch fünfzig bis sechzig Steinkauz-Paare. Die Vogelart war bei uns kurz vor dem Aussterben. Dank verschiedener Förderprojekte von BirdLife Schweiz zusammen mit starken Partnern wie Vogelwarte Sempach zählt man heute wieder gegen hundertfünfzig Steinkauz-Paare. Diese sind hauptsächlich im Jura und in der Region Genf angesiedelt. Immer noch deutlich zu wenig, wenn man weiss, dass es früher Zeiten gab, wo bei uns in tieferen Lagen gegen tausend Brutpaare lebten. Erfolgversprechende Projekte wurden auch im Berner und Freiburger Seeland gestartet.

Nicht zuletzt, um auf die positiven Wirkungen solcher Projekte hinzuweisen, hat BirdLife 2021 den Steinkauz zum Vogel des Jahres gewählt.

Der starke Rückgang ist auf strukturelle und bauliche Veränderungen unserer Landschaft in Verbindung mit der Intensivierung der Landwirtschaft zurückzuführen. Es fehlt an offenen, nicht intensiv genutzten Flächen mit Hecken und alten Obsthochstammbäumen, wodurch auch Defizite in der Nahrungskette entstanden. Der Steinkauz ernährt sich von Mäusen, Insekten, Regenwürmern und Reptilien. Die nur zwanzig Zentimeter kleine Eule mit dem charakterstarken Gesichtsausdruck macht eine Jahresbrut mit zwei bis fünf Eiern.

Persönlich gelang mir noch keine Beobachtung des Steinkauzes. Freundlicherweise stellte mir BirdLife Schweiz für diesen Beitrag ein Bild zur Verfügung.

Steinkauz in der Ajoie.
Bild: Michael Gerber, BirdLife Schweiz

SEPTEMBER

15. September Unverwechselbar

Pflanzen sind manchmal schwer zu identifizieren. Dies, weil sie einer anderen Pflanze sehr ähnlich sein können, oder auch, weil ihr Äusseres nicht auf ihren Namen schliessen lässt. Es gibt dagegen auch Arten, wo Name, Gestalt und Aussehen unverwechselbar sind. Ich nehme drei einheimische Pflanzen, die nicht gerade an jedem Wegrand stehen, aber auch nicht selten sind. Die Vierblättrige Einbeere ist so ein Beispiel. Sie ist eine Pflanze aus der Familie der Germergewächse. Alle Pflanzenteile, insbesondere die dunkelblaue Beere, sind giftig. Die Einbeere, wie sie im Volksmund heisst, bevorzugt feuchte, humose Böden und ihr Vorkommen deutet auf Grund- und Sickerwasser hin. Dank der vier Blätter und der einzigen Beere scheint sie mir in unserem kleinen Wäldchen unverwechselbar.

Genauso eindeutig zu erkennen ist das Grosse Zweiblatt. In Europa kommt daneben noch das Kleine Zweiblatt vor. Dank ihrer unterschiedlichen Grösse sind sie kaum verwechselbar und andere ähnliche Arten sind mir nicht bekannt. Das eher unscheinbare Grosse Zweiblatt ist eine Orchideenart und ist entsprechend geschützt. In unserem Garten wächst es regelmässig in einer eher feuchten, halbschattigen, etwas naturgrasigen Randzone einer Gehölzhecke.

Im Biotop wächst in der Flachwasserzone das weissblühende Gewöhnliche Pfeilkraut. Den Namen erhielt die Wasser- und Sumpfpflanze wegen der pfeilförmig an einem Stiel aus dem Wasser ragenden Blätter (Spriten). Bei direkter Sonneneinstrahlung weisst die «Pfeilspitze» immer gegen Norden. Das Gewöhnliche Pfeilkraut gilt deshalb als Kompasspflanze. In unserem Biotop schiessen diese «Pfeilspitzen» unverwechselbar zwischen den Seerosen aus dem Wasser gegen den Himmel.

Vierblättrige Einbeere, Zweiblatt, Gewöhnliches Pfeilkraut (von links).

SEPTEMBER

16. September   **Müsste besser sein**

Eigentlich ist klar geregelt, wann und wie Gülle in der Landwirtschaft ausgebracht werden darf. Speziell in der Nähe von Gewässern muss der vorgeschriebene Abstand zu den Uferbereichen eingehalten werden.

Problematisch ist die Situation trotz aller Regelungen in Berg- und Voralpengebieten, wenn die Gülle an steilen Hanglagen, welche an einem Gewässer enden, ausgetragen wird. Hier ist der Eintrag von Gülle kaum zu verhindern. Viele im Wasser lebende Kleinlebewesen gehen zugrunde und Fische leiden darunter. Das wertvolle Wasser verliert an Qualität. Grund- und Uferbereiche werden zu nährstoffreich, was sich wiederum negativ auf die Artenvielfalt der dort wachsenden Pflanzen auswirkt. Grundsätzlich müsste an solchen exponierten Hängen das Ausbringen von Gülle verboten werden oder als Anreiz der freiwillige Verzicht mit einem erhöhten Flächenbeitrag entschädigt werden.

Leider immer wieder anzutreffen: Bachabschnitt vor und nach dem Ausbringen von Gülle in Hanglage.

SEPTEMBER

17. September — Schmetterlingseier

Vom Ei zur Raupe, zur Puppe und schliesslich zum Falter. Das sind die bekannten Entwicklungsstadien eines Schmetterlings. An einem Pflaumenbaum in unserem Garten konnte ich einen nicht allzu häufigen Nierenfleck bei der Eiablage, welche einzeln oder paarweise gerne in den Astverzweigungen erfolgt, beobachten. Die abgelegten Eier dieses Falters überwintern am Knospenansatz und im Frühjahr schlüpft die Raupe direkt an der Futterpflanze.

Nierenfleck-Schmetterling beim Eierlegen, Eierpaar in der Astgabel.

SEPTEMBER

18. September   **Kleinbiotope im Garten**

Wer sich entschliesst, seinen Garten oder zumindest einen Teil davon naturnah zu gestalten, der muss verschiedene Kleinstrukturen mit möglichst regionalen, natürlichen Materialien erstellen. Für eine Wasserfläche muss jedoch in der Regel eine Kunststofffolie verwendet werden. Wichtig scheint mir dabei, dass diese so eingebaut wird, dass eine genügende Wassertiefe möglich ist und die Randzone nicht zu steil ausgelegt wird. Ersteres ist wichtig, damit im Winter nicht der ganze Wasserinhalt einfriert, sondern Lebewesen am Grund überwintern können. Eine flache, leicht abgestufte Randzone ermöglicht, dass die Teichfolie mit der Zeit vollständig überwachsen wird und somit einen gewünschten natürlichen Anblick möglich macht.

Ein auf diese Weise angelegtes Biotop braucht jetzt nur noch Zeit und Geduld. Um eine möglichst grosse Artenvielfalt an einheimischen Pflanzen zu erhalten, kann ab und zu etwas ergänzt und erweitert werden. Es wird einige Jahre dauern, bis ein «künstlich» erschaffenes Biotop wirklich ein der Natur gerechtes Erscheinungsbild abgeben kann.

Persönlich finde ich es sehr störend, wenn im naturnahen Garten oberflächlich Folien und Kunststoffflächen zu sehen sind.

Das untenstehende Bild zeigt einen Ausschnitt von unserem kleinen (wir haben auch noch ein wesentlich grösseres) Biotop mit einer gut bewachsenen, artenreichen Randzone, welche für viele Lebewesen den passenden Lebensraum darstellt.

Ausschnitt von Biotoprand mit natürlichem Bewuchs.

SEPTEMBER

19. September **Grosse Nachtfalter**

Gemäss Angaben von info fauna, dem Nationalen Daten- und Informationszentrum der Schweizer Fauna, gibt es in der Schweiz 212 nachgewiesene Tagfalterarten und 3420 Nachtfalterarten. Ich habe hier vier grosse Nachtfalter, die ich in unserem Garten aufnehmen konnte, abgebildet. Alle sind Schmetterlinge und haben eine Flügelspannweite bis zu sechs Zentimetern.

Links:
Hopfenwurzelbohrer.

Rechts:
Windenschwärmer.

Links:
Kiefernschwärmer.

Rechts:
Eichenspinner.

SEPTEMBER

20. September   **Für das Lehrbuch**

Die Gattung der Mohrenfalter umfasst gemäss den Schmetterlingsexperten weltweit um die achtzig Arten. Bei meinen Beobachtungen bin ich bisher etwa einem Zehntel dieser Arten begegnet. Weil sie teilweise recht schwierig zu unterscheiden sind, lege ich meine Fotos jeweils einem Experten zur Bestimmung vor. Bei einer Wanderung über die Wimmisalp sah ich an einem Gebirgswaldrand auffallend viele Mohrenfalter fliegen. Mit etwas Geduld gelangen mir auch einige Fotos von gelandeten Faltern.

So zeigt beispielsweise das untenstehende Bild zwei an der gleichen Blühpflanze saugende Schmetterlinge. Beides sind zwar Mohrenfalter, sie gehören jedoch unterschiedlichen Unterarten an. Der obere Schmetterling ist der Milchfleck-Mohrenfalter (Eurebia ligea) und der untere der Berg-Mohrenfalter (Eurebia euryale).

Hans-Peter Wymann, der Experte, schrieb mir: Was für ein Foto! Zwei Arten an der gleichen Blüte und auf dem gleichen Bild. Das sei ein Foto wie geschaffen für ein Lehrbuch.

Können Sie mögliche Unterscheidungsmerkmale erkennen?

Oben: Milchfleck-Mohrenfalter/ Eurebia ligea.

Unten: Berg-Mohrenfalter/ Eurebia euryale.

SEPTEMBER

21. September   **Der entscheidende Moment in Bildern**

Im Sommer klettern die im Wasser lebenden Libellenlarven am Biotoprand entlang eines Pflanzenstieles aus dem Wasser und stellen ihren Organismus auf Luftatmung um. Anschliessend brechen sie ihre Larvenhülle auf und arbeiten sich rückwärts, kopfvoran, abwärts bis zum letzten Körperteil aus der am Pflanzenstiel haftenden Larvenhülle. Jetzt folgt der entscheidende Moment für die spätere Entfaltung zur flugfähigen Libelle. Die rückwärts, abwärts hängende Libelle muss jetzt die Kraft haben, um hochzuschnellen und sich mit den Beinen oben an der Larvenhülle festzuhalten und zugleich den Rest ihres Körpers aus der Larvenhülle zu ziehen.

Wenn sie einmal so am Pflanzenteil hängt, ist der schwierigste Moment geschafft und die weitere Entwicklungszeit bis zum Abflug ist dann nur noch wetterabhängig. Bei Sonnenschein dauert das wenige Stunden und bei Regenwetter kann es bis zum Abflug Tage dauern. Ich habe den entscheidenden Moment beim Schlüpfen einer Blaugrünen Mosaikjungfer in drei Bildern festgehalten.

Blaugrüne Mosaikjungfer beim Schlüpfen.

SEPTEMBER

22. September   Geschafft!

Am 21. September zeigte ich den erfolgreichen, schwierigsten Moment einer Blaugrünen Mosaikjungfer beim Schlüpfen und schrieb, dass es bis zum Wegfliegen je nach Wetter zwei Stunden oder mehrere Tage dauern könne. Genau bei dieser Libelle dauerte es dann bis zum erfolgreichen Wegfliegen aufgrund des schlechten Wetters mit täglichem Regen ganze fünf Tage. Das Bild vom ersten Tag zeigt die Libelle kurz nach der Entwicklung der Flügellänge und das Bild vom fünften Tag zeigt die Libelle Sekunden vor dem erfolgreichen Abflug. Die Libellen müssen offenbar nach dem Ausbruch aus der Hülle über genügend Nahrungsreserven verfügen, um diese lange Zeit ohne jegliche Nahrungsaufnahme überstehen zu können. Bei diesem von mir beobachteten Beispiel waren es fünf Tage, bis die Libelle den Abflug geschafft hatte. Wie lange sie es maximal aushalten könnte, ist mir nicht bekannt.

1. Tag   *2. Tag*

3. Tag   *5. Tag*

SEPTEMBER

23. September   **Das Verhalten als Namensgeber**

Siebenschläfer können in der Winterszeit und darüber hinaus sieben Monate schlafen. So kamen diese in den Bäumen lebenden, geschickten Kletterer zu ihrem Namen. Die zu den Bilchen zählenden Tiere benötigen als Nahrung vor allem Buchennüsse, Knospen, Blätter und Baumfrüchte. Siebenschläfer können neunjährig werden, haben aber auf Grund ihrer Fressfeinde und fehlender Landschaftsstrukturen meist eine kürzere Lebenserwartung. Früher wurden die Siebenschläfer wegen ihres begehrten Fleisches stark gejagt. Auffallend ist ihr Kopf mit den grossen, dunkeln Augen und den langen Schnurrhaaren. Eine Besonderheit, von der ich lange nichts wusste, ist, dass sie bei Gefahr dank einer Sollbruchstelle einen Teil ihres Schwanzes abstossen können. Ein abgestossenes Schwanzteil wächst ohne bleibende Veränderung wieder nach. Weil Siebenschläfer vorwiegend nachtaktiv sind, ist deren Beobachtung schwierig. Am ehesten gelingt das in der Nähe ihrer Behausungen. Diese bestehen aus natürlichen Baumhöhlen, verlassenen Nistkästen von Vögeln und nicht allzu selten in älteren Gebäuden und Schuppen. Dort kommt es gelegentlich zu unerwarteten, überraschenden Begegnungen mit Menschen. Ein Wurf besteht aus fünf bis sieben Jungtieren.

Der Siebenschläfer gilt in der Schweiz als nicht gefährdet. Auf Grund zunehmend fehlender Lebensräume ist er aber seltener geworden.

Meine Beobachtung eines Siebenschläfers machte ich im Emmental, als dort Vogelnistkästen kontrolliert wurden.

Siebenschläfer klettert nach dem Verlassen eines Nistkastens zuoberst auf einen Ahorn.

SEPTEMBER

24. September   **Ein Bär im Garten**

Der Braune Bär wird in vielen Ländern auf der Roten Liste der bedrohten Tierarten als gefährdet eingestuft. Grund dafür sind die zwar vielfältigen, aber durch die Bautätigkeit und die intensive Landwirtschaft immer weniger werdenden Habitate, welche diese Schmetterlinge benötigen.

Die Art gilt als Kulturflüchter und hochempfindlicher Bioindikator für natürliche Landschaften. Der Braune Bär wurde 2021 in Deutschland zum Schmetterling des Jahres bestimmt.

Der wunderbare Nachtfalter, Nachtfalter sind Schmetterlinge, ist bei geschlossenen Flügeln an einem Baumstamm kaum zu erkennen. Erst bei drohender Gefahr öffnet er die Flügel, um mit den zum Vorschein kommenden grellen Farben Fressfeinde zu erschrecken und von sich fern zu halten.

Die Beobachtung des Braunen Bär in unserem Garten zeigt mir, dass naturnahe Gärten in Bezug auf grössere, extensiv genutzte Landschaften wichtige Vernetzungsflächen darstellen können.

Brauner Bär mit geschlossenen und offenen Flügeln.

SEPTEMBER

25. September — Zwei sehr unterschiedliche Seiten

Schmetterlinge faszinieren auf verschiedenste Art und Weise. Einmal durch ihre ganze Entwicklung nach der Paarung über das Ei zur Raupe, zur Verpuppung und schliesslich zum Falter. Aber auch durch ihre Flugkünste und verschiedensten Muster, Farben und Schönheiten ihrer Flügel. Perlmutterfalter zum Beispiel zeigen sowohl auf der Ober- und Unterseite farbige Muster, während andere Falter eine sehr schlichte Flügelunterseite aufweisen, um dann umso mehr mit ihrer Flügeloberseite zu glänzen und zu begeistern. Bei einigen Faltern gibt es dabei klare Unterschiede zwischen den Weibchen und Männchen, während sich andere Schmetterlinge durch ihr Farbmuster und die Farbintensität allein geschlechtlich kaum unterscheiden lassen.

Das klassische Beispiel für die Unterschiedlichkeit zwischen der Ober- und Unterseite ist für mich das Tagpfauenauge. Die Flügelunterseite ist schlicht geadert und mehr oder weniger einheitlich dunkel, während die Flügeloberseite sehr intensiv mehrfarbig ist und vier auffallende Augen zeigt. Schmetterlinge saugen sehr oft mit geschlossenen Flügeln und sind nicht immer einfach mit offenen Flügeln zu beobachten. Um ein Foto zu machen, braucht es sehr oft viel Geduld. Im vorliegenden Fall mit dem wunderschönen Tagpfauenauge benötigte ich sicher gute dreissig Minuten, um den Falter mit offenen Flügeln fotografieren zu können. Das Warten hat sich allerdings gelohnt.

Tagpfauenauge mit geschlossenen Flügeln, wenig offenen Flügeln mit neckischem Auge, mit offenen Flügeln und in voller Pracht.

SEPTEMBER

26. September   **Schmetterlinge sind hart im Nehmen**

Im Sommer 2021 hatten es Schmetterlinge witterungsbedingt sehr schwer. Der Sommer war so nass und kalt wie in den letzten zwanzig Jahren nicht mehr. Auch gab es in verschiedenen Regionen starken Hagel und kräftige Gewitter, welche vielen Landwirten, aber vor allem den Früchte- und Gemüseproduzenten schwere Verluste zufügten. Viele Insekten und darunter auch viele Schmetterlinge haben darunter gelitten. Sie sind aber hart im Nehmen und gegen Naturereignisse können sie sich besser schützen als gegen einen Einzug in einen Siloballen bei der landwirtschaftlichen Futterbeschaffung.

Immer wieder staune ich, wie stark verwitterte Falter und havarierte Falter noch in der Lage sind, die letzten Sommertage zu geniessen. Zwar zart gebaut, aber hart im Nehmen, saugen zahlreiche Falter, wie hier abgebildet das Kleine Ochsenauge und der Schwalbenschwanz, im Garten an den letzten Blüten des Jahres.

Das Kleine Ochsenauge (links) und der Schwalbenschwanz haben witterungs- oder feindbedingte Blessuren überstanden.

SEPTEMBER

27. September   Der Experte

Auf einem Weidenblatt am Biotoprand konnte ich eine Raubfliege mit Beute fotografieren. Ich finde es ein interessantes Bild. Ich vermutete, es handle sich um die Schlichte Raubfliege machimus rusticus. Ich wollte aber ganz sicher sein und wie immer in solchen Fällen fragte ich meinen lieben Bekannten, den emeritierten Biologie-Professor Jürg Zettel, um eine Bestimmung des eingesandten Bildes.

Seine grossartige Rückmeldung möchte ich Ihnen wörtlich vorlegen. Und natürlich auch sein Bild der mir vorher nicht bekannten, beeindruckend schönen Röhrenspinne aus dem Wallis.

Lieber Hanspeter

ich würde auch auf die Gattung Machimus tippen. Davon gibt es in Mitteleuropa vierzehn Arten, Raubfliegen total ca. 200! Zur Artbestimmung müsste man das Tier unter die Lupe nehmen können.

Das Foto finde ich sehr schön und spannend: es ist das abrupte Ende eines Hochzeitsflugs! Die Beute, die gerade ausgesaugt wird, ist nämlich ein Ameisen-Geschlechtstier (ein Männchen)!

Raubfliegen sind eine sehr formenreiche Gruppe; die Laphria hast du ja schon selber erlebt. Ich hänge ein Bild einer Leptogaster an (übersetzt heisst das Schmalbauch). Letzthin waren wir im Wallis ob Erschmatt und haben dort die Röhrenspinne (Eresus kollari) gefunden – wohl eine der schönsten Spinnen bei uns!

Liebe Grüsse, und weiterhin spannendes Fotografieren!

Jürg

Immer wieder werde ich von den Leuten gefragt, woher denn ein ehemaliger Fussballtrainer ein solches Wissen habe? Die Antwort: Als Knabe von meinem Vater und heute von ausgewiesenen, mich unterstützenden Experten unserer Flora und Fauna.

Raubfliege mit Beute.

Röhrenspinne, Foto Jürg Zettel.

SEPTEMBER

28. September **Ein Augenschmaus**

Einfach nur zum Geniessen. Einer von vielen wunderbaren Augenblicken, welche in naturnahen Gärten zu erleben sind. Bedingung dazu sind einheimische Wildblumen und Verzicht auf jeglichen Einsatz von chemischen Spritzmitteln.

Abflug eines Grünader-Weisslings von einer Blutweiderich-Blüte.

SEPTEMBER

29. September   Keine Zweifel

Bei leicht bewölktem Himmel mache ich heute Morgen mit dem Fotoapparat um den Hals eine Runde im Garten. Es gibt immer noch Blüten und ich schaue mich nach Insekten um. Ich entdecke einen Pinselkäfer, wenige Zweiflügler und einige Hummeln. Am Biotop noch drei Libellen, alles Männchen der Blaugrünen Mosaikjungfer. Das wars schon. Viel zu wenig für das vorhandene Angebot.

Am Nachmittag mache ich einen Spaziergang mit meiner Frau Thilde. Die gewählte Rundwanderung Fall im Innereriz verläuft auf 1100 Meter Höhe und führt mehrheitlich über Alpweiden und an Waldrändern vorbei. Wieder habe ich die Kamera dabei in der Hoffnung, etwas Interessantes zu entdecken. Insekten zum Beispiel. Tatsächlich sehe ich an Grashalmen zwei Motten und in der Luft einige Mücken und am Himmel über uns kreisen drei Mäusebussarde. Eine magere Ausbeute, finde ich. Klar, es ist Herbst und bei Sonnenschein wäre das Ergebnis sicher besser gewesen. Ein alter Baumstrunk voller Pilze scheint mir immerhin eine Aufnahme wert. Am Abend lese ich eine E-Mail der Naturwissenschaftlichen Gesellschaft Thun. Im Text wird unter anderem auf den Newsletter Nr. 7 vom 8.9.2021 von der Akademie der Naturwissenschaften der Schweiz (scnat) hingewiesen. Was ich dort zu lesen bekomme, entspricht genau dem, was ich heute im Garten und beim Spaziergang auch feststellte. Selbst unter Berücksichtigung der Jahreszeit und der Wetterlage hätte ich deutlich mehr Insekten und Insektenarten sehen müssen. Klar unternahmen Thilde und ich den Spaziergang auch, weil uns die Bewegung in der Natur guttut. Wer aber «nur» der Fitness wegen unterwegs ist, dem fällt das Fehlen der Insekten nicht auf.

Ich habe keine Zweifel an einem fortschreitenden Insektensterben und bin gespannt, wie Gesellschaft und Politik auf das vorgeschlagene Zwölfpunkteprogramm der Wissenschaftler reagieren werden. Ein Programm mit zwölf Punkten scheint mir persönlich, bei allem Verständnis für ein ganzheitliches Angehen, überladen. Eine Konzentration auf vorläufig drei entscheidende, politisch mehrheitsfähige und in absehbarer Zeit realisierbare Punkte wäre aus meiner Sicht erfolgsversprechender gewesen.

Auszug aus dem Newsletter Nr.7 vom 8.9.2021 der Akademie der Naturwissenschaften Schweiz.

7.9.2021 | Medienmitteilung

Immer stiller und eintöniger: Erster umfassender Bericht zum Zustand der Insekten in der Schweiz

Die Situation der Insekten in der Schweiz sei besorgniserregend, schreiben Forschende am Dienstag im ersten umfassenden Zustandsbericht «Insektenvielfalt in der Schweiz», publiziert vom Forum Biodiversität der Akademie der Naturwissenschaften Schweiz. Sie haben die verfügbaren Daten der Roten Listen, von Monitoringprogrammen und Studien analysiert. Demnach gingen Vielfalt und Grösse der Insektenbestände vor allem im Mittelland stark zurück, mittlerweile aber auch im Jura und in den Alpen. Um die teils dramatischen Entwicklungen zu stoppen, schlagen die Autorinnen und Autoren das wissenschaftlich basierte «12-Punkte-Programm Insekten» vor.

Absender
Forum Biodiversität Schweiz

scnat
akademie der naturwissenschaften

Kontakt
Dr. Ivo Widmer
SCNAT
Forum Biodiversität Schweiz
Haus der Akademien
Postfach
3001 Bern

✉ E-Mail

Sandra Sollberger, Hans-Peter Wymann, Marcel Strupler, Andreas Aebi, Marcel Dettling, Hanspeter Latour (von links).

30. September — Biodiversität machts möglich

Andreas Aebi ist 2021 als Nationalratspräsident für ein Jahr der oberste Politiker unseres Landes. Wir kennen uns schon länger und fühlen uns verbunden durch die Wertschätzung der Natur und Förderung der einheimischen Vogelwelt. Hans-Peter Wymann, einer der anerkanntesten Schmetterlingsexperten der Schweiz, lernte ich vor vielen Jahren durch einen Zufall, einmal mehr war der Fussball im Spiel, nach einer Schmetterlingsbeobachtung im Eriz kennen. Seither pflegen wir ein freundschaftliches Verhältnis und sind bezüglich Schmetterlinge und Biodiversität in einem regelmässigen Austausch. Hans-Peter bemängelte dabei das fehlende Interesse und den schwierigen Zugang zu den Entscheidungsträgern in unserem Parlament. Ich dachte sofort an Res Aebi und täuschte mich nicht. Res und seine ebenfalls naturverbundene Frau Thea wollten Hans-Peter kennen lernen und ihn bezüglich seiner Schmetterlingskenntnisse und Vorstellungen der ökologischen Landschaftsstrukturen anhören. Nach diesem gemeinsamen Treffen waren sich zwar Res und Hans-Peter wie erwartet nicht überall einig. Hier der erfahrene, erfolgreiche Landwirt und Politiker und anderseits der Wissenschaftler und Naturschützer. Faktisch gesagt: Einer will die Wiesen für die Kühe und der andere für die Schmetterlinge. Weil beide über ihre Fachgebiete hinausschauen können, war aber klar, dass nur gemeinsame Lösungen zum Ziel führen. Das friedliche, aber auch emotional geführte Gespräch war für mich als Naturbeobachter und Brückenbauer äusserst interessant. Beim Abschiedsgruss meinte Res, wir sehen uns im Bundeshaus! Hans-Peter und ich bekamen dabei leicht rote Köpfe und wirkten, was bei mir eine Seltenheit ist, etwas verlegen.

Res hatte Corona-bedingt ein schwieriges Präsidialjahr. Von allen Seiten wurde ihm zugestanden, er habe die ehrenvolle Aufgabe bravourös gemeistert. Und er hat dabei Hans-Peter und mich nicht vergessen. Von der Besuchertribüne aus konnten wir das Ratsgeschehen verfolgen und uns beim Mittagessen mit einer Gruppe interessierter Politikerinnen und Politiker über unsere Anliegen unterhalten. Beim Kaffee im Büro des Nationalratspräsidenten ging der Austausch weiter, bis Res mit der Glocke im Nationalratssaal die Nachmittagssitzung eröffnete.

Biodiversität ist ein Anliegen aller. Lösungen können nur gemeinsam auf demokratischem Weg gefunden werden. Schöner könnte es das Bild von unserem Treffen nicht zeigen. Res Aebi und drei starke Vertreterinnen und Vertreter der SVP. Das Foto machte übrigens Balthasar Glättli, Präsident der Grünen.

Oktober

OKTOBER

1. Oktober — Unterwegs

Auf der Geissegg sieht man viel Diversität in der Mobilität.

OKTOBER

2. Oktober

Dürfte nicht sein

Jährlich werden auf Schweizer Strassen Tausende von Igeln überfahren. Dies trotz präventiver Massnahmen und Plakataktionen. Angepasste Geschwindigkeit und bessere Aufmerksamkeit beim nächtlichen Fahren würden hier viel helfen. Igel haben es mangels vernetzter Lebensstrukturen immer schwieriger, sich fortzupflanzen. Die Zeiten, in denen in ländlichen Gegenden praktisch in jedem Garten Igel anzutreffen waren, sind längst vorbei. Wer heutzutage einen Igel im Garten weiss, darf sich glücklich schätzen. Um zu überleben braucht ein Igel mehrere Gärten. Dabei sind engmaschige Zäune für die Tiere unüberwindbare Hindernisse. Mangels natürlichem Futter wird dann versucht, den Igeln zu helfen, indem man sie füttert, was mit geeignetem Futter (Katzenfutter) nötigenfalls auch möglich ist. Keinesfalls sollte man Igeln Milch geben. Diese ist für sie unverträglich und kann zum Tod führen. Achten Sie bitte auf Igel! Das ist ein Aufruf, welcher sowohl für Strassenbenützer wie für Gartenbesitzer gilt.

Präventiv wirkende Plakate.

Ein trauriges Bild: überfahrener Igel mitten auf der Strasse.

Igel im Gras.

OKTOBER

Blaugrüne Mosaikjungfern im Biotop beim Eierlegen.

3. Oktober

Vor dem Einnachten

Im Spätsommer und Herbst gibt es am Biotop immer Edellibellen zu beobachten. Tagsüber fliegen die Männchen der Blaugrünen Mosaikjungfer ihre Wächterflüge und versuchen, Kontrahenten aus ihrem Revier zu vertreiben. Wagt sich ein Weibchen in die Nähe, versuchen die Männchen, dieses sofort für die Paarung zu packen, was teilweise auch gelingt. Im Paarungsrad fliegt das Paar dann in den meisten Fällen hoch in die Baumwipfel, um dort die Paarung zu vollziehen. Gegen Abend ziehen sich die Männchen zurück. Jetzt kommen in der letzten Abendstunde bis zum Einnachten noch die Weibchen ans Biotop. Ungestört können sie jetzt an verschiedensten Stellen ihre Eier ablegen. Am feuchten Biotoprand ins Moos, ins Totholz oder an Pflanzenteile nahe am Wasser. Am schönsten sind sie für mich zu beobachten, wenn sie an den schlanken, aus dem Wasser ragenden Totholzstämmen nur knapp über dem Wasser ihre Eier ablegen. Mit dem entsprechenden Foto möchte ich Sie an dieser schönen Naturbeobachtung teilhaben lassen.

OKTOBER

4. Oktober **Völlig unerwartet**

Thilde und ich sind an einem Vormittag im Garten des Schlosses Bümpliz zu einem Hochzeitsapéro eingeladen. Ein glückliches Hochzeitspaar, aufgestellte Gäste und, nicht ganz unwichtig, strahlendes Wetter erwarten uns.

Der Bräutigam, mein Neffe, war ein langjähriger YB-Goalie. Klar, dass viel ehemalige Fussballprominenz unter den Gästen vertreten ist und bei den Gesprächen die Biodiversität nicht im Vordergrund steht. Immerhin kann ich an unserem Stehtisch noch auf den einen oder anderen in unserer Nähe an einer Blüte saugenden Schmetterling aufmerksam machen. Irgendwie sind die fussballaffinen Gäste dann doch noch beeindruckt, dass ich die Falter beim Namen nannte.

Jedenfalls wollen Thilde und ich wieder frühzeitig ins Berner Oberland zurückfahren und den warmen Abend noch in unserem Garten verbringen. Und so verabschieden wir uns am frühen Nachmittag und gehen Richtung Parkhaus, um ins Auto zu steigen. Der Weg führt uns durch eine leicht im Schatten liegende, glatte, hellere Wände aufweisende Passage eines Warenhauses. Und dann kommt Thildes grosser Augenblick. Sie entdeckt an der Wand einen grossen, deltaförmigen Schmetterling. Obwohl ich diesen Falter noch nie in natura gesehen habe, ist mir klar, dass es ein Russischer Bär sein muss. Ich bin begeistert ob dem schönen und zudem eher selten zu sehenden Nachtfalter und Thilde macht mit ihrem Handy, ich hatte meines im Auto, einige Fotos.

Diese Hochzeit unter Fussballern bleibt mir jedenfalls auch biodiversitätsmässig in bester Erinnerung. Thilde sei Dank für die Entdeckung und das beweisende Foto.

Russischer Bär.

OKTOBER

5. Oktober **Grosser Respekt, aber...**

Wo soll da eine Feldlerche brüten, ein Wiesel eine Maus fangen oder ein Schmetterling eine Futterpflanze finden? Bei allem Respekt für die Arbeit der Bauern, die sie für unsere Ernährungssicherheit leisten. Aber gerade diese Zeitungsseite zeigt einmal mehr, wie aufgeräumt und nur auf Ertrag ausgerichtet ein grosser Teil unserer Landwirtschaft heute aussieht. Die hier als Kunstwerke bezeichneten, intensiv bewirtschafteten Landschaften würden diesem Qualitätsausdruck erst gerecht, wenn irgendwo noch etwas von den vorgeschriebenen sieben Prozent der biodiversitätsfördernden Flächen (BFF) zu erkennen wäre. Mir ist klar, dass ich polarisiere und pauschalisiere. Ich glaube aber, dass die grosse Kunst der Landwirte in Zukunft darin besteht, neben dem Ertrag auch der Nachhaltigkeit unserer Tier- und Pflanzenwelt gerecht zu werden. Sie dabei zu unterstützen, ist ein wichtiger Auftrag unserer Gesellschaft und der politischen Gremien.

Zeitungsseite aus dem Thuner Tagblatt.

OKTOBER

6. Oktober   **Auf der Lauer**

Im Herbst sind am Biotoprand wieder vermehrt Grasfrösche zu beobachten. Vorwiegend in den späteren Nachmittagsstunden und vor dem Eindämmern versuchen sie, Wächterflüge absolvierende Libellen, Männchen oder eierlegende Weibchen zu fangen. Sie versuchen dies, indem sie vom meist etwas versteckten Lauerplatz aus nach den Libellen springen. Eher selten habe ich dabei einen erfolgreichen Sprung beobachten können. In der Regel müssen sich die Grasfrösche wohl mit langsameren Beutetieren wie Schnecken begnügen.

Grasfrosch am Biotop auf der Lauer nach Beute. Hier eine Libelle.

OKTOBER

7. Oktober — **Zwei unvergessliche Rehaugen**

Der Inhalt meines Gespräches mit Walter, einem Einheimischen, Vertrauter und Unterstützer des Wildhüters, dreht sich um den hiesigen Rehbestand. Ich vertrete dabei aufgrund meiner Beobachtungen die Meinung, dass der Bestand abgenommen habe. Mein Gegenüber verneint diese Auffassung nicht gänzlich, meint aber, der Eindruck täusche ein wenig, weil die Rehe auf Grund verschiedenster, vom Menschen verursachter Störungen viel häufiger in der Nacht unterwegs seien und tagsüber kaum mehr aus den Wäldern kämen. Das leuchtet mir irgendwie ein.

Wieso auch immer, gehe ich direkt nach dem Gespräch mit Feldstecher und Fotoapparat bewaffnet in unser kleines, an den Garten angrenzendes Wäldchen, um mich wie gewohnt etwas umzusehen. Nichts Aussergewöhnliches. Doch halt! In einer grasigen, kleinen Lichtung entdecke ich im niedrigen Bewuchs zwei Ohren. Ich halte mich still und erkenne eine leichte Bewegung. Ich denke an einen Hasen und versuche mich so langsam zu bewegen, dass mir ein Foto gelingen könnte.

Erstaunlicherweise gelange ich immer näher an die Ohren. Und zwar so nahe, bis ich vor mir ein Reh sehe, welches mich traurig anschaut und keine Anzeichen zur Flucht macht. Ich wusste sofort, dass es diesem Tier nicht gut ging. Das Reh wurde offenbar angefahren und blieb hier mit einem offenen Bruch an einem der beiden Hinterläufe, sicher mit grossen Schmerzen, bis zu meinem Auffinden liegen. Ich rufe Walter an. Zehn Minuten später ist er vor Ort und nach einem kurzen Telefon mit dem Wildhüter erfolgt auch schon der erlösende Abschuss.

Andreas, der Wildhüter, bedankt sich persönlich bei mir für die Meldung und sagt, dass das Tier auf Grund des Aussehens sicher schon zwei Tage derart am Leiden gewesen sei. Diese zwei Rehaugen werde ich nie vergessen. Ich appelliere an jeden Fahrzeuglenker, Zusammenstösse mit Wildtieren unverzüglich und gesetzesmässig zu melden, damit nach den verletzten Tieren gesucht werden kann.

Verletztes Reh am Fundort.

Offener Bruch am linken Hinterlauf.

OKTOBER

8. Oktober

Vom Menschen gebaut, von der Natur angenommen und vollendet

Das grosse und kleine Wasserbiotop in unserem naturnahen Garten haben wir künstlich angelegt und möglichst natürlich gestaltet. Nach zehn Jahren hat die Natur die Strukturen angenommen und vollendet. Nebst einem grossen Pflanzenreichtum haben sich verschiedenste Tiere den geschaffenen Lebensraum zu Nutzen gemacht.

Kein Satz könnte das besser erklären als das untenstehende Bild. Das Foto gelang mir, als ich in den frühen Abendstunden dem Treiben der Libellen zuschaute. Am aus dem Wasser ragenden, mit Pilzen und Moos bewachsenen Totholzstamm erkennt man eine Blaugrüne Mosaikjungfer beim Eierlegen, darunter im Wasser eine Spitzsumpfschnecke und einen räuberischen Gelbrandkäfer.

Auf dem Bild von oben nach unten: Blaugrüne Mosaikjungfer, Spitzsumpfschnecke und Gelbrandkäfer.

OKTOBER

9. Oktober **Eine unglaubliche Beobachtung mit Beweisbild**

Schmetterlinge haben je nach Art ein sehr unterschiedlich langes, meist jedoch eher kurzes Leben. Als Todesursache gibt es verschiedenste Gründe. Schmetterlinge können Opfer sein von Fressfeinden, Wettereinflüssen oder giftigen Spritz- und Streumitteln. Dazu kommt das altersbedingte, natürliche Ableben. Im Herbst beobachte ich im Garten öfters Schmetterlinge, welche farblich und gestalterisch deutliche Alterserscheinungen aufweisen. Sie sind dabei nur noch für kürzere Strecken flugfähig und verlassen den Garten nicht mehr. Auf Grund von Merkmalen an den Flügeln, an denen man den Verschleiss erkennen kann, konnte ich einen Kaisermantel in seinen letzten Tagen bis zu seinem Ableben beobachten.

Die letzten zwei Tage verbrachte der schwächelnde Falter am offen bewachsenen Biotoprand. Ich hatte den Eindruck, dass es ihn zum seichten Wasser zog. An seinem letzten Lebenstag schnappte dort ein Grasfrosch nach ihm. Es ging sehr schnell und als die Situation wieder überschaubar war, befand sich der Kaisermantel auf dem Kopf des Grasfrosches! Eine unglaubliche Szene, welche ich als Beweis für ihre Glaubwürdigkeit sofort fotografisch festhielt. Der Frosch tauchte ab und interessierte sich nicht mehr für den auf dem Wasser liegenden Falter. Mit einem Holzstock nahm ich den Schmetterling aus dem Wasser an den Biotoprand. Er lebte noch, war aber nicht mehr in der Lage, sich fortzubewegen, und verstarb kurz darauf.

Kaisermantel auf dem Kopf des Frosches.

Kaisermantel in vollster Pracht (oben) und kurz vor dem Ableben (unten).

OKTOBER

10. Oktober — **Einheimische Seerosen**

Im Wasser wachsende Blütenpflanzen haben einen besonderen Reiz. Mir haben es die Seerosen besonders angetan. Dabei muss man wissen, dass einheimische Seerosen nur weisse Blüten tragen. Sie können diese Art gleichwohl in verschiedensten Farbtönen bewundern. Im Herbst vor dem winterlichen Absterben zeigen sich die auf dem Wasser liegenden Blätter in wunderschönen Farben.

Im Biotop sind Seerosen für das Wasser wichtig. Einerseits für die Beschattung des Wassers, anderseits auch für die Nährstoffentnahme. Vor der Einwinterung müssen sie abgeschnitten werden und das Schnittgut und abgestorbene Pflanzenteile aus dem Wasser genommen werden. Unter einer geschlossenen Eis- und Schneedecke liegend würde das Pflanzenmaterial beim Zersetzungsprozess dem Wasser Sauerstoff entziehen und dabei giftige Gase entwickeln und die im Biotop überwinternden Grasfrösche gefährden.

Farbliche Veränderung Sommer/Herbst der Seerosenblätter.

OKTOBER

11. Oktober **Gesprengt**

Meine Frau Thilde und ich unternehmen einen Spaziergang bis zum Schwängli. Das ist ein kurzer, hin und zurück etwa 45 Minuten dauernder gemütlicher Fussmarsch in einem schönen Berggebiet. Wie immer bei solchen Spaziergängen hängt die Kamera um meinen Hals. Wir sind noch nicht lange unterwegs, da sehe und fotografiere ich eine auf einem Stein auf Beute lauernde Jagdspinne. Kurz danach, direkt an unserem Wegrand, steht in einer Waldlichtung eine Gämse. Ein Jährling, schätze ich auf Grund der Hörner. Wie das Jungtier unser Näherkommen bemerkt, entfernt es sich langsam von uns. Nicht fluchtartig, eher verunsichert und verstört, um dann in einer nahen Geländemulde ganz aus unseren Augen zu verschwinden. Thilde und ich bleiben noch einen Moment auf dem Weg stehen, um die gemachten Fotos anzuschauen. Zu unserem Erstaunen kommt der Jährling jetzt wieder hangabwärts direkt auf uns zu, wo wir diesen auch erstmals gesehen haben. Er scheint etwas zu suchen. Für Thilde und mich ist sofort klar; das Jungtier hat unterwegs seinen «Aufpasser», das kann die Mutter oder ein älterer Bock sein, verloren. Beide wurden durch ein Ereignis gesprengt. Am ehesten durch einen entlaufenen, jagenden Hund. Die vorher fotografierte Jagdspinne, bei allem Respekt vor ihrem Aussehen, konnte jedenfalls nicht der Grund sein. Nur etwa zehn Meter vom Jährling entfernt machte ich noch einige Fotos. Erst jetzt merkte dieser, dass wir wohl nicht die richtigen Ansprechpartner sind, und rannte hangaufwärts davon.

Auch Thilde und ich setzen unseren Spaziergang fort und hoffen dabei, dass sich die Tiere bald wieder finden werden und verantwortungsvolle Hundehalter ihre Hunde in Wildgebieten nicht von der Leine lassen.

Der Jährling entzieht sich langsam unseren Blicken...

...und kommt innert Kürze den gleichen Weg zurückgerannt.

Jagdspinne.

OKTOBER

12. Oktober   **Die letzten Blütenstreifen**

Schmetterlinge und viele weitere Insekten sind dankbar, wenn es bis in den Frühherbst noch Blüten gibt. Oreganum, Grosse Margriten, Wilde Möhren, Bergastern, Lavendel sind spät blühende Blumen. Entlang einer Hecke an sonniger Lage haben wir eine solche etwas wilde Rabatte. An einem sonnigen Tag saugen hier zahlreiche Schmetterlinge, Bienen, Zweiflügler und viele andere Insekten an den Blüten. Teilweise sieht man ihnen an, dass sie wohl die letzten Tage vor sich haben. In der Landschaft blüht kaum noch etwas und in vielen Gärten wird schon aufgeräumt. Will heissen, was sich nicht mehr in voller Pracht präsentiert, wird abgeschnitten. Schade. Denn an meiner Rabatte, welche ich bis zum Absamen stehen lasse, erlebe ich, wie wichtig die abblühenden Pflanzen im Herbst für Schmetterlinge, Bienen und weitere Insekten sind. Mir verlängert jedenfalls der rege «Flugbetrieb» beim Beobachten den Sommer.

Blühstreifen entlang der Hecke mit Schmetterlingen und Rosenkäfern.

OKTOBER

Erwachsenes Alpenmurmeltier.

13. Oktober   **Begegnung mit dem Alpenmurmeltier**

Das Alpenmurmeltier ist in Mitteleuropa im Hochgebirge heimisch. Murmeltiere (Marmota) werden bei uns oft als Munggen bezeichnet. Sie gehören zur Familie der Hörnchen und sind Nagetiere. Die Lebenserwartung beträgt bis zu fünfzehn Jahre. Mehrheitlich leben sie in kleineren oder auch grösseren Kolonien. Alpenmurmeltiere haben jährlich zwei bis fünf Junge. Tagsüber sind sie für die Futterbeschaffung unterwegs. Diese besteht hauptsächlich aus Gräsern und Kräutern. Die Nacht und heisse Tage verbringen sie in ihren unterirdischen Bauten. Dort halten sie von Ende September bis Mitte April oder gar Anfang Mai ihren Winterschlaf. Dort zehren sie von ihren Fettreserven, welche sie sich im Herbst angelegt haben. Dabei verlieren sie bis zur Hälfte ihres Körpergewichtes und die Körpertemperatur sinkt bis auf 3 Grad ab.

Genauere Bestandeszahlen fehlen. Zudem sind die Bestände regional sehr unterschiedlich. Mancherorts sind die Munggen ganz verschwunden. An anderen Orten haben ihre Bestände zugenommen. Im Lötschental beispielsweise wagen sich die Tiere bis in die Wohngebiete. Selbst erinnere ich mich an eine sehr eindrückliche Beobachtung. Es dürfte gut dreissig Jahre her sein. Ich war mit unserem Sohn Yves unterhalb der Sieben Hengste in Richtung Sichel unterwegs. Vor dem kurzen Abstieg ins Inner eriz wollten wir noch die Abendsonne geniessen. Also setzten wir uns auf einen grossen Stein und gönnten uns die letzten «Bissen» und «Schlücke» aus unseren Rucksäcken. Völlig unerwartet tauchten ganz in unserer Nähe vier bis sechs junge Murmeli aus dem Boden hervor und zeigten sich spielend, uns nicht beachtend, in der Abendsonne. Das Treiben dauerte allerdings nicht lange. Aus einer Öffnung eines Murmelbaus erschien der Kopf eines erwachsenen Murmeltieres. Ein kurzer Blick und ein Schnuppern nach links und rechts, ein schriller Pfiff und blitzartig verschwanden die Jungtiere im Boden. Yves und ich reden noch heute begeistert von dieser Beobachtung, obwohl wir von der möglichen Schelte der Mutter an die unvorsichtigen Jungen nichts mitbekommen haben.

Leider gibt es hier, warum auch immer, seit Jahren keine Alpenmurmeltiere mehr zu beobachten.

OKTOBER

14. Oktober **Fauna- und Florahabitate**

Eine neue Blütenpflanzen-Zuchtform im naturnahen Garten. Die Kaisermantelskabiose. Könnte man zumindest beim Betrachten des untenstehenden Bildes meinen.

Dem ist nicht so. Das Bild zeigt jedoch, wie eng Flora und Fauna miteinander verbunden sind. Man bezeichnet bestimmte schützenswerte Gebiete als Fauna- und Florahabitate. Bei uns sind das mehrheitlich Naturschutzgebiete. Diese Flächen beinhalten Landschaftsstrukturen für verschiedene Tier- und Pflanzenarten, welche untereinander in einer gewissen Abhängigkeit stehen.

Diese Schutzgebiete werden ergänzt durch die in der Landwirtschaft. Für den Erhalt der staatlichen Flächenbeiträge sind sieben Prozent Biodiversitätsförderflächen (BFF) vorgeschrieben. Dazu kommen immer mehr öffentliche Parkanlagen und naturnahe private Gärten.

Im europäischen Vergleich der landesweit ausgewiesenen, unter Naturschutz gestellten Flächen belegt die Schweiz prozentual einen der letzten Ranglistenplätze.

Ich zumindest finde es zu wenig. Gerade die vielfältigen Mosaiklandschaften unseres Landes zeigen immer noch ein artenreiches Vorkommen von Pflanzen und Tieren. Damit das so bleibt, sind grosse Anstrengungen nötig und auch bereits im Gange. Ich denke da zum Beispiel an Renaturierungsprojekte von Fluss- und Bachläufen. Es braucht aber meines Erachtens noch mehr Aufklärungskampagnen, um das Bewusstsein der heranwachsenden Generation entsprechend zu schärfen.

Zurück zum Bild. Der Kaisermantel und die Skabiose, eine einheimische Wildblumenart, ergänzen sich in unserem Gartenhabitat derart gut, dass man meinen könnte, sie seien eins. Wo der Schmetterling ist, ist auch eine seiner Futterpflanzen. Der umgekehrte Fall muss nicht immer zutreffen.

Skabiosen-Blüten und der Kaisermantel sind ein fester, auf dem Bild gar unzertrennlicher Bestandteil unseres Gartenhabitats.

OKTOBER

15. Oktober   **«Glure» oder Gemeiner Hohlzahn**

Den Gemeinen Hohlzahn kennt man je nach Gegend unter verschiedenen Bezeichnungen. Im Bernbiet vor allem als «Glure».

«Gluren» gelten bei vielen als lästiges Unkraut. Die einjährige, zu den Lippenblütlern zählende Pflanze wächst in unserem Garten an Heckenrändern und in Böschungen, vielfach in Gesellschaft von Brombeerstauden, recht üppig. Eigentlich erstaunlich, weil sich die bis zu sechzig Zentimeter hohe Pflanze jährlich neu wachsend nur durch ihren Samen vermehren kann. Diese Samen in den Blütenständen der Pflanze sind im Spätsommer und Herbst ein sehr beliebtes, wertvolles Futter für verschiedene Vogelarten. Speziell die Weidenmeisen bedienen sich über viele Tage an den «Gluren». Sie machen das sehr geschickt und halten sich vielfach, wenn vorhanden, an den etwas stabileren wilden Brombeerstengeln fest. Falls diese fehlen, können sie sich auch balancierend direkt an den «Glurenstengeln» festhalten.

Weidenmeise bedient sich an den Samen der abgeblühten Gluren.

OKTOBER

16. Oktober — Beim Beobachten im Garten

Ich sitze unter dem Ahorn auf einer Bank und beobachte, was sich am Biotop bewegt. Ein Weibchen des Hausrotschwanzes sitzt auf einer Totholzstruktur über dem Wasser. Nachbars Katze lauert am Biotoprand auf etwas Fangbares. Ob die mich wohl auch beobachtet oder zumindest gesehen haben? Natürlich! Der Rotschwanz hat die Katze und mich längst bemerkt und die Katze hat mich und den Rotschwanz genau im Auge. Alle drei müssen sich jedoch entscheiden, wem sie die grössere Aufmerksamkeit widmen. Ein falscher Entscheid könnte für den Rotschwanz tödlich enden. Der Katze könnte ich einen Schrecken einjagen. Und ich selbst könnte einen Schnappschuss verpassen. Merke, beim Beobachten in der Natur gilt es, Prioritäten zu setzen, und selbst wird man oft unbemerkt immer von etwas beobachtet.

Hausrotschwanz am Aufpassen.

Katze am Lauern.

OKTOBER

17. Oktober **Meine Freude war riesig!**

Vor Jahren konnten wir in unserem Garten immer Igel und Igelspuren beobachten. Das war einmal. So musste ich meinen Enkelkindern auf ihr Nachfragen jeweils antworten. Louna (4), Alexandre (6) und die 10 Jahre alte Annette leben in Zürich in Stadtnähe und haben in der freien Natur noch nie einen Igel gesehen. Das wollte ich ändern. Sie kommen in den Ferien regelmässig für einige Tage zu uns ins Eriz. Als mich die Verantwortlichen des Natur- und Vogelschutzes (NV) Wasen im Emmental anlässlich eines Vortrages fragten, mit was sie mir eine Freude bereiten könnten, war die Antwort klar: mit einem Igelhaus. Seit zwei Jahren steht das sehr schöne und passende Igelhaus nun unter unserem Holzschopf, leider immer noch unbewohnt. Als ich das Simon, einem jungen, sehr interessierten Mitglied des NV Wasen sagte, meinte er, auf der Wildtierstation Landshut, wo er gelegentlich arbeitet, gäbe es immer wieder Igel, die dort gepflegt werden müssten. Und diese müssten dann an einem geeigneten Ort ausgewildert werden. Ich meldete mein diesbezügliches Interesse sofort an. Schon bald konnte ich auf der Station ein älteres, wieder genesenes Igelmännchen abholen und setzte es sogleich in unserem grossen, naturnahen Garten aus. Die ersten Wochen nach der Auswilderung sah ich den Igel nie. Eine in der Nachbarschaft wohnende Frau hingegen sagte mir lediglich, dass sie eines Nachts bei der Heimkehr vor dem Haus einen grossen Igel gesehen habe. Mir war klar, dass das «unser» Igel war. Wichtig zu wissen, dass er noch lebte und sich in der Nähe seines angedachten Igelhauses bewegte. Von einer möglichen Fütterung sah ich ab, da der Igel in unserem Garten alles finden kann, was er zum Überleben braucht. Um zu erfahren, ob er das Haus auch wirklich benutzt, montierte ich mit etwas Abstand schliesslich eine Fotofalle.

Zu meiner grossen Freude lieferten mir die Bilder den Beweis, dass der Igel gut genährt und gesund ist und sein neues Zuhause angenommen hat. Unsere Enkelkinder dürfen sich auf eine Beobachtung freuen und ich hoffe, dass sich auch bald einmal ein Weibchen in den Garten wagt.

Nachtaufnahme.

Igel kurz nach dem Verlassen des Igelhauses.

OKTOBER

18. Oktober **Können Schmetterlinge unsere Gedanken lesen?**

Schmetterlinge verstehen unsere Sprache nicht. Daran habe ich keine Zweifel. Und Sie wahrscheinlich auch nicht. Es gibt Menschen, denen wird nachgesagt, dass Sie dank einer speziellen Begabung Gedanken anderer Menschen lesen können. Ich kann das nicht. Oder wäre dann jedenfalls nicht sicher, ob ich alles richtig gelesen hätte.

Ebenfalls bin ich nicht sicher, ob Schmetterlinge unsere Gedanken lesen können. Es kann auf Grund einer meiner Beobachtungen jedoch möglich sein. Ich habe mich auf eine Bank an einem Wanderweg gesetzt, um die Schönheit und Ruhe der Landschaft zu geniessen. Unweit der Sitzbank steht ein grüner Abfallbehälter. Nicht erwähnenswert, werden Sie nun denken. Er zieht jedoch meine Aufmerksamkeit auf sich, weil ein prächtiger Schmetterling, unverkennbar ein Kaisermantel, dort zur Landung ansetzt. Ausgerechnet auf dem aufgedruckten Hinweis zur Abfallentsorgung. Unpassend und unschön denke ich mir. Gleich daneben ist auf dem Behälter ein Kleber des örtlichen Tourismusvereins mit einer leuchtend gelben, strahlenden Sonne angebracht. Dort, an dieser Sonne, hätte der Kaisermantel landen müssen, um auf diese Weise das Eriz symbolisch als das Tal der Schmetterlinge zu präsentieren. Als fast Einheimischer und Naturbeobachter hat man solche Wunschträume. Ich wende meinen Blick wieder der jungen Zulg zu und geniesse noch eine Weile das beruhigende, leise Rauschen des Baches. Als ich zum Weiterwandern aufstehe, ist meine Blickrichtung gegeben und sind somit meine Augen wieder auf den Abfallbehälter gerichtet. Der Kaisermantel ist immer noch da. Nur einfach jetzt am gedanklich gewünschten Platz!

Erst jetzt können Sie den Titel dieser Geschichte verstehen. Die Fotos beweisen, dass es genau so war. Um in der Frage weiter zu kommen, empfehle ich Ihnen einen Selbstversuch.

Der Gedanken lesende Kaisermantel am Abfallbehälter.

OKTOBER

19. Oktober   **Ein Schutzreflex der besonderen Art**

Wenn sich die Raupe des Mittleren Weinschwärmers, das ist ein wunderschöner Nachtfalter, bedroht fühlt, reagiert sie mit einem bemerkenswerten Schutzreflex. Der kleine Kopf wird dabei mit den Thoraxsegmenten in das erste und zweite Hinterleibssegment eingezogen. Dadurch erscheinen die auf beiden Seiten vorhandenen Augenflecken bedrohlich gross, um mögliche Fressfeinde abzuschrecken. Zusätzlich ahmt die Raupe die Bewegung einer Schlange nach, indem sie ihr Vorderteil mit den Augenflecken nach links und rechts wendet. In unserem Garten dienen der Raupe das Grosse Weideröschen, der Blutweiderich und der Fieberklee als Futterpflanze.

Bei Bedrohung ahmt die Raupe eine Schlange nach.

Raupe am Fressen an Blutweiderich.

OKTOBER

20. Oktober   **Unscheinbar**

Nach dem Beobachten und Fotografieren der attraktiven Raupe des Mittleren Weinschwärmers begegne ich beim Gartenrundgang einer kleinen, unscheinbaren Raupe. Sie hängt an einem dünnen, oben an der Blüte eines Kerbelgewächses festgemachten Faden. Was wird wohl aus ihr? Die Antwort ist rasch gefunden: keine Ahnung. Jedenfalls unscheinbar und kein Foto wert. Oder doch? Weil es gerade das beste Beispiel ist, was Biodiversität eben bedeutet. Nämlich Artenvielfalt, egal ob attraktiv oder unscheinbar. Und deshalb hat die mir unbekannte kleine, an einem seidenen Faden hängende Raupe den Einzug in mein Buch geschafft.

Detail mit Raupe.

Raupe an einem Faden hängend unterhalb der Kerbelblüte.

OKTOBER

21. Oktober — Gemüseschädling

Wer kennt sie nicht, die in Gärten als Gemüseschädlinge unbeliebten und vielerorts bekämpften Kohlweisslinge. Wie der Name verrät, legen diese Schmetterlinge ihre Eier bevorzugt an Kohlgemüsen ab. Die daraus schlüpfenden gefrässigen Raupen können den heranwachsenden Pflanzen arg zusetzen. Verständlich, dass dort, wo der Ertrag von Bedeutung ist, entsprechende Schutzmassnahmen getroffen werden. Diese insbesondere in den Nachkriegsjahren intensive Bekämpfung der Kohlweisslinge zeigt noch heute ihre Wirkung, indem der Grosse Kohlweissling deutlich weniger vorkommt als der häufige Kleine Kohlweissling.

Ein natürlicher Feind der Falter ist die Kohlweissling-Schlupfwespe, welche auch zur biologischen Bekämpfung eingesetzt wird.

In unserem naturnahen Garten ohne angepflanztes Gemüse können die unbeliebten Schmetterlinge keinen Schaden anrichten und ich sehe sie öfters am Saugen auf dem Wilden Oreganum, dem Lavendel und dem Rotklee.

Oben links: Grosser Kohlweissling.

Oben rechts: Kleiner Kohlweissling.

Unten links: Von der Raupe abgefressener Kohl.

Unten rechts: Kohlweissling-Raupe am Gemüse.

OKTOBER

22. Oktober **Punktierte Schmetterlinge**

Admiral ist die Bezeichnung eines hohen Offiziersdienstgrades in Marinestreitkräften. So hätte ich auf die Frage nach der Bedeutung dieses Wortes geantwortet, bevor ich mich für Schmetterlinge interessiert habe. Heute ist der Admiral für mich ein prächtiger, ausdrucksvoller Wanderfalter, der in verschiedensten Habitaten angetroffen werden kann. Entsprechend häufig findet man ihn auf verschiedenen Blüten saugend oder sich auf Steinen und Totholz sonnend in unserem Garten. Die wirkliche Futterpflanze, wo das Weibchen die Eier ablegt, ist jedoch die Grosse Brennnessel. Wie viele Vogelarten wandern im Herbst auch Schmetterlinge in Richtung Süden. Darunter auch der Admiral. Auf Grund des Klimawandels hat sich das bis 1000 Kilometer entfernte Reiseziel deutlich nach Norden verschoben. Jede Faltergeneration wandert den langen Weg nur einmal. Entweder von Norden nach Süden oder umgekehrt. In der Schweiz wurden 7000 Admirale eingefangen, mit einem auffälligen Punkt an einem der Flügel markiert und wieder ausgesetzt. In der Hoffnung, dass gefundene, bezeichnete Falter gemeldet würden, versprechen sich die Forscher, mehr über die bisher unbekannten Flugrouten der Schmetterlinge zu erfahren. Einzelne Falter überwintern möglichst gut geschützt auch bei uns. Bei längerem, starkem Frost im Frühling sind sie allerdings stark gefährdet.

Admiral mit offenen Flügeln.

Admiral an gleicher Stelle mit geschlossenen Flügeln.

OKTOBER

23. Oktober — Kaum Zufall

Der Windenschwärmer ist einer unserer grössten Nachtfalter und dank seinen Tarnfarben nur selten an seinen Ruheplätzen zu sehen. Ich hatte das Glück, im Spätsommer 2019 an einer Totholzstruktur in unserem Biotop einen dieser grossen Falter zu entdecken. Hier beobachte ich auch häufig, wie die Weibchen der Blaugrünen Mosaikjungfer ihre Eier in die Holzritzen legen. Und tatsächlich! Zwei Jahre später ruht auf dem gleichen Totholz, allerdings an einer anderen «Stange», wieder ein Windenschwärmer. Ein Zufall kann das wohl kaum sein. Offensichtlich stimmt hier der Lebensraum für den grossen Nachtfalter.

Windenschwärmer am Totholz, links 2019, rechts und unten 2021.

OKTOBER

24. Oktober **Spannendes und Unerwartetes von den Hauhechel-Bläulingen**

In der Wildblumenwiese sehe ich immer noch zwei, drei Hauhechel-Bläulinge umherfliegen auf der Suche nach Blüten. Teilweise ist ihre Schönheit alters- und wetterbedingt schon etwas am Verblassen. Zu meiner Überraschung treffe ich auf meinem neusten Rundgang in der Wiese wieder auffallend mehr Bläulinge an. Dies in erstaunlicher Schönheit. Sie haben offensichtlich vom guten Wetter profitiert und sind geschlüpft. Natürlich mache ich Fotos. Als sich dabei ein Schmetterling unter meinem Schatten befindet, entsteht ein schon beinahe kitschig und wie gemalt erscheinendes Bild. Ich möchte es Ihnen hier völlig unbearbeitet zeigen.

Mein Interesse an den Faltern ist nun vollends geweckt. Auf den folgenden Seiten möchte ich Ihnen zeigen, was ich auf der Wiese in der Zeitperiode September bis Oktober beobachten konnte.

Frischer Hauhechelbläuling im Schatten des Fotografen.

OKTOBER

25. Oktober **Am Abblühen**

Unsere Wildblumenwiese ist bereits stark abgeblüht. Damit die Samen offene Flächen mit Licht finden können, habe ich am Nachmittag einen Schröpfschnitt vorgenommen. Das heisst, ich mähte die grasreichsten Stellen mit der Sense und fuhr dann mit dem auf der höchsten Stufe eingestellten Rasenmäher noch darüber. So kommt deutlich mehr Licht auf den Wiesenboden und die gemähte Fläche ist auch gut begehbar, um das Leben in der Wiese zu beobachten.

So mache ich dann in den frühen Abendstunden noch einen Rundgang durch den Garten und auch durch die Wiese. Dabei entdecke ich an den Wiesenpflanzen noch Heuschrecken, allerlei Zweiflügler, Kleinfalter und zu meiner grossen Freude auch noch Schmetterlinge. Nahe beieinander finden ein Schachbrett und zwei Hauhechel-Bläulinge auf den abblühenden Gräsern wohl ihre «Schlafplätze» und geniessen dabei die letzten Strahlen der untergehenden Abendsonne. Ich bin richtig stolz über unsere Blumenwiese und entzückt über die Schönheit der Falter. Die umliegenden landwirtschaftlich genutzten Flächen sind längst mechanisch stumpfgeschnitten und in einigen Nachbarsgärten verhindert der Mähroboter sowieso jegliches Aufkommen eines Grashalmes.

Schachbrett und Hauhechel-Bläulinge in der abblühenden Wildblumenwiese.

OKTOBER

26. Oktober — Wie Schmetterlinge die Nacht verbringen

Vor dem Eindämmern kann ich in der Wildblumenwiese drei Schmetterlinge beim Absitzen für die nächtliche Ruhepause beobachten. Ich schreibe bewusst Ruhepause und nicht Schlafen. Weil Schmetterlinge keine Augenlider haben, können sie die Augen auch nicht schliessen. Schmetterlinge, welche sich nachts ausruhen, nennt man Tagfalter und umgekehrt solche, die ihre Ruhepause tagsüber benötigen, Nachtfalter.

Als ich am anderen Morgen noch vor dem Sonnenaufgang um sieben Uhr wieder in der Wiese stehe, hängen die Schmetterlinge immer noch genau gleich an den Ähren der Grashalme. Stark mit Tautropfen geschmückt und faszinierend anzusehen. Als ich 2 Stunden später bei herrlichem Sonnenschein erneut am Übernachtungsstandort vorbeischaue, da sind die Schmetterlinge weg.

Es ist das erste Mal, dass es mir nachweisbar gelang, über mehrere Tage die gleichen Tagfalter beim abendlichen Absitzen und beim «Aufstehen» am andern Morgen zu beobachten und zu fotografieren.

Schmetterlinge kurz vor dem Sonnenaufgang, wo sie an den Grashalmen die Nacht verbracht haben.

OKTOBER

27. Oktober **Im Morgentau**

Geniessen Sie einfach die Bilder der Hauhechel-Bläulinge im Morgentau, wo die Schmetterlinge an einer Grasähre die Nacht verbrachten.

Taubehaftete Hauhechel-Bläulinge auf Grasähren.

OKTOBER

28. Oktober   **Bestätigt**

Schmetterlinge fliegen tagsüber bei sonnigem Wetter verteilt auf unserer Wildblumenwiese. Vor dem Einnachten bilden sie kleine Gemeinschaften, um an den Gräserhalmen die Nachtruhe zu verbringen. Am kommenden Tag fliegen sie dann «taufrisch» wieder einzeln von Blüte zu Blüte. Die vielen an der Wiese vorbeiziehenden Wanderer dürften von diesem von mir hier wiederholt beobachteten Naturwunder kaum je etwas mitbekommen haben.

Erwachen im Morgentau in der Wildblumenwiese.

OKTOBER

29. Oktober **Die Spechtschmiede**

Damit Buntspechte mit ihrem Schnabel Haselnüsse öffnen oder Samen aus Tannenzapfen herausklauben können, müssen sie diese vorgängig in eine Öffnung einklemmen. Bevorzugt hämmern sie mit ihrem Schnabel dazu passende Öffnungen in Totholzstämme. In der Fachsprache werden diese Erscheinungen als Spechtschmieden bezeichnet. Die Beobachtungen und Fotos habe ich in unserem naturnahen Garten gemacht.

Buntspecht-Männchen an der Spechtschmiede.

OKTOBER

30. Oktober   **Ein vergoldeter Tag mit den Herbst-Mosaikjungfern**

Es ist Ende Oktober. Bereits am Morgen scheint die Sonne. Die vorangegangene Nacht war frostfrei. Ich beobachte ein Herbst-Mosaikjungfer-Weibchen am Biotoprand bei der Eiablage. Es müssen Tausende von Eiern sein, die das Weibchen an verschiedensten Stellen und in verschiedensten Grund ablegt. Am Nachmittag ist auf einmal auch ein Männchen über dem Wasser am Patrouillieren. Ein erster Versuch, beim Weibchen anzudocken, missrät. Der Nachmittag ist zeitlich schon weit fortgeschritten. Doch jetzt kommt es doch noch zum von mir sehnlichst erwarteten Paarungsrad. Unweit vom Biotop, aber hoch oben im goldenen Buchenlaub, setzt das Paar ab. Erst mit dem Feldstecher ist der genaue Landeplatz für mich zu lokalisieren. Und nur dank einer drei Meter hohen Leiter ist es mir möglich, die Beobachtung fotografisch zu dokumentieren.

Dieser sonnige Tag wurde mir im wahrsten Sinne des Wortes durch das Libellenpaar richtiggehend vergoldet.

Im Paarungsrad, hoch in der Buche, an sonnigster Lage gelandet.

Paarungsrad der Herbst-Mosaikjungfern. Blaues Männchen oben, grünes Weibchen unten.

OKTOBER

31. Oktober — Das schöne und schlaue Rotkehlchen

Mein Freund Thomas und ich arbeiten im Garten. Als Thomas die Hecken- und Staudenübergänge zurückschneidet und das Schnittgut im Laubsack versorgt, folgt ihm unbemerkt, schön hinter dem Sack laufend, ein Rotkehlchen. In der frisch geschnittenen und aufgerauten Grasnarbe kommt es ohne grosse Anstrengung an allerlei Insekten, welche es genüsslich verspeist.

Das ist nicht nur ein schönes, sondern auch ein schlaues Rotkehlchen, fand ich. Von Thomas und dem Rotkehlchen unbemerkt habe ich die lustige Beobachtung fotografisch festgehalte.

Das Rotkehlchen folgt der Schnittkante entlang dem Laubsack mit dem aufgenommenen Schnittgut und verspeist dabei fleissig am Boden zurückgebliebene Insekten.

OKTOBER

Sie erkennen auf dem Bild von oben nach unten eine Blaugrüne Mosaikjungfer, eine Schnecke und einen Gelbrandkäfer

Fragen Oktober

11. Was macht die Blaugrüne Mosaikjungfer?

☐ Sie legt Eier ☐ Sie ruht sich aus

☐ Sie trinkt Wasser

12. Wie ist die genaue Bezeichnung der Schnecke?

☐ Postillon-Schnecke

☐ Spitzsumpfschnecke

---

13. Was kommt beim Luftholen des Gelbrandkäfers an die Wasseroberfläche?

☐ Der Kopf ☐ Die Zunge

☐ Der Hinterleib

---

14. Welches der drei Tiere ist ein sehr guter Schwimmer und Flieger?

☐ Die Mosaikjungfer ☐ Der Gelbrandkäfer

☐ Die Schnecke

Auflösung Seite 407

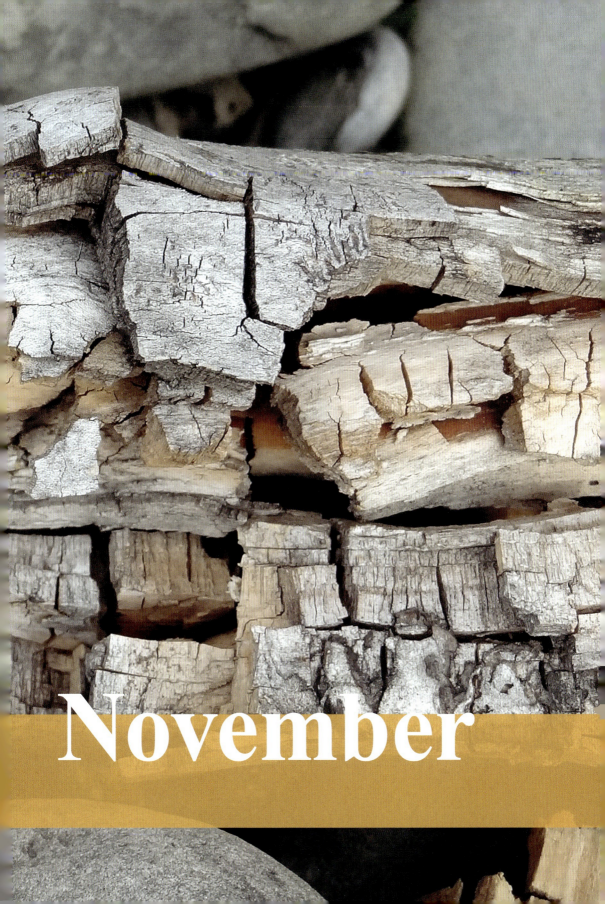
November

NOVEMBER

1. November

Was uns die Natur auch zeigt

Bei uns Menschen wird für eine erfolgreiche Karriere viel von den günstigen Voraussetzungen und Entwicklungsmöglichkeiten abhängig gemacht. Natürlich ist es in der Regel vorteilhaft, wenn im zuständigen Umfeld Unterstützung und Vertrauen spürbar sind. Zum Erreichen eines Zieles oder zur Verwirklichung eines Traumes sind aber schlussendlich immer die eigene Leistungsbereitschaft und der persönliche Wille entscheidend. Allzu oft höre ich, hätte ich früher diese oder jene Möglichkeit und Unterstützung auch erhalten, hätte meine Karriere einen besseren Verlauf genommen. Unter den mir gebotenen Umständen konnte ich mich nie wie gewünscht entwickeln und musste zusehen, wie andere «aufblühten». Das ist oft eine Ausrede für persönliche Versäumnisse verschiedenster Art. Es gibt genügend Beispiele, die das Gegenteil beweisen. Menschen, die in bescheidenen Verhältnissen aufwuchsen und später Grosses leisteten und auf ein erfülltes Leben zurückschauen konnten.

In der Natur habe ich das oft beobachtet. Die stärksten und schönsten Bäume kommen nicht nur aus den Baumschulen. Und die schönsten Blumen stammen nicht alle aus Treibhäusern. Nein, immer wieder sehe ich starke Bäume und herrlich blühende Blumen, welche an den vermeintlich unmöglichsten und ungünstigsten Orten ihre volle Pracht entwickeln.

Die Kraft der Natur kommt auch im wilden, prächtig blühenden Stiefmütterchen auf unserem mit dicht verlegten Verbundsteinen versehen Vorplatz zum Ausdruck. Ein Beispiel direkt vor der Haustür!

Prächtig blühendes wildes Stiefmütterchen auf dem Vorplatz.

NOVEMBER

2. November   **Die Sichelwespe**

Die Sichelwespe gehört zu den Schlupfwespen. Von diesen sind in der Schweiz gegen 1500 Arten bekannt und viele davon sind sehr schwer unterscheidbar. Die Sichelwespe ist eine der wenigen Ausnahmen, welche bei der Feldbeobachtung gut zu identifizieren sind. Sie lebt parasitisch und sticht verschiedene Schmetterlingsraupen an. Da bestimmte Schlupfwespen, darunter auch die Sichelwespe, ein Massenaufkommen bestimmter Insektenschädlinge verhindern, gelten sie als Nützlinge und werden im Getreide- und Gemüseanbau zur natürlichen Schädlingsbekämpfung eingesetzt.

Ich entdeckte ein Sichelwespen-Weibchen in unserem Garten, als es im Herbst verschiedene Weidengehölze anflog. Dabei war es, in der Regel ein nachtaktives Insekt, sowohl in der Luft wie auf den Blättern dank seiner auffallenden Färbung gut zu erkennen. Allgemein schreiben Experten, dass Schlupfwespen Menschen nicht stechen. Eine Ausnahme ist da offenbar das Sichelwespen-Weibchen, welches seinen kurzen Legebohrer auch als Wehrstachel einsetzen kann und dessen Stiche für den Menschen schmerzhaft sein können.

Ein Weibchen der Sichelwespe, gut zu erkennen an der kurzen Legeröhre.

NOVEMBER

3. November **Bis zur letzten Haselnuss**

Wenn im Herbst die Haselnüsse in unseren Hecken bereits eine gewisse Grösse erreicht haben, ist das noch lange nicht gleichbedeutend mit ihrer Erntereife. Das kümmert die Eichhörnchen wenig. Sie klettern durch unsere Haselbüsche, als seien sie am Verhungern und gebe es später nichts mehr zu essen. Sie holen die noch immer unreifen Nusspakete geschickt und unermüdlich von den Ästen und finden zwischen den Blättern auch die versteckteste Nuss. Dabei werden die wenigsten Nüsse direkt geöffnet und gegessen. Der grösste Teil wird in den nahen Wald getragen und dort als Vorrat versteckt oder vergraben. Nach wenigen Tagen sind die Büsche frei von sämtlichen Nüssen. Nicht zuletzt zum Ärger der in dieser Zeit wenig zum Zug gekommenen und die Haselnüsse ebenfalls liebenden Buntspechte und Tannenhäher.

Noch bevor die erste Nuss reif ist, ist die letzte Nuss schon von den Eichhörnchen abgeholt.

NOVEMBER

4. November   **Ich konnte es kaum glauben**

Ich bin gerade mit dem Frühstück fertig und beim Aufstehen werfe ich einen Blick durchs Fenster in den Garten. Ich traue meinen Augen nicht, am Biotoprand sitzt tatsächlich eine Wasseramsel und ich kann mehrere Tauchgänge beobachten. Natürlich will ich das fotografisch festhalten. Weil ich befürchte, dass der scheue Vogel wegfliegen könnte, mache ich die Bilder aus grösserer Distanz direkt vom Stubenfenster aus. Für mich als Beweisdokument einmalig. Mir ist sonst nicht bekannt, dass Wasseramseln Gartenbiotope für die Nahrungssuche benutzen.

Ohne die Bilder könnten es wahrscheinlich auch erfahrene Ornithologen kaum glauben.

Wasseramsel bei Tauchgängen im Gartenbiotop.

NOVEMBER

5. November

Jagd im Kanton Bern

Im Kanton Bern gibt es die Patentjagd, will heissen, wer die entsprechende Ausbildung hat und im Kanton Bern ein Jagdpatent löst, kann hier gemäss den Vorgaben des Jagdinspektorats unabhängig seines Wohnortes jagen. In verschiedenen Kantonen ist es anders. Dort gibt es die Revierjagd, was so viel heisst, dass dort nur ausgebildete Jäger zugelassen sind, die einer Jagdgesellschaft angehören, welche das Recht hat, in diesem Gebiet zu jagen, aber auch verpflichtet ist, dieses zu pflegen.

Jägergemeinschaft aus dem Kanton Bern.

In den Kantonen gibt es verschiedene sich praktisch über die ganze Jahreszeit verteilende, unter Auflagen bewilligte Jagdperioden. Im Kanton Bern darf ab dem 1. September der Hirsch geschossen werden. Aber in jedem Wildraum immer nur so viele Tiere, wie zur Jagd freigegeben wurden. Meistens sind diese nach wenigen Tagen schon geschossen. Entsprechend trifft man auch im Eriz bereits am Eröffnungstag bei einer Wald- und Alpenwanderung auf eine stattliche Jägerschaft. So erging es auch mir, als ich auf der Wimmisalp nach den letzten noch fliegenden Schmetterlingen Ausschau hielt. Wenige Meter ausserhalb des Alpsträsschens hatte eine Jägergruppe ihre Autos abgestellt und ein kleines Biwak eingerichtet, wo sie sich besprachen und verpflegten.

Mit einem trockenen «Weidmanns Heil» sprach ich sie an und eben so trocken kam ein «Weidmanns Dank» zurück. Ich brauchte mich nicht vorzustellen, weil ich mindestens von zwei Jägern erkannt wurde. Diese kurze Ouvertüre erleichterte mir das Gespräch über mein Vorhaben zu diesem nicht geplanten Zusammentreffen. Ich erzählte ihnen von meinem im Entstehen begriffenen Buch über die Biodiversität. Eine Seite mit einer Begegnung einer Jägerschaft würde gut dazu passen. Sie schauten sich kurz an und sagten mir dann sofort zu. Wir unterhielten uns über Bär, Wolf, Luchs und natürlich über den Hirsch, auf welchen sie es abgesehen hatten. Auch über den Zustand der Biodiversität im Allgemeinen in der Schweiz. Ich vertrat dazu meinen Standpunkt und sie den ihrigen. Dabei kam deutlich zum Ausdruck, dass Jäger eben wirklich auch Heger und Pfleger unserer Natur sein können. Das Bestehen der Jagdprüfung erfordert nicht nur ein grosses Wissen über das Verhalten der Tiere, sondern auch das Kennen von Bäumen und Pflanzen. Und was man kennt, kann man auch besser schützen, so meine klare Meinung. Beim Verabschieden hatte ich jedenfalls den Eindruck, dass die Freude über das Treffen und das Gespräch beidseitig war. Meine Meinung zu den eingangs erwähnten Tieren vertrat ich dabei so, dass wir am Schluss des Gespräches nahe an einer gemeinsamen Vorstellung waren. Bär, Wolf, Luchs und auch der Hirsch sollen ihren Platz in der Schweiz haben. Aber nicht überall und nicht in jeder Anzahl. Um das gesetzlich zu erreichen, braucht es mehrheitsfähige Vorschläge unserer politischen Gremien.

NOVEMBER

6. November — Wer war das?

Die Bilder zeigen Gefege von Rotwild. Der Kopfschmuck (Geweihe) von Rothirsch und Rehbock wird jährlich abgeworfen und neu gebildet. Um den neuen Kopfschmuck vom mitwachsenden Bast zu befreien, fegen die Tiere bevorzugt an jüngeren Bäumen. Wo beispielsweise die bewaldete Fläche nicht der angemessenen Grösse einer Hirschpopulation entspricht, kann das zu erheblichen Schäden führen.

Gefege vom Rothirsch an jungem Laubgehölz. Gut zu erkennen an der Höhe der Fegspuren.

«Kratz- oder Fegspuren» an jungem Fichtenstamm vom Rehbock.
Zu erkennen an der Höhe und den Scharrspuren am Boden.

NOVEMBER

7. November — Spatz ja, aber welcher?

Im Garten und ums Chalet haben wir Spatzen. Es handelt sich dabei ausschliesslich um Haussperlinge und Feldsperlinge. Letztere sind sonst eher in tieferen Lagen anzutreffen. Ob das etwa bereits mit der Klimaerwärmung zu tun hat, dass diese nun auch bei uns auf gut 1000 Meter Höhe zu Hause sind?

Einmal hatten wir im Winter für kurze Zeit ein Schneesperlingspaar im Garten. Eine weitere Art, den Italiensperling, haben wir hier, nicht unerwartet, noch nie gesehen. In der Schweiz soll er häufig im Tessin und in den Bündner Südtälern vorkommen, lokal auch im Wallis und Engadin. Wie der Haussperling ist er dort vor allem im Siedlungsraum anzutreffen.

Die zwei ständig bei uns anzutreffenden Arten sind recht gut zu unterscheiden. Im Gegensatz zum Feldsperling mit seinem braunen Scheitel ist der Haussperling etwas grösser und hat keinen Wangenfleck und einen grauen Scheitel. Auf den Fotos müsste das für Sie zu erkennen sein. Beide Arten gelten in der Schweiz als nicht gefährdet. Der Bestand wird allerdings als leicht rückläufig angegeben. Als Ursache werden von den Experten übereinstimmend die Intensivierung der Landwirtschaft, Herbizideinsatz und Brutplatzverluste angegeben.

Zwei Feldsperlinge an Spechtbaum.   *Haussperling auf dem Dach.*

NOVEMBER

8. November **Die Fotofalle beim Igelhaus**

Um das nächtliche Treiben «unseres» Igels, ohne diesen zu stören, zu beobachten, montierte ich vor seiner Behausung unter dem Holzschopf eine Fotofalle. Die Bilder zeigten mir, dass der Igel in der Regel zwischen 19.30 und 20.00 Uhr das Haus verlässt und bis in die frühen Morgenstunden mehrmals in dieses zurückkommt. Die Ausflüge dauerten dabei von Minuten bis Stunden.

Interessant war auch, wer sich sonst noch nachts in der Nähe des Igelhauses aufhielt.

Igel.

Fuchs.

Maus.

NOVEMBER

9. November

Farbendiversität dank Biodiversität

Fremdländische Nadelkoniferen und Thujahecken findet man in vielen Gärten. Sie sind winterhart und bilden einen guten Sichtschutz. Biodiversitätsmässig kommt ihnen wenig Bedeutung zu. Auch sind sie ganzjährig mehrheitlich gleichfarbig grün. Ganz anders präsentieren sich unsere einheimischen Gehölze. Je artenreicher eine Hecke ist, umso wechselfarbiger erleben wir mit ihr die Jahreszeiten und leisten dabei biodiversitätsmässig einen wichtigen Beitrag in der Insekten- und Vogelwelt. Die unten abgebildeten Hecken wurden alle am gleichen Tag und in der gleichen Gegend fotografiert.

Hecke aus verschiedenen einheimischen Gehölzen.

Thujahecke und fremdländische Nadelgehölze als Sichtschutz.

NOVEMBER

10. November — **Artenvielfalt von Bäumen und Gehölzen**

In den Schweizer Wäldern und Hecken gibt es eine grosse Artenvielfalt von einheimischen Bäumen und Gehölzen. Dieser Artenreichtum ist für viele Lebewesen wichtig und auch für die wohl einmalige, unterschiedliche Mosaiklandschaft in unserem kleinen Land mitverantwortlich.

Besonders gut sichtbar wird das jeweils, wenn die Wälder und Hecken in den verschiedensten Herbstfarben erscheinen.

Bereits ein kleiner Bildausschnitt um unseren Gartenplatz mit Brunnen vermag dies beispielhaft aufzuzeigen. Vertreten sind Fichte, Buche, Erle, Weide, Rosskastanie, Feldahorn, Bergwacholder, Hasel, Holunder, Hartriegel, Liguster, Heckenrose, Pfaffenhütchen, Gewöhnlicher und Wolliger Schneeball, Wildkirsche und Rote Heckenkirsche.

Bäume und Gehölze im Herbst.

NOVEMBER

11. November

Anreize zur Förderung naturnaher Flächen in privaten Gärten

In unserem naturnahen Garten und den abgrenzenden Böschungen und Hecken kommen über dreissig verschiedene Baum- und Gehölzarten vor. Zusätzlich zu den bereits am Vortag erwähnten Sorten gibt es auch Pimpernuss, Berberitze, Föhre, Birke, Esche, Faulbaum, Bergahorn, Felsenbirne, Kreuzdorn, Sanddorn, Schlehdorn, Walnuss, Eiche und Linde. Wir beschränken uns dabei ausschliesslich auf einheimische Sorten.

Auf einer Nachbarparzelle interessiert man sich weniger für die Biodiversität und hat für die Abgrenzung und als Sichtschutz fremdländische Koniferen gewählt. Diese gefallen dem Besitzer. Im besten Fall kann auch hier im Frühjahr eine Amsel darin ihr geschütztes Nest bauen. Gärten sind etwas Persönliches und dürfen auch im Rahmen des Erlaubten entsprechend gestaltet werden.

Anderseits darf man sich fragen, ob für die naturnahen Gärten und die dadurch entstehenden Vernetzungsmöglichkeiten für unsere Flora und Fauna nicht, ähnlich wie bei den biodiversitätsfördernden Flächen in der Landwirtschaft, ein finanzieller Anreiz angebracht wäre. Zum Beispiel durch eine angepasste steuerliche Abzugsmöglichkeit.

Solche Massnahmen würden einen zusätzlichen Anreiz bilden und wären möglicherweise gleichzeitig förderlich für das zukünftige Verständnis des Zusammenlebens von Mensch und Natur.

Sichtschutz und Abgrenzung mit einheimischen Gehölzen.

Sichtschutz und Abgrenzung mit fremdländischen Koniferen.

NOVEMBER

12. November — Chäs-Chessi-Wäg

Auf die Alp Tannisboden, oberhalb vom Kemmeriboden-Bad direkt unter dem Brienzergrat auf 1474 m ü. M. gelegen, führt seit dem Sommer 2021 ein bemerkenswerter Themenweg. Nebst der gesunden Wanderlust durch eine wunderschöne Naturlandschaft sollen die angebrachten Orientierungstafeln zum besseren Verständnis der Bestossung der Alpgebiete beitragen. Ich habe eine Tafel der empfehlenswerten Wanderung für Sie schon einmal festgehalten. Auf dem ganzen Weg begleitet die Wandernden der markante Schibegütsch.

Eröffnung
Chäs-Chessi-Wäg
4. Juli 2021

Auf der gut eineinhalbstündigen Wanderung erfährt man auf den Orientierungstafeln viel Interessantes über die Bestossung der Alpgebiete.

Warum werden die Alpen bestossen?

Warum gehen Milchkühe auf die Alp?
Kühe, Rinder, Kälber, Schafe, Ziegen und Alpen gehören seit Hunderten von Jahren zusammen. Das muss so bleiben im Alpenland Schweiz!

Die Vielfältigkeit der Alpengräser und -kräuter ist bestens geeignet für unser Rindvieh, um Milch und Fleisch zu produzieren.

Die Verarbeitung von Rohmilch zu Alpkäse ist nicht nur eine Schweizer Tradition, sondern eine ökologische umweltbewusste Veredelung zu einem gesunden Nahrungsmittel.

Nur durch die Beweidung der Alpflächen kann verhindert werden, dass sie von Wald und Büschen überwuchert werden. Das erhält die schützenswerte Biodiversität und ist ein nachhaltiger Beitrag zur Artenvielfalt. Zudem fördert die Nutzung der Alpweiden das Wurzelwachstum und trägt so auch zur Bindung von CO_2 im Boden bei.

Auch der Tourismus profitiert von einer gepflegten Bergwelt.

Unterstützt durch

NOVEMBER

13. November   Ein Dokument aus der Coronazeit

Auch im Corona-Jahr 2020 empfing ich im naturnahen Garten kleine Gruppen von mir bekannten und an der Biodiversität in Gärten interessierten Personen. Selbstverständlich immer unter Berücksichtigung der vom BAG verlangten Schutzmassnahmen. Wir hielten auch im Garten Abstand oder trugen Masken.

Das kommt uns zwei komisch vor…

NOVEMBER

14. November **Gestorben in schönster Pracht**

Es herrscht wunderbares Herbstwetter mit bereits zwei schwachen Frostnächten. In unserer Wildblumenwiese fliegen immer noch zwei Hauhechel-Bläulinge. Ich habe bereits auf mehreren Buchseiten über diese kleinen blauen Schmetterlinge berichtet. Sie fallen mir nicht nur wegen ihrer Schönheit auf, sondern auch, weil sie im Herbst noch auf der Wiese sind, wenn sonst kaum mehr Schmetterlinge zu sehen sind.

Ich will diese heute bei strahlendem Sonnenschein noch einmal beobachten. Ich befürchte, dass es in diesem Herbst zum letzten Mal sein könnte. Für die Nacht ist nämlich starker Frost prognostiziert. Die Bläulinge saugen an den noch schwach blühenden Wildblumen und ich mache noch einige Bilder. Am Morgen ist es nach einer kalten Nacht minus zwei Grad und die Wildblumenwiese ist trotz Sonnenschein mit einem starken weissen Reif überzogen, der sich erst in der zweiten Morgenhälfte auflöst.

Ich suche vergeblich nach den Bläulingen. Sie sind an den Blüten und Grashalmen nirgends zu sehen. Sie dürften die kalte Nacht nicht überlebt haben und sind in der schönsten Pracht des Vortages gestorben. Hauhechel-Bläulinge fliegen von Ende April bis Oktober in zwei, selten gar drei Generationen und überwintern als Raupe. Als Falter haben sie eine Lebenserwartung von einigen Wochen. Ihr Tod in einer kalten Oktobernacht ist also nichts Aussergewöhnliches. In solcher Pracht an einem «natürlichen» Ereignis zu sterben, ist für mich jedoch noch gewöhnungsbedürftig.

Letzter Lebenstag des Bläulings.

Wildblumenwiese mit Ährigem Ehrenpreis nach starker Frostnacht.

NOVEMBER

15. November   Was die zwei wohl verbindet?

Um unsere Biotope beobachte ich gerne die Grasfrösche und mache dabei Fotos. Dabei gelang mir ein Bild mit zwei nebeneinandersitzenden, sehr unterschiedlich grossen Fröschen. Auf Grund meiner Beobachtungen ein seltenes Bild. Das für mich auch Fragen aufwirft. Um eine Mutter mit ihrem Jungfrosch handelt es sich ja wohl kaum. Nach der Laichablage kümmern sich Grasfrösche in keiner Weise um ihren Nachwuchs. Im Frühling, wenn die Grasfrösche zu den Laichplätzen unterwegs sind, sind die Männchen deutlich kleiner als die Weibchen. Jedoch nicht in dem Ausmass wie auf dem Bild. Ist der kleinere Frosch einfach ein Jungfrosch und zufälligerweise neben dem grossen, wohl weiblichen Grasfrosch? Oder einfach ein sehr kleiner männlicher Grasfrosch? Suchen junge Männchen bereits im Herbst ein Weibchen? Entspricht der Grössenunterschied auch dem Altersunterschied? Wie alt ist der kleinere Frosch? Die diesjährigen Frösche sind noch kleiner und man sieht sie nicht in Begleitung grösserer Frösche. Mit Bestimmtheit sind beides Grasfrösche. Ist das wohl alles, was sie verbindet? Übt der grössere Frosch gegenüber dem kleineren doch eine Schutzfunktion aus? Wahrscheinlich entstand das Bild einfach durch eine Zufälligkeit. Wieso darüber nachdenken, warum die beiden nebeneinander sitzen? Wen nimmt das schon wunder? Mich, weil ich das bei meinen vielen Beobachtungen so erstmals sah! Über die Grasfrösche weiss man vieles, aber möglicherweise noch nicht alles.

Zwei sehr unterschiedlich grosse Grasfrösche.

NOVEMBER

16. November   **Ich war vorbereitet**

Als wir vor einem Jahr die Nistkastenreinigung vornahmen, stellten wir fest, dass hoch an einem Buchenstamm in einem Kasten trockenes Buchenlaub lag, was auf eine Haselmaus schliessen liess. Jetzt hatte sie wohl ihre Unterkunft bereits wieder verlassen, um im Boden, oder zumindest in Bodennähe, in einer wärmeren Behausung zu überwintern. Haselmäuse gehören zu den Schläfern.

Ein Jahr später gingen wir vorsichtig an den Kasten in der Hoffnung, die Haselmaus könnte sich noch dort aufhalten. Zu unserer grossen Freude traf das Erhoffte ein. Beim Öffnen des Deckels kam die Maus vorsichtig aus dem Kasten und krallte sich am Kastenrand fest. Wir verzichteten auf eine Reinigung, schlossen die Öffnung wieder und relativ rasch ging die Haselmaus in ihre Behausung zurück. Weil ich vorbereitet war, konnte ich dieses schöne Erlebnis bildlich festhalten. Haselmäuse sind nämlich nicht mehr allzu häufig zu beobachten.

Haselmaus aussen am Kasten.

Haselmaus verlässt den Kasten.

Haselmaus geht in den Kasten zurück.

NOVEMBER

17. November — Kleinstrukturen im Garten

Gärten sind etwas Persönliches und können eben auch ganz verschieden gestaltet werden.

Empfehlenswert finde ich, wenn wenigstens ein Teil des Gartens naturnah zu Gunsten der Biodiversität angelegt wird. Nebst einheimischen Stauden, Wildblumen und Hecken gehören Laub-, Ast- und Steinhaufen dazu. Nach Möglichkeit sollten dabei immer Materialien aus der Region verwendet werden. Auf unserer neuen Wildblumenwiese habe ich einige dieser Kleinstrukturen für allerlei Lebewesen wie Eidechsen, Igel, Käfer und Vögel eingebaut und bin nun gespannt, wie diese angenommen und besiedelt werden.

Auf den Feldern mit intensiv betriebener Landwirtschaft fehlen für viele Lebewesen die nötigen Lebensräume. Mit einfachen Materialien können Kleinstrukturen in Gärten angelegt werden, welche von Kleinlebewesen gerne angenommen werden. Bei uns habe ich auch eine Spechttanne für in Höhlen brütende Vögel aufgestellt.

NOVEMBER

18. November — Wohl letztmalig in diesem Herbst

Der Tannenhäher, bekanntlich das Wappentier des Schweizer Nationalparks, liess sich dieses Jahr kaum im Garten sehen. Er kommt eigentlich jedes Jahr nur in der Zeit zu uns, wenn die Haselnüsse reif sind. Dieses Jahr waren die Eichhörnchen aber derart aktiv im Sammeln, dass für Nüsse liebende Vögel kaum noch etwas übrigblieb. Weil ich Buntspecht und Eichelhäher ganzjährig im Garten antreffe, fehlte mir besonders der Tannenhäher. Als ich kaum mehr an eine Nuss an den Ästen und sein Erscheinen glaubte, war er zu meiner Freude doch noch aufgetaucht. Ob er noch eine Nuss vorfand, konnte ich nicht beobachten. Möglicherweise war er auch schon Tage vorher da, ohne dass ich ihn bemerkte und ohne dass er sich durch sein unüberhörbares Krächzen anmeldete.

Für mich war es schön zu wissen, dass er in unserer Region in den etwas höher gelegenen Wäldern noch seinen bevorzugten Lebensraum vorfindet.

Tannenhäher auf der Suche nach Haselnüssen.

NOVEMBER

19. November — Bartgeier

Beim Betrachten der Seite denken Sie sicher auf den ersten Blick, dass Titel und Bild gar nicht zusammenpassen. Das Foto von der Köcherfliege habe ich auf der Alp Gamchi zuhinterst im Kiental auf 1700 Meter gemacht. Ich kenne die Bewirtschafterfamilie dieser unterhalb des Gamchigletschers gelegenen Alp. 2015 wurde die längst baufällige, alte Alphütte durch die neue Gamchihütte ersetzt. Ich durfte die ganze Bauphase mit den Verantwortlichen der Alpgemeinschaft und einem Fernsehteam von SRF als «Problemlöser» der damaligen gleich lautenden DOK-Serie begleiten. Als ich diesen Herbst den Alpbewirtschafter Stefan sah, erzählte er mir, er hätte im Frühjahr und Sommer einige Male den Bartgeier zum Teil tief über dem Gamchi fliegen sehen.

Köcherfliege auf der Alp Gamchi.

Obwohl ich wusste, dass jetzt im Spätherbst kaum eine Chance für eine Sichtung dieses aussergewöhnlichen Vogels bestand, wollte ich es nicht unversucht lassen und machte mich an einem herrlichen Herbsttag auf den Weg. Kühe, Schafe und Ziegen haben die Alp bereits vor zwei Wochen verlassen. Allein vor der Alphütte sitzend, genoss ich die Ruhe, die Sonne und die Aussicht inmitten dieser Bergwelt. Nach oben schauend hatte ich den ganzen Himmel über mir bis hin zum Niesen voll im Blickfeld. Im Gamchikessel hätte ich selbst das Auffliegen eines Schmetterlings bemerkt, so klar waren Sicht und Luft. Will heissen, der Bartgeier, wenn er dann käme, wäre einwandfrei abzulichten.

Während ich mich aus dem Rucksack verpflegte, war es dann auch so weit. Nahe an mir vorbei flog tatsächlich, unübersehbar, etwas Weissliches durch die Luft. Ich hinterher. Jetzt war «Action» angesagt. Nach der Landung auf einem dürren Grashalm habe ich das Flugobjekt sofort fotografiert. Es war die links abgebildete Köcherfliege. Biodiversitätsmässig auch eine Geschichte wert.

Der nächste Frühling kommt bestimmt und der Bartgeier dann hoffentlich auch wieder.

Das Schweizerische Zentrum für die Kartografie der Fauna (SZKF) macht bezüglich der Köcherfliege folgende Hinweise:

Kenntnisstand: Mittelmässig
Anzahl nachgewiesene Arten: 302, alle einheimisch
Anzahl auf der Roten Liste: 190

Köcherfliegen sind gute Qualitätsanzeiger für Gewässer. In der Regel lieben sie für ihre Brut sauerstoffreiche Wasser.

Das dürfte hier oben nahe am Ursprung der Kiene in guter Qualität vorhanden sein.

NOVEMBER

20. November   **Der Bartgeier über dem Gamchi**

Der Bartgeier ist der grösste im Alpenraum lebende Vogel. Als Nahrung braucht er totes Fleisch und Knochen. Die gemessenen Spannweiten liegen im Bereich von 225 bis 285 Zentimeter. Bartgeier gelten als eigentliche Standvögel, benötigen aber Reviere von hundert bis vierhundert Quadratkilometern. Im 19. Jahrhundert galt der Bartgeier in der Schweiz als ausgerottet. Seit dem internationalen Wiederansiedlungsprojekt von 1986 leben heute im ganzen Alpenraum wieder rund dreihundert Bartgeier. Laut einer Mitteilung der Stiftung Pro Bartgeier flogen 2021 allein in der Schweiz 21 wild geschlüpfte junge Vögel aus. Auf der Roten Liste ist der Bartgeier nach wie vor als vom Aussterben bedroht eingestuft. Entsprechend selten sind auch seine Sichtungen und Beobachtungen. Im Kiental wurde 2017 ein Horst bauendes Paar entdeckt. Die Vögel sind aber ohne Bruterfolg weitergezogen. Drei Jahre später konnte im Berner Oberland erstmals seit rund 100 Jahren (Jungvogel im Horst) eine erfolgreiche Brut beobachtet werden. Der genaue Ort wurde richtigerweise zum Schutz der Vögel nicht bekannt gemacht. Eine Bartgeier-Beobachtung in freier Wildbahn ist mir noch nicht gelungen. Stefan, der Bewirtschafter der Alp Gamchi, hat mir in freundschaftlicher Weise zwei Handybilder vom Frühling 2021, als ein Bartgeier mehrmals über der Alp zu sehen war, zur Verfügung gestellt.

Alp Gamchi im Spätherbst.

Bartgeier im Frühling über dem Gamchi.

NOVEMBER

21. November — Spitzmäuse und was man über sie wissen müsste

In unserem Garten und seiner näheren Umgebung gibt es Spitzmäuse. Sie sind zwar selten zu beobachten. Es kann vorkommen, dass eine Spitzmaus in eine Falle gerät, welche für eine Gelbhalsmaus bestimmt war. Auch Nachbars Katzen erwischen gelegentlich Spitzmäuse und lassen diese aber liegen. Denn Katzen fressen keine Spitzmäuse. Weltweit gibt es verschiedenste Arten von Spitzmäusen. Auch in der Schweiz kommen unterschiedliche Arten vor. Ihr Name wird meist mit ihren bevorzugten Habitaten in Verbindung gebracht.

Spitzmäuse sind in Wirklichkeit keine richtigen Mäuse. Sie sind nämlich Insektenfresser und gehören somit nicht zu den Nagern. Spitzmäuse bringen jährlich ein bis mehrmals Junge zur Welt. Die Lebenserwartung liegt in der Regel zwischen ein und zwei Jahren.

Forschende haben bezüglich der Waldspitzmäuse beobachtet, dass sie im Winter kleiner sind als im Sommer. So hat man entdeckt, dass diese Tiere im Winter schrumpfen und im Sommer wieder grösser werden. Man vermutet, dass sie so den Nahrungsmangel kompensieren und in der Kälte Energie sparen. Dabei wird auch die Knochensubstanz entsprechend verändert. Die Forschenden erhoffen sich, dabei neue Erkenntnisse für menschliche Knochenerkrankungen zu erlangen.

Spitzmaus an schattiger und feuchter Stelle im Garten.

NOVEMBER

22. November — Hofdünger

Als Hofdünger bezeichnet man in der Landwirtschaft die anfallende Gülle und den Stallmist. Das Ausbringen entspricht nach dem bäuerlichen Empfinden einer natürlichen Bodendüngung und fördert den Wuchs der Futterpflanzen. Längst wissen wir, dass das Ausbringen von Hofdünger auf Grund der anfallenden Mengen für Boden und Gewässer problematisch ist. Den Nutztierbestand so zu reduzieren, um diesem Missstand wirkungsvoll zu begegnen, dürfte im nötigen Ausmass schwierig sein. Kreative, innovative, revolutionär erscheinende, durch die technische Entwicklung mögliche Projekte zur anderweitigen Verwendung des Hofdüngers müssten gesucht, gefunden und angestossen werden. Aus Dänemark habe ich beispielsweise von einem Projekt gehört, bei welchem aus einem Gemisch von Gülle und Stallmist Textilien hergestellt werden können. Es ist zu hoffen, dass es auch bei uns genug erfinderische und einsichtige Leute gibt, um im Sinne der Landwirtschaft und der Natur Lösungen zu finden. Sicher brauchen solche Entwicklungen Zeit, wichtig ist aber, dass die Richtung stimmt.

Heute stehe ich auf einer frischen, nicht allzu dicken, aber doch kompakten Schneedecke beim Rinderstall vor dem Miststock. Er stinkt nicht. Natürlich riecht man ihn, weil ja am Morgen der Stall «gemacht» wurde. Durch mein Näherkommen gestört, fliegen eine Amsel, eine Bachstelze und zwei Stare davon. Der Hausrotschwanz und das Rotkehlchen dagegen suchen im Mist weiter nach Futter. Beim genauen Hinsehen erkenne ich zwischen den Strohhalmen noch einen Zaunkönig. Wenig später gesellt sich mit etwas Distanz ein weiterer dazu. Es wird sich um ein Paar handeln. Ich schaue dem Treiben aus der Nähe zu. Dabei wird mir der Miststock irgendwie sympathisch. Amsel, Star, Bachstelze, Hausrotschwanz, Rotkehlchen und Zaunkönig sind keine eigentlichen Körnerfresser und bei mir am Futterhaus nicht zu sehen. Für diese Vögel ist der Miststock bei dieser Wetterlage hier möglicherweise überlebenswichtig.

Hausrotschwanz.

Rotkehlchen.

Zaunkönig.

NOVEMBER

23. November — Schmetterlinge als Tag- und Nachtfalter

Wenn ich an einem Wald- oder Heckensaum nach Schmetterlingen Ausschau halte, fallen mir die Tagfalter bei offenen Flügeln durch ihre kontraststarken Farben sehr schnell auf. Die Nachtfalter hingegen muss ich suchen. Mit ihren Tarnfarben sind sie an Bäumen und Ästen nur schwer zu erkennen. Nachtfalter sind allgemein weniger farbig als Tagfalter. Grosse Nachtfalterarten verfügen aber unter ihren Flügeln versteckt oft über starke Schreckfarben zum Schutz vor Fressfeinden. Tagfalter ruhen nachts mit geschlossenen Flügeln Ihre Flügelunterseite ist zu ihrem Schutz mehrheitlich weit weniger auffallend gefärbt.

Tagfalter benutzen für ihre Ruhepausen die Nacht. Nachtfalter dagegen ruhen, abgesehen von wenigen Arten, am Tag.

Nachtfalter.

Milchfleck- Mohrenfalter, ein Tagfalter.

NOVEMBER

24. November — Nachts im Garten: Nachbars Katze

Einige Tiere aus dem nahen Wald finden gelegentlich den Weg in unseren Garten. Mehrheitlich sind es nachtaktive Tiere. Ich habe Ihnen schon die Bilder gezeigt, wie ich an verschiedenen Tagen Marder und Fuchs beobachten konnte, wenn sie nach etwas Fressbarem suchten.

Noch erstaunlicher war aber für mich, dass ich einmal nachts beobachtete, wie die Katze unseres Nachbars auf den gleichen Ast kletterte, wo ich schon Marder und Fuchs fotografieren konnte. Die Katze schaute sich alles aus der Nähe an, obwohl es dort für sie nichts Fressbares hatte.

Wieso wohl passiert an diesem Totholzstamm mit dem weit auslegenden Ast in der Nacht so Erstaunliches? Ist das tatsächlich nur wegen den zwei Apfelscheiben oder wegen einem kleinen Stück Käserinde, die ich dort gelegentlich für die Vögel platziere? Wohl kaum. Ich kam zu einem anderen Schluss. Unser naturnaher Garten befindet sich offensichtlich in einem Lebensraum, wo sich Nachbars Katze, der Fuchs, der Steinmarder und gelegentlich auch der Baummarder und der Dachs aufhalten. Dabei kreuzen sich ihre nächtlichen Streifzüge oft an dieser Totholzstruktur. Wenn sie beim Markieren noch etwas Fressbares vorfinden, wird das nicht verachtet. Aber allein wegen dem bisschen «Vogelfutter», Wildtiere soll man bekanntlich nicht füttern, kämen diese verschiedenen Tiere wohl kaum in unseren Garten. Übrigens scheint die Katze der Chef zu sein. Wenn sie sich im Garten aufhielt, liess sich von der Konkurrenz niemand mehr blicken.

Nachbars Katze verfolgt nachts die Duftspuren von Marder und Fuchs.

NOVEMBER

25. November Essmanieren

Eichhörnchen sind geschickte Kletterer, fleissige Sammler. Und sie denken voraus, indem sie sich für den Winter einen gut versteckten Nahrungsvorrat anlegen.

Beobachtet man sie beim Essen, stellt man zudem fest, dass sie auch gute «Tischmanieren» haben. Egal, ob sie an einem Tannenzapfen knabbern oder eine Nuss öffnen, wird das Essbare fein säuberlich vom Rest getrennt. Die Bilder zeigen das eindrücklich, wenn es darum geht, einen Haselnusskern zu verspeisen.

Essenskultur sichtbar beim Eichhörnchen.

NOVEMBER

26. November — Unbemerkt

Der Parkplatz bei der Geisseggbrücke ist gut belegt. Auf dem Strässchen Richtung Grünenbergpass sind ganze Völkerwanderungen unterwegs. Unweit daneben beobachte ich in unserer Wildblumenwiese fasziniert eine Schlupfwespe bei der Eiablage. Ich habe versucht, die Wiese mit Steinhaufen und Ästen ökologisch noch etwas aufzuwerten. Nebst vielen anderen Lebewesen hat auch die Schlupfwespe das Angebot angenommen. Natürlich unbemerkt von den vielen Wanderern.

Und genau das geht mir durch den Kopf. Beim Wandern ist die Natur kaum richtig zu erleben. Man geniesst sie. Das ist nichts Schlechtes, gar gut für die Gesundheit. Aber eben nicht verwunderlich, dass von vielen, die sich in der Natur bewegen, Veränderungen in der Biodiversität kaum wahrgenommen werden. Mein Tipp: Wandern und beim Rasten beobachten.

Die Schlupfwespe hat eine geeignete zu parasitierende Stelle für die Eiablage gefunden und mit Hilfe des Legstachels werden die Eier direkt an den Wirt positioniert.

Teilgemähte Wildblumenwiese mit Kleinstrukturen an der viel begangenen Landstrasse.

NOVEMBER

27. November — Amsel im Weissdorn

Um auf den dünnen Weissdornästen an die roten Früchte zu kommen, müssen sich die Amseln sehr geschickt verhalten. Einmal am richtigen Platz mit vielen Beeren in Reichweite, sind sie dann umso gieriger. Ich habe schon Amseln beobachtet, die bis zu sechs Beeren in den Kropf würgten, ehe sie wegflogen, um an einem sicheren Ort die Früchte zu fressen. Wie wichtig Hecken mit einheimischen, beerentragenden Gehölzen für die Vögel sind, geht aus diesem Beispiel gut hervor. Auch für die bevorstehenden Wintermonate sind die teilweise an den Gehölzen zurückbleibenden Beeren für die Vögel eine wertvolle Nahrungsquelle.

Amsel beim Pflücken von Weissdornbeeren und mit vollem Kropf.

NOVEMBER

28. November   **Viel Betrieb am Himmel**

Wenn ich am Himmel nach Vögeln, Schmetterlingen und allerlei Fluginsekten Ausschau halte, kann es schon vorkommen, dass ich statt Biodiversität eher die Fliegerdiversität vor Augen habe.

Bezüglich der Umwelt und Nachhaltigkeit gilt es hier sicher massvoller zu werden und auf schonendere Technologien zu setzen. Während meiner Erwerbstätigkeit bin ich viel geflogen. Seit meiner Pensionierung verzichte ich bisher gänzlich auf das Reisen mit Flugzeugen.

NOVEMBER

29. November Beobachtungsaufgabe

Der Admiral ist ein sehr auffallender, nicht seltener und schöner Schmetterling. Er besitzt ein sichtbares Merkmal, an dem Sie die Weibchen von den Männchen unterscheiden können.

Finden Sie es anhand der Fotos heraus? Die Weibchen haben in der ziegelroten Binde der Vorderflügeloberseite einen kleinen weissen Fleck.

Admiralmännchen (oben), Admiralweibchen (unten).

NOVEMBER

30. November — Herbst im Garten

Im Herbst bereiten viele Gartenbesitzer ihren Garten auf den Winter vor, indem sie alles Verblühte abschneiden und mit der Grünabfuhr entsorgen. Schade, denn viele Blumen und Stauden tragen im Spätherbst und auch noch im Winter Sämereien, welche für die bei uns bleibenden Vögel eine natürliche, wertvolle und willkommene Nahrungsquelle darstellen. Ich schneide und entsorge diese Pflanzen immer erst im Frühling. Das untenstehende Bild finde ich einen Augenschmaus, und es soll Sie motivieren, in Ihrem Garten im Herbst nicht alles abzuschneiden und aufzuräumen.

Stieglitz holt Samen auf verblühter Sonnenblume.
Goldiges Buchenlaub im Hintergrund.

Dezember

DEZEMBER

1. Dezember **Zum Nachdenken**

Im Spätherbst erweckte eine einzelne noch blühende Margerite, auch Wucherblume genannt, meine Aufmerksamkeit. Irgendwie hatte ich das Gefühl, davon ein Foto machen zu müssen. Ich weiss nicht warum. Natürlich habe ich dann länger darüber nachgedacht. Doch ich weiss es immer noch nicht genau.

Erinnert mich das Bild an die Endlichkeit des Seins? An die Bemühungen zur Verlängerung der Zeit zwischen dem Blühen und Verblühen? Einem unabwendbaren Prozess innerhalb der Biodiversität unserer Flora. Oder doch mehr?

Wie geht es Ihnen als Leserin oder Leser beim Betrachten des Bildes? Machen Sie sich Ihre eigenen Gedanken und geniessen Sie jeden Tag im Rahmen Ihrer Möglichkeiten. Eben auch mit einem Blick in die Natur.

Verblühte Wildblumen mit einer noch blühenden Margerite.

DEZEMBER

2. Dezember   Neue Gartenmöbel überfällig

Ich habe es gerne einfach. Das betrifft auch die «Möblierung» ums Haus herum und im Garten. Die meisten Stühle und Tische bleiben ganzjährig und bei jedem Wetter im Freien. Es sind auch keine richtigen Möbel, sondern einfach Abschnitte von Baumstämmen. Die Witterung hinterlässt am unbehandelten Holz mit der Zeit ihre Spuren. Auch Holzböcke, Ameisen, Käfer und Wespen finden am strapazierten Holz Gefallen. Nirgends schmeckt es so gut, an der Sonne zu sitzen, sich ein Glas Most, etwas Käse und Brot zu gönnen, wie auf diesen «Möbeln». So war es jedenfalls, bis der Specht zu Besuch kam. Weder der Käse noch das Brot lockten ihn an. Es waren wohl die «Innereien» in unseren alten Hockern, welche er hier mit Leichtigkeit hervorholen konnte.

Zum Glück habe ich schon vor Wochen beim Säger drei neue «Stühle» bestellt. Die Neumöblierung ist jetzt überfällig. Die alten Hocker kommen in die Böschung am Rand des Gartens. Der Specht und allerlei Insekten werden sich darüber freuen.

Die neuen Hocker sind in der Sägerei bestellt.

DEZEMBER

3. Dezember — Der Mäusebussard

Wenn Sie bei uns in der Landschaft Greifvögel sehen, dann kommen in erster Linie der Mäusebussard, der Rotmilan (gelegentlich auch der Schwarzmilan) und der Turmfalke in Frage. Die anderen Greifvogelarten sind seltener und schwieriger zu beobachten. Im Flug erkennt man sie an ihrer unterschiedlichen Schwanzform. Der Mäusebussard hat ein abgerundetes Schwanzende und der Milan ein eingeschnittenes Schwanzende. Der Turmfalke ist von der Statur her deutlich kleiner. Auch ihre Pfiffe sind unterschiedlich.

Während die Milane recht einheitlich daherkommen, sind die Farbunterschiede bei Mäusebussarden gelegentlich beträchtlich und können so die Bestimmung erschweren.

Als ich kürzlich mit dem Auto auf einer Landstrasse fuhr, sah ich auf einer Sitzwarte ein für mich besonders schönes, sprich junges und hell gefärbtes Exemplar.

Mäusebussard auf einer Sitzwarte.

DEZEMBER

4. Dezember — Weiterbildung

Gegen Ende des Jahres zieht man in der Regel Bilanz über Geleistetes, aber auch Versäumtes. Zum Versäumten gehören bei mir sicher einige Naturbeobachtungen, welche ich mir vorgenommen hatte. Gerne hätte ich beispielsweise einen Biber beim Bau seiner Burg beobachtet. Oder wie gerne hätte ich auf einem Ast einen Pirol fotografiert. Mir fehlte sowohl die Zeit wie die Beobachtungsmöglichkeit. Anderseits kann ich mich hoffentlich immer noch auf eine solche Gelegenheit freuen. Fleissig und mutig weitermachen, dann werde ich bereit sein, wenn das Glück vorbeikommen sollte. Beim Geleisteten denke ich an die Förderung der Biodiversität in unserem Garten. Aber auch an die Vorträge über meine Naturbeobachtungen. Über verschiedene Interviews und Publikationen im Zusammenhang mit der Natur.

Dazu gehört auch der jährliche Besuch einer Fortbildungsklasse von Gärtnern in unserem naturnahen Garten im Frühsommer. Der Gartenbauer und Ausbildner Stefan Knecht und ich führen die meist jungen Gärtner während anderthalb Stunden durch unseren Garten und geben den Teilnehmern Tipps und Erfahrungen bezüglich naturnaher Gärten auf den Weg. Dass ich solche Besuche zum Geleisteten zähle, hat einen guten Grund: Gärtner haben einen wesentlichen Einfluss darauf, wie unsere Gärten zukünftig gestaltet werden. Hoffentlich auch vermehrt mit naturnahen Strukturen zur Förderung der Biodiversität.

Gartenbauer Stefan Knecht mit seiner Klasse in unserem Garten.

DEZEMBER

5. Dezember **Die «Heldin des Alltags» 2011 und der Vogel des Jahres 2021**

Die Hörerinnen und Hörer des damals noch DRS 1 genannten Senders haben 2011 Verena Stauffer zur «Heldin des Jahres» gewählt. Dies auf Grund ihres seit vielen Jahren grossen Engagements für Vögel in Not. Ich durfte Verena Stauffer in ihrer kantonalen Wildvogel-Pflegestation in Oberwil im Simmental besuchen und war beeindruckt von ihrer gelebten Liebe und Leidenschaft zu ihren Schützlingen.

Unter den vielen geretteten und wieder ausgewilderten Vögeln war ein seltener und spezieller dabei. Frau Stauffer gelang es, einen bei ihr abgegebenen, sich in einem schlechten Zustand befindlichen jungen Steinkauz erfolgreich zu pflegen und wieder auszuwildern.

Die in der Schweiz dafür zuständigen Institutionen wählten den auf der Roten Liste als stark gefährdet (EN) eingestuften Steinkauz zum Vogel des Jahres 2021. Für mich eine schöne Geschichte, dass der Steinkauz geschützt und gefördert werden soll. Frau Stauffer hat mit ihrer kantonalen Wildvogel-Pflegestation Pfaffenried erfolgreich dazu beigetragen.

Frau Stauffer und der gerettete, von ihr gepflegte und wieder ausgewilderte Steinkauz.

DEZEMBER

6. Dezember   **Am Nest erkennt man die Vogelart**

Jedes Jahr werden in unserem Garten die Nistkästen gereinigt und gegen Schädlinge kurz geflammt. Mir besorgt das Martin, ein erfahrener und versierter Ornithologe. Immer, wenn ich ihm vor dem zu reinigenden Kasten sage, welche Vogelart ich hier beim Brüten beobachtet habe, weiss er genau, wie beim Öffnen des Kastens das Nest aussehen wird und welche Materialien dazu verwendet wurden. Und immer stimmt es. Auch wenn bei der Reinigung die Resten von Fehlbruten zum Vorschein kommen, erkennt er meistens den nachweislichen Grund. Wie die Bilder zeigen, ist für mich die Kastenreinigung auch immer eine ornithologische Weiterbildung.

Hummelstörung in Blaumeisennest.

Haussperling.

Starenkasten.

Bergstelze.

Haselmaus.

Natur- und Vogelschutz Wasen.

Kleiber.

Martin unter der Brücke bei der Kastenreinigung.

DEZEMBER

7. Dezember

> Wer zudem von Hand Unkraut jätet oder mit dem Rechen statt mit dem Laubbläser das Laub zusammenträgt, tut nicht nur etwas für seine eigene Fitness und die Ruhe im Quartier, sondern kommt vielleicht sogar in den Genuss einer ganz speziellen Beobachtung: Rotkehlchen nähern sich oft bei solchen Gartenarbeiten, manchmal bis auf weniger als 1 Meter Distanz, um freigelegte Insekten und Würmer zu erbeuten.

Rotkehlchen, Vogel des Jahres 2021 in Deutschland.

Eine Beobachtung der besonderen Art

Livio Rey von der Vogelwarte Sempach hat in der Hauseigentümerzeitung einen interessanten Beitrag über das Rotkehlchen geschrieben. Dabei erwähnte er eine sehr spezielle und kaum glaubhafte Beobachtungsmöglichkeit. Ich habe den entsprechenden Text für Sie ausgeschnitten und hervorgehoben.

Dieser eher kleine, insektenfressende Vogel ist nicht nur hübsch aussehend, sondern offensichtlich auch ganz schön schlau. Immer vorausgesetzt, dass alles Geschriebene in der Natur auch zutrifft.

Im vorliegenden Fall liefert die Buchseite vom 31. Oktober den Beweis dazu. Eine schöne Übereinstimmung zwischen dem Inhalt des Zeitungsberichts und dem beobachteten Rotkehlchen-Verhalten in unserem Garten.

DEZEMBER

8. Dezember — Wenn Träume unerwartet sichtbar werden

Meine Naturbeobachtungen erfolgen teils zufällig, teils aber auch gezielt. Je nach Vorhaben und Absicht beobachte ich die Natur im Garten, in urbanen Landschaften, in Naturreservaten oder in noch völlig intakten, zum Teil abgelegenen Landschaften. Manchmal bin ich aber auch ganz einfach bei einem Spaziergang mit Thilde und den Enkelkindern auf einer nahen Wanderwegstrecke mit dem Fotoapparat unterwegs.

So auch diesmal entlang der Zulg im Eriztal. Ohne spezielle Vorbereitung oder Erwartung wurden Thilde, Louna und ich Zeugen einer Wildtierbeobachtung, wie sie bei mir nur in den kühnsten Träumen vorkommt. Ein Luchs steht unmittelbar vor der Erbeutung einer grasenden Gämse.

Unglaublich. Zum Glück kann ich Ihnen die Beobachtung mit dem gelungenen Foto beweisen. Diese traumhafte Beobachtung wurde aber nur bildlich wahr. In Tat und Wahrheit handelt es sich bei beiden Tieren um gut nachgestellte Attrappen, wie sie beispielsweise bei der Jagdausbildung zum Einsatz kommen.

Immerhin darf ich darauf hinweisen, dass ich die Tiere oberhalb der Wegstrecke sofort entdeckte, während sie Thilde und Louna ohne meinen Hinweis wohl entgangen wären.

Luchs unmittelbar vor dem Erbeuten der grasenden Gämse.

DEZEMBER

9. Dezember — Viel Gesprächsstoff

Ich erachte es eher als unwahrscheinlich, bei meinen Beobachtungen einem Wolf zu begegnen. Zum einen ist er noch selten und zum anderen ist er im Normalfall sehr menschenscheu. Einmal war ich allerdings nahe dran, als ich auf der Moosmatte im Innereriz auf einer Weide ein sogenanntes Haarbett entdeckte, welches von einem Wolfsriss an einer Gämse stammte, was mir der Wildhüter bestätigte. Tage zuvor erhielt der Wildhüter ein Bild aus dem Emmental, auf welchem zu sehen ist, wie ein Wolf ein gerissenes Reh wegträgt. Ich erhielt die Erlaubnis, dieses Bild für meine Zwecke verwenden zu dürfen. Weil es in zunehmendem Mass immer wieder zu Wolfsrissen an Nutztieren, insbesondere an weidenden Schafen, kommt, ist die Duldung des Wolfes in der Schweiz im Gegensatz zum Luchs noch sehr umstritten. Mit 51,9 Prozent wurde eine Revision des Jagdgesetzes, welches den Abschuss des Wolfes erleichtert hätte, am 27. September 2020 an der Urne nur knapp abgelehnt. Der Wolf gilt demnach weiterhin als besonders geschützt. Für einen möglichen Abschuss sind klar definierte Regeln festgelegt. Die Anzahl gerissener Nutztiere im geschützten Raum und die mögliche Gefährdung von Menschen bilden dabei die entscheidenden Faktoren.

Mit der wachsenden Population und Rudelbildungen wird dieses Thema weiter für viel Gesprächsstoff sorgen. Wie es sich in einer Demokratie gehört, sind beide Meinungen ernst zu nehmen und die Entwicklung genau zu beobachten. Persönlich freut es mich, dass der Wolf in der Biodiversität der Schweiz wieder vertreten ist. Anderseits dürfte es schwierig sein, auf Grund unserer unterschiedlichen Bevölkerungsstrukturen schweizweit mit einer einheitlichen Regelung auszukommen.

Haarbett nach Wolfsriss.

Wolf trägt seine Beute in Deckung.

Plakatkampagne im ländlichen Raum.

DEZEMBER

10. Dezember — Die kleinsten Vögel Europas

Wussten Sie, dass der kleinste Vogel Europas auch in der Schweiz beheimatet ist? Nein? Also höchste Zeit, dass Sie etwas darüber erfahren.

Es ist das ganzjährig bei uns zu sehende Wintergoldhähnchen. Im Winter werden nur unsere nördlichen Brutgebiete mangels genügender Nahrung verlassen. Seine Zwillingsart, das Sommergoldhähnchen, zieht im Winter dagegen in wärmere Länder.

Die beiden Arten unterscheiden sich äusserlich in der Kopfzeichnung. Das Sommergoldhähnchen hat im Gegensatz zum Wintergoldhähnchen einen ausgeprägten weissen Überaugenstreif.

Gemäss den Angaben der Vogelwarte Sempach wiegt ein Wintergoldhähnchen vier bis sechs Gramm und ist neun bis zehn Zentimeter lang. Seine Nahrung besteht ausschliesslich aus winzigen, weichhäutigen Insekten und Spinnen, welche es vorwiegend auf Unterseiten von Blättern und Nadeln sammelt. Wintergoldhähnchen brauchen täglich die Nahrungsmenge ihres eigenen Körpergewichtes, um die kalten Winternächte zu überstehen. Um dieses Quantum zu fangen, bleiben ihnen im Winter nur sechs bis sieben Tagstunden. Eine enorme Leistung. In unserem Garten habe ich schon Wintergoldhähnchengruppen von bis zu zwölf Vögeln beobachtet, wie sie an einer Hecke, insbesondere an Weissdorn und Birke, die Blätter während Stunden regelrecht nach winzigen Lebewesen «abweideten», bevor sie den Garten verliessen. Wintergoldhähnchen machen jährlich zwei Gelege mit jeweils sieben bis zehn Eiern.

Wintergoldhähnchen.

Sommergoldhähnchen mit weissem Überaugenstreif.

DEZEMBER

11. Dezember **Noch vieles ungewiss**

Drachen sind mir seit Kindheit als fliegende, feuerspeiende Ungeheuer bekannt. Furchteinflössend, herausfordernd und doch irgendwie faszinierend. Ihren Bezwingern ist der Heldenstatus garantiert. Sie kommen nicht nur in Mythen und Sagen in verschiedensten Erscheinungsbildern vor. Sie sind aus Kunststoff oder aus Holz geformt in jeder Kinderspielzeugkiste zu finden. Und sie sind auf Wappen, Bannern und Siegeln als Zeichen von Stärke und Macht verewigt.

Doch gab es vor Tausenden von Jahren tatsächlich Drachen? Oder zumindest drachenähnliche Lebewesen? Skelette, Fussabdrücke und Zeichnungen an Höhlenwänden deuten darauf hin, dass es mit grosser Wahrscheinlichkeit Tiere gab, die in Grösse und Gestalt meinen Drachenvorstellungen entsprechen. Oder hat gar irgendwo auf dieser Erde oder in den Tiefen der Meere noch ein sich dem Menschen entziehendes Drachenexemplar überlebt? Wie war das doch genau mit dem «Nessie» vom Loch Ness in Schottland? Bis heute nicht hundertprozentig geklärt, was da wirklich beobachtet wurde.

Auf meinen Beobachtungstouren suche ich allerdings keine Drachen. Und wenn, wüsste ich gar nicht, wo ich sie suchen müsste. Es müsste schon zufälligerweise passieren. Etwa wie damals, als ich auf dem Heimweg vom Rotmoos von einer plötzlichen schwachen, aber wahrnehmbaren Lichterscheinung überrascht wurde. Ein Blick gegen den Himmel erklärte alles. Am Horizont war deutlich ein vorbeiziehender feuerspeiender Drache zu erkennen. Also doch. Unglaublich! Ein Glück, dass mir ein alles beweisendes Foto gelang.

Feuerspeiender Drache am Horizont.

DEZEMBER

12. Dezember Einblick in die Schatzkammer

Als Markenbotschafter der Otto Hauenstein Samen AG (OHS) für Wildblumen besuchte ich schon mehrmals deren Stammhaus in Rafz. In einer richtigen Schatzkammer lagern dort hunderte Arten von Wildblumensamen. Alle aus verschiedensten Regionen und Populationen der Schweiz stammend und genau angeschrieben und protokolliert.

Aus diesen werden dann von den Fachexperten die verschiedenen Mischungen zusammengestellt. Dabei wird eine grosse Vielfalt angestrebt. Je nach der Bodenbeschaffenheit und den Klimabedingungen am Aussaatort werden dann geeignete Mischungen empfohlen.

Nebst den wenigen professionellen Zulieferern erfolgt das sorgfältige und aufwendige Einsammeln des regionalen Samenguts durch ortskundige, langjährige Lieferanten und Vertraute von OHS. Oft sind es Bauern, welche in abgelegenen Orten zu einem willkommenen Zusatzverdienst kommen und so einen wesentlichen Beitrag zur Erhaltung unserer Wildblumenarten beitragen.

Samen-Schatzkammer in Rafz.

Beispiele von Samen.

DEZEMBER

13. Dezember — Auch beim Gärtner ist der Kunde der König

Wer zahlt, der befiehlt! Wie überall gilt dies auch bei der Gartengestaltung. Gärtner müssten aber immerhin ihre Kunden darauf hinweisen, dass in jedem Garten auch die Möglichkeit besteht, etwas für die Erhaltung unserer Artenvielfalt von Flora und Fauna beitragen zu können. Egal in welchem Ausmass und in welcher Form. In erster Linie soll sich der Besitzer über den Garten freuen und sich darin wohlfühlen. Und dazu hat er seine Vorstellungen. Diese sind vielfach nicht unbedingt biodiversitätsfördernd. Mehrheitlich in Unkenntnis der heute möglichen Kombinations- und Ergänzungsmöglichkeiten. Genau da ist die ökologische Fachkompetenz des Architekten und Landschaftsgärtners gefragt. Genau da fehlt es teilweise immer noch an der entsprechenden Aufklärung und Beratung des Kunden.

Wenigstens vermitteln solche nicht seltene Bilder wie unten abgebildet diesen Eindruck.

Ob hier wohl Architekt, Gärtner und Besitzer das Insektensterben symbolisieren möchten?

DEZEMBER

14. Dezember — Unaufdringlich zielführend

Schreibkarten mit schönen Bildern aus unserer Flora und Fauna finde ich eine gute Sache. Monatlich findet man solche Kuverts mit einem Einzahlungsschein im Briefkasten. Zugestellt von Organisationen, welche sich für den Schutz der Natur einsetzen. Ich freue mich immer wieder, wenn ich in meiner Post handgeschriebene Nachrichten und Grüsse auf solchen Karten vorfinde. Nebst dem geschriebenen Inhalt schaue ich mir dann auch immer das Fotosujet an. Ihnen geht das sicher auch so.

Diese Tatsache hat mich bewogen, ein eigenes Schreibkartenset herstellen zu lassen, welches mit Sujets von Honigbiene, Hermelin, Zauneidechse, Königslibelle, Silberfleck-Perlmutterfalter und Schwarzspecht einen kleinen Einblick in die Schönheit unserer artenreichen Fauna ermöglicht.

Für mich die ideale Ergänzung zu einer Flasche Wein oder einem Blumenstrauss, wenn ich bei Freunden oder Bekannten eingeladen bin und diesen etwas mitbringen möchte. Natürlich auch, um Sie unaufdringlich auf die Schönheit und Artenvielfalt unserer Fauna-Natur aufmerksam zu machen.

Das Schreibset ist im Shop des Weberverlags gemäss dem Beispiel mit der Honigbiene erhältlich.

DEZEMBER

15. Dezember Spiegelfechter

Immer wieder höre ich von mir bekannten Leuten, dass ihr vor dem Haus parkiertes Auto ständig von einem Vogel verkotet sei. Andere sagen mir, ein Vogel würde oft unaufhörlich an eine ihrer Fensterscheiben klopfen. Diese Aussagen sind glaubhaft. Ich habe kürzlich selbst eine solche Beobachtung gemacht. Im ländlichen Raum flog eine Bachstelze ständig an den Aussenspiegel eines wohl seit längerer Zeit abgestellten Autos. Sich dabei im Spiegel sehend, versuchte sie eindrucksvoll und angriffig, den vermeintlichen Rivalen zu vertreiben.

Ja, Sie haben richtig gelesen, vermeintlichen Rivalen. Viele Vogelarten verteidigen ihr einmal bezogenes Revier energisch gegen Artgenossen oder andere Vögel. Hauptsächlich bei den um die Häuser und in Gärten wohnenden Vogelarten ist dieses Phänomen des Fensterklopfens und An-Autospiegel-Fliegens bekannt.

Die Vogelwarte Sempach macht in einem Beitrag auf diese Arten aufmerksam. Insbesondere während der Brutzeit sind diese als «Spiegelfechter» bezeichneten Vögel aktiv. Vorher und nachher ist dieses Verhalten kaum mehr zu beobachten. Es wird empfohlen, wenn immer möglich die Scheibe oder den Spiegel entsprechend abzudecken, damit eine Spiegelung des anfliegenden Vogels nicht mehr möglich ist.

Bachstelze fliegt immer wieder den Aussenspiegel eines geparkten Autos an. In ihrem Spiegelbild glaubt sie einen Rivalen zu erkennen und versucht, diesen durch das Anfliegen und Anklopfen zu vertreiben.

 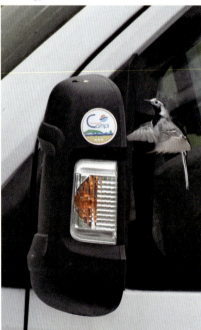 

DEZEMBER

16. Dezember **An einem Versäumnis gescheitert**

Aus Heimenschwand ruft mich ein befreundeter Bauer an und fragt mich, ob ich Interesse habe, eine Rarität zu fotografieren. Er habe in einer Mäusefalle eine mehrfarbige Wühlmaus erwischt. Natürlich mache ich mich auf den Weg, um die mir unbekannte Maus zu sehen und zu fotografieren. Erst kürzlich erfuhr ich davon, dass das Naturhistorische Museum Bern eine breitgefächerte Untersuchung über die verschiedenen in der Schweiz vorkommenden Mäuse mache und man doch bitte gefangene Mäuse entsprechend verpackt und angeschrieben dem Museum zustellen solle. Als ich in Heimenschwand die gefangene «Farbmaus» sehe und fotografiere, orientierte ich den Bauer über mein Vorhaben, die Maus mitzunehmen und zur Untersuchung einzuschicken. Er willigt ein und ich verspreche ihm, ihn über das Ergebnis zu informieren.

Dazu kommt es leider nicht, weil das Paket beim Empfänger nicht wie vereinbart in ein Tiefkühlfach, sondern in den Garderobeschrank des ferienabwesenden Mitarbeiter gelegt wurde. Statt untersucht zu werden, muss es aufgrund des bald ausströmenden Gestankes entsorgt werden.

Schade. Aber so etwas kann in der Corona-Zeit mit verordnetem Homeoffice vieler Mitarbeitender vorkommen. Farbmäuse kennt man aus Zuchtanlagen. Als Wildform kommen sie selten vor.

Tagesfang mit «Farbmaus» und dem korrekt angeschriebenen Postpaket.

DEZEMBER

17. Dezember — Der erste Schnee

Ich stehe auf dem Zufahrtssträsschen unter dem Dach eines alten Holzschopfs und beobachte, wie die ersten, nassen Schneeflocken vom Himmel fallen. Winter ist es noch nicht, das erkennen Sie an den noch blühenden Geranien unter dem Fenster. Viele Vögel haben den Zug schon hinter sich oder haben sich zumindest in tiefere Lagen verabschiedet. Nicht so die Standvögel. Diese bleiben auch über den Winter hier um die Häuser. Ich schreibe bewusst um die Häuser. Fast an jedem Haus oder im Garten hängt hier ein Futterhäuschen. Aber nur deswegen würden die Vögel nicht hierbleiben. Es sind die vielen Hecken, welche die Grundstücke voneinander abgrenzen und für viele Kleinlebewesen und eben auch für die Vögel willkommene Lebensräume mit Schutz und natürlichen Nahrungsquellen darstellen. Und deswegen stehe ich jetzt im Schneetreiben unter dem alten Schopf und schaue den Vögeln zu, wie sie hier an den einheimischen Gehölzen nach Beeren und Kleinstinsekten suchen. Dabei stört mich selbst die fremdländische Konifere, es ist eine Pyramidenfichte, in Nachbars Hecke nicht. Darin nistet und brütet nämlich jedes Jahr im Frühling gut geschützt und erfolgreich ein Amselpaar. Hecken mit einheimischen Gehölzen bedeuten in Wohnquartieren biodiversitätsfördernde oder zumindest biodiversitätserhaltende Massnahmen, die entsprechend gefördert werden müssen. Der erste Schnee hat mir dies einmal mehr deutlich vor Augen geführt und ich mache hier zum wiederholten Mal darauf aufmerksam.

Stieglitzpaar.

Blaumeisenpaar.

Kohlmeise.

Zilpzalp.

DEZEMBER

18. Dezember   Beobachtungswert

Unser Garten grenzt an ein Waldstück mit einem dahinter verlaufenden Bach und ist umgeben von wenigen Häusern und viel Landwirtschaft. Ideale Lebensstrukturen für verschiedenste Mausarten. Natürlich gibt es hier auch Feinde. Nebst mehreren Katzen kommen nachts auch Fuchs und Marder vorbei. Tagsüber sieht man, wenn auch immer wie seltener, auch das Hermelin. Dafür sind die Greifvögel gut vertreten. Und da ist ja auch noch der Mensch, der sich die möglicherweise Schaden anrichtenden Nager vom Hals halten will. Auch ich stelle ab und zu eine Falle, wenn mir auffällt, dass sich Mäuse vermehrt in der Nähe des Hauses aufhalten. Keinesfalls sollte man Gift auslegen, weil man damit andere Tierarten gefährdet. Im Garten dagegen lasse ich die Mäuse gewähren oder überlasse die Schadensverminderung ihren natürlichen Feinden. Verluste, sei es durch Fressfeinde oder Krankheiten, machen die Nager durch eine enorm hohe Reproduktionsfähigkeit wieder wett.

Mausbeobachtungen sind recht schwierig. Bemerkt man eine Maus und will sich dieser nähern, ist sie meistens blitzschnell in der nächsten Deckung verschwunden. Beobachtungen gelingen am ehesten, wenn man sich ein, zwei Stunden an einem für Mäuse gut strukturierten Platz stillhält und wartet.

Gelingt das, sind Beobachtungen interessant und die Tiere kommen dann mehrmals aus der Deckung, um nach Nahrung oder Flüssigkeit zu suchen. Die meisten sind gute Kletterer und können weit springen. Mäuse machen keinen Winterschlaf und leben mehrheitlich von angelegten Vorräten, aber auch von im Winter noch zu findenden Körnern, Nüssen oder Samen.

Rötelmaus kommt zum vereisten Brunnen, um beim offenen Abflussrohr Wasser zu trinken.

Gelbhalsmaus kletternd auf Futtersuche.

DEZEMBER

19. Dezember Vögel im Winter

Ganzjährig bei uns in einem Gebiet lebende Vögel werden als Standvögel oder Jahresvögel bezeichnet. Beispiele sind Haussperling, Kohlmeise, Waldkauz, Tauben und Elster.

Eine weitere Kategorie bilden die Kurzstreckenzieher. Diese Vogelarten überwintern in einer Klimazone, die jener ähnlich ist, in der sie brüten. Beispiele sind hier Rotkehlchen, Hausrotschwanz und die Mönchsgrasmücke. Am weitesten entfliegen die Langstreckenzieher unserem Winter. Diese Vögel verlassen im Herbst ihr Brutgebiet vollständig und überwintern in einer gänzlich anderen Klimazone der Erde. Die meisten Insektenfresser gehören dieser Gruppe an, da im Winter bei uns diese Nahrung nicht ausreichend vorhanden ist. Zu dieser grossen Gruppe gehören auch die Schwalben, welche wir im Frühjahr immer sehnlichst zurückerwarten. Über die Zugzeiten und Zugstrecken liefern unter anderem die Informationen der Vogelwarte Sempach und von BirdLife Schweiz Genaueres und Interessantes.

Bei uns im Garten, nahe dem Waldrand gelegen, gehört ein Kleiberpaar zu den Standvögeln. Im Herbst kann ich jeweils beobachten, wie sie allerlei Samen und Kerne in einen von ihnen nur im Winter benutzten Nistkasten tragen und diesen dann in der harten und schneereichen Zeit regelmässig kürzer oder auch länger aufsuchen.

Kleiber im verschneiten Nistkasten, wo er sich im Herbst einen Futtervorrat angelegt hat.

DEZEMBER

20. Dezember — Weihnachtszeit und Natur

Der Klimawandel und die Erderwärmung sind bezüglich der Biodiversität mitentscheidende Faktoren. Die Tier- und Pflanzenwelt ist dabei Veränderungen unterworfen, welche wir im Alltag gerne übersehen. Am ehesten bemerken wir die Klimaveränderung und Verschiebung bei uns in der Weihnachtszeit.

Grüne statt weisse Weihnachten sind im städtischen Siedlungsgebiet häufiger geworden. An Weihnachten ohne Schnee können wir uns aber immer noch schlecht gewöhnen. Mir geht es wenigstens so. Frisch verschneite Landschaften haben etwas Märchenhaftes, Zauberhaftes und eben in unseren Breitengraden auch etwas Weihnächtliches und Beruhigendes in ihrer Ausdrucksweise. Dieses Empfinden beginnt beim Blick aus dem Fenster, beim Betreten des Gartens, verstärkt noch beim Spazieren und Wandern.

Der Winter 2020/21 bescherte uns im Gegensatz zu den letzten Jahren eine wirklich schneereiche Weihnachtszeit. Skifahren und Schlitteln war dabei auch in weniger hoch gelegenen Regionen möglich.

Mir imponierte vor allem der Winterzauber in der Natur. Wie da zum Beispiel in unserem Garten auf dem zugefrorenen und verschneiten Biotop der vierte Advent symbolisiert wurde, fand ich grossartig. Hoffentlich empfinden Sie das auch so.

Aus unserem vereisten und verschneiten Biotop ragende Totholzstruktur.

DEZEMBER

21. Dezember — Auf dem Baum statt am Futterhäuschen

Einen Gimpel, auch als Dompfaff bekannt, am Futterhäuschen zu sehen ist immer etwas Schönes. Dank seinem kontrastreichen Gefieder fällt er auch auf, besonders im Schnee. Allzu häufig sieht man bei uns die Art nicht mehr. Umso grösser meine Freude und Begeisterung, als ich bei leichtem Schneetreiben auf einem in unserem Wäldchen stehenden Ahorn einen siebenköpfigen Trupp Gimpel, die am Samen fressen waren, beobachten konnte. Sicher auch für erfahrene Ornithologen ein nicht alltägliches Bild.

Ein Beispiel für mich, wie unsere Standvögel bei entsprechend strukturierten Landschaften auch ohne zusätzliche Fütterungen durch den Winter kämen.

Gimpel auf dem Ahorn in unserem Wäldchen.

DEZEMBER

22. Dezember Gesichter und Fantasien

Ich sitze irgendwo in einem Graben oder in einem Bachbett. Ich erwarte oder hoffe zumindest auf eine Tierbeobachtung. Keine Ahnung, ob und was zum Vorschein kommen könnte. Die örtlichen Strukturen lassen schon erahnen, welche Tierarten auf solche Lebensräume angewiesen sind. Ihre Anwesenheit und vor allem ihr Erscheinen bleibt jedoch immer ungewiss.

Egal, ob ich also auf die Sichtung eines Insekts, eines Vogels oder eines Säugetieres warte, für ein erfolgreiches Beobachten und Fotografieren ist in der Regel Geduld gefragt. Beim Warten und im Alleinsein entdeckt man dabei immer wieder Unerwartetes.

Hier waren es Steine mit Gesichtern. Jedes sieht anders aus. Nur eines haben sie gemeinsam: Keines sieht glücklich aus.

Widerspiegelt etwa ihr Ausdruck unseren Umgang mit der Natur? Zufriedenheit sieht bei mir anders aus! Sobald ich glücklich und zufrieden aussehende Steingesichter finde, werde ich mit Freude darüber berichten.

Besorgniserregende Steingesichter.

DEZEMBER

23. Dezember Jagdbare Wildtiere

Meiner Frau habe ich vor 48 Jahren einen Mantel aus Kojotenfell gekauft. Ich würde ihn heute nicht mehr kaufen. Meine Frau trägt ihn längst nicht mehr, obwohl er immer noch an einem Bügel bei uns in einem Schrank hängt. Weil ich auf Grund veröffentlichter Dokumentationen erfahren konnte, wie grausam Tiere nur wegen ihres Pelzes gezüchtet oder mit Fallen gefangen werden und eines grausamen Todes sterben müssen, lässt mich dieses Leiden nicht kalt. Mit wenigen Ausnahmen lehne ich deswegen den Pelzhandel ab. Wieso überhaupt Ausnahmen? Auf Grund der eingangs erwähnten Gründe haben beispielsweise unsere Jäger kaum noch lohnende Absatzmöglichkeiten für Fuchsfelle. Logisch, dass der Fuchsbestand bis in die Städte hinein stark zunimmt. Eine gesetzlich geregelte und respektvoll ausgeführte Jagd kann deshalb durchaus im Interesse der Biodiversität erfolgen. Von den in der Schweiz als jagdbar geltenden Tierarten sollte man auch möglichst vieles verwerten können. Schon wegen dem Respekt vor dem erlegten Tier.

Da ich mich nicht zu den Vegetariern zähle, gönne ich mir mit gutem Gewissen jeden Herbst einmal einen «Wildgenuss» aus hiesiger Jagd. Im medizinischen Bereich durfte ich schon gute Erfahrungen mit Salben aus Murmeltierfett machen. Hirschleder als Tuch für die Scheibenreinigung hat sich über Jahre bewährt. Und die Steinbocktrophäe über unserer Haustür bedeutet für mich eine schöne Erinnerung an unseren ehemaligen Wildhüter und eine symbolische Wertschätzung an die einheimische Tierwelt.

Murmelisalben in der Sportmedizin.

Wildgericht.

Steinbocktrophäe.

DEZEMBER

24. Dezember — Seltene Gäste am vereisten Brunnen

Es ist am Nachmittag vom Heiligen Abend 2016. Der Garten ist schneefrei, es ist bitterkalt und es will keine weihnächtliche Stimmung aufkommen. Am Brunnen läuft wenig Wasser und er ist bis auf die Ein- und Überlaufstelle mit einer Eisschicht versehen. Weil auch Bäche und Tümpel mit einer dicken Eisschicht überzogen sind, kommen nebst den Dauergästen noch andere Vögel an unseren Gartenbrunnen zum Trinken. So auch die Fichtenkreuzschnäbel. Ein wunderbarer Vogel, der sonst vor allem hoch oben in den Tannen lebt und sich von den Samen der Fichtenzapfen ernährt. Dabei hilft ihm beim Herausziehen der Samen sein gekreuzter Schnabel. Im Gegensatz zu den rot gefärbten Männchen zeigen die Weibchen ein gelbliches Gefieder. Fichtenkreuzschnäbel brüten vorwiegend im Winter, wenn die Fichtenzapfen offen sind. Mir beschert die für die Vögel strenge Kälte eine schöne vorweihnächtliche Beobachtung mit seltenen Gästen an unserem Gartenbrunnen.

Fichtenkreuzschnäbel am vereisten Brunnen.

DEZEMBER

25. Dezember   Ganzjährig am Weben

Bis vor wenigen Jahren gab es um die kleine Häusergruppe im Innereriz keine Haussperlinge. Das hat sich geändert. Um die Chalets und in den Gärten hausen bestimmt gegen dreissig Spatzen. Diese «Neuansiedelung» hat sicher unter anderem damit zu tun, dass die ursprünglichen Ferienhäuser jetzt vielfach ganzjährig besetzt sind und dadurch auch ganzjährig Vogelfutter angeboten wird. Obwohl ich erst im Winter füttere, hat sich auch unter unserem Chaletdach ein Spatzenpaar eingenistet. Der einfache Verschlag gehörte ursprünglich dem hier brütenden Hausrotschwanzpaar. Nun haben ihn die Spatzen erobert. Letztes Jahr gab es mindestens zwei erfolgreiche Bruten. Auch wenn manchmal eine ganze Gruppe von Spatzen in der Nähe des Nests sind, gehört die Behausung einem einzigen eng verbundenen Paar. Kaum hatte ich im Spätherbst das alte Nest entfernt und den kleinen Verschlag gereinigt, fing das Spatzenpaar wieder mit dem Nestbau an. Gekonnt wurde trockenes Material zusammengetragen und zu einem gut isolierenden Nest verwebt. Haussperlinge sind Webervögel. Das Paar richtet sich fleissig die Winterbehausung ein, um gemeinsam gut über den Winter zu kommen.

Ich lasse die Spatzen gewähren. Sollte ich bemerken, dass sie sich auf Kosten der Artenvielfalt zu stark vermehren, würde ich eingreifen und den Verschlag jeweils bis in den Frühling schliessen. Wir kennen die Spatzen vor allem von den Gartenrestaurants, wo sie auffällig um Tische und Stühle herum auf «Nahrungsbrosmen» aller Art aus sind. Spatzen sind aber auch fleissige Kleininsektenfresser. Ganz auffällig bei der Aufzucht der Jungvögel.

Haussperling mit unterschiedlichem, trockenem Material für das Winternest im Licht und im Gegenlicht.

DEZEMBER

26. Dezember — Ein unzertrennliches Paar, aber zwei verschiedene Nester

Unter unserem Dach ist ein einfacher Vogelnistkasten montiert. Eigentlich gedacht für die Hausrotschwänze. Vor zwei Jahren hat sich hier aber erfolgreich ein Haussperlingspaar eingenistet. Im Garten und in den Hecken sind die beiden unzertrennlich zusammen. Auch beim Füttern der Jungen unterstützen sich die beiden gut. Bei meinem täglichen Blick unter das Dach ist mir aber aufgefallen, dass das Paar kein gemeinsames Nest benutzt. Das Weibchen logiert und schläft im Nistkasten und das Männchen direkt darüber im Zwischenraum zum Unterdach des Chalets. Als ich zu meiner Frau Thilde sagte, ich müsse mich gelegentlich bei einem erfahrenen Ornithologen erkundigen, ob das üblich sei, meinte sie lachend, das könne sie mir auch erklären. Der Grund sei wohl, dass das Männchen nachts schnarche. Ich bin gespannt, ob ich von der Vogelwarte Sempach die gleiche Antwort erhalte.

Unser Spatzenpaar oben auf der Dachrinne und unten am getrennten Schlafplatz.

DEZEMBER

27. Dezember — Als Ganzjahresgast in unserem Garten

Blaumeisen zu charakterisieren bedingt das Aufzählen vieler Eigenschaften. Sie sind hübsch, neugierig, frech, schlau und immer für eine Überraschung gut. Und sie sind als Standvogel und Kurzstreckenzieher ganzjährig in unserem Garten. Regelmässig machen sie ein bis zwei Jahresbruten in den mit kleineren Einfluglöchern versehenen Nistkästen. Zur Fütterung der Nestlinge benötigen Blaumeisen genügend Insekten. Kommt es im Spätfrühling noch zu einem Kälteeinbruch, kann das infolge Insektenmangels zu erheblichen Brutverlusten führen. Diese versuchen sie gelegentlich mit einer kleineren Zweitbrut zu kompensieren.

Ausdrucksstarke und aufmerksame Blaumeise.

DEZEMBER

28. Dezember — Eine Rarität?

Mein Feldstecher war oberhalb der Alp Drüschhubel auf ein Rudel von gut einem Dutzend Gämsen gerichtet. Alles Weibchen und Jungtiere. Sie waren mit dem Fressen von Gräsern und Gestrüpp beschäftigt. Sie wähnten sich durch mich zwar beobachtet, aber auf Grund der Distanz und der Geländebeschaffenheit nicht bedroht. Bei Gämsen unterscheiden sich die Geissen von den Böcken durch teilweise nicht leicht zu erkennende Merkmale. Böcke haben beispielsweise etwas dickere, stärker nach hinten gebogene Hornspitzen. Im Gegensatz zu Hirsch und Rehwild behalten Gämsen ihre Hörner ihr Leben lang und werfen diese im Frühjahr nicht ab. Meine Aufmerksamkeit galt mehr zufälligerweise einem etwas am Rande der Gruppe stehenden Tier. Es zeigte kein auffälliges Verhalten. Erst beim genauen Betrachten des Kopfes bemerkte ich, dass der Gämse ein Horn fehlte. Für mich rätselhaft, weil am Kopf kein Reststück eines gebrochenen Hornes zu erkennen war. Was auch immer der Grund für das fehlende Horn sein mag, ich wollte und konnte die Rarität bildlich festhalten.

P.S. Diese Geschichte wollte ich meinem Kollegen Res, dem Wildhüter, «auftischen». Er hat mich nämlich schon des öftern auf die Probe gestellt. Die Gämse hat natürlich zwei Hörner, aber auf dem Bild sind sie so schön parallel, dass man wirklich glauben könnte, es handle sich um eine einhörnige Gämse.

Hier noch die kurze Antwort des Wildhüters: *Zum Erfahren der Wahrheit schaut man einander in die Augen. Dies war offensichtlich zwischen dir und der Gämse nicht der Fall. Ansonsten wäre das zweite Horn auf dem Bild zum Vorschein gekommen. «Schlaumeier!»*

DEZEMBER

29. Dezember   Hoffentlich kommen möglichst viele zurück

Die Mehlschwalben sind längst in ihrem südlichen Winterquartier angekommen. Bevor sie den langen Flug antreten, sammeln sie sich zu grossen Trupps, um die teils beschwerliche Reise gemeinsam besser zu überstehen. Ein regelmässiger Sammelplatz für ein bis zwei Tage liegt ganz in der Nähe unseres Gartens und bedeutet für mich immer ein ornithologisches Spektakel. Die Vögel sitzen dann zu Hunderten auf den Leitungsdrähten. Zur Fütterung fliegen die noch Unterstützung benötigenden Jungvögel auf die nahen Bäume. Besonders bevorzugt wird eine grosse Erle, welche unmittelbar neben meiner Wildblumenwiese steht. Ich versuche, dieses emsige Treiben für Sie mit den Fotos von Mitte August noch einmal festzuhalten. Natürlich in der Hoffnung, dass möglichst viele dieser Mehlschwalben im kommenden Frühling wieder aus dem fernen Afrika zurückkommen.

Mein Buch habe ich in der Hoffnung geschrieben, dass die Leser sich über die noch vorhandene Artenvielfalt unserer Flora und Fauna freuen und ihr mit dem nötigen Respekt begegnen. Möglichst viele Leser.

Denn, wie heisst es doch im Volksmund:

Eine Schwalbe macht noch keinen Frühling!

Mehlschwalben auf Leitungsdrähten und bei der Fütterung von Jungvögeln auf der nahestehenden Erle.

DEZEMBER

30. Dezember — Ein Himmel voller Vögel

In unregelmässigen Jahresabständen kommt es in der Schweiz im Winter immer wieder zu Masseneinflügen von Bergfinken. Vom Norden herkommend, suchen sie bei uns je nach Angebot mehrere Tage oder Wochen lang nach Buchennüsschen, um dann gestärkt weiterzuziehen. Im Winter 2020/21 hatten die Vögel ihren gemeinsamen Schlafplatz im Rütiwald bei Büren an der Aare. Erfahrene Ornithologen sprachen von über einer Million Vögel. Jeweils vor dem Einnachten bot sich den Beobachtern am Himmel ein richtiges Festival der Natur. Ein Himmel voller Vögel!

Bergfinken fliegen über ihrem Schlafplatz.

Auf dem Ausschnitt könnte man glauben, es flögen nebst den Vögeln auch Fische in der Luft.

DEZEMBER

31. Dezember — Mitmachen ist alles

Die Schlussgeschichte war weder geplant noch voraussehbar. Sicher ist der Inhalt auch für die Leserinnen und Leser überraschend. Für mich passt sie aber hervorragend zum Thema meines unaufgeräumten Buches über die Biodiversität.

Annette, unsere älteste Enkelin, geht in Zürich in die dritte Schulklasse. In der Handarbeit haben die Schülerinnen und Schüler ein Würfelspiel namens Senet fabriziert. Jetzt, wo Annette mit ihrem jüngeren Bruder Alexandre bei uns in den Ferien ist, galt es für mich, am Senet teilzunehmen. In der ersten Runde spielte ich gegen Annette. Diese Spiele sind eigentlich nicht mein Ding. Mir fehlt es an Geduld und ich bin ein schlechter Verlierer. Dass sich meine Motivation in Grenzen hielt, haben die drei Zuschauenden am Tisch wohl bald festgestellt. Doch plötzlich passierte das, was uns alle fünf von den Sitzen riss. Bei einem meiner Würfe blieb der Würfel genau in der Balance auf einer Ecke liegen. Eine Sensation. Jedenfalls hatte das noch keiner der Anwesenden je erlebt oder gesehen.

In der Natur verhält es sich doch genauso. Nur wer sich dafür interessiert und daran teilnimmt, erfährt ihre Wirklichkeit und Veränderlichkeit. Mit Grossartigem, Überraschendem. Neuem, noch nie Gesehenem oder Beobachtetem, Schönem und Traurigem. Die Natur ist kein Würfelspiel, aber mindestens eine gemeinsame Regel gibt es: Alle haben die Möglichkeit mitzuspielen. Dabei die Natur zu geniessen und zu schützen. Durch ein überlegtes Konsumverhalten. Durch entsprechende Strukturen in Gärten und Landschaften. Mein spektakulärer Wurf im Senetspiel war wohl vom Zufall bestimmt. Aber nur möglich, weil ich mitgespielt habe. Die von uns anzustrebende Balance zwischen unserem Dasein und der Natur ist weniger von Zufällen als vielmehr von unserem Handeln abhängig. Entgegen vieler negativer Prognosen sind meines Erachtens die Würfel noch nicht gefallen. Für Sie ein Grund mehr, bei den Bemühungen zum Erhalt unserer artenreichen Flora und Fauna mitzumachen.

Genau so blieb der Würfel während des Senet-Spiels auf einer Ecke in der Balance stehen.

DEZEMBER

Auflösung

Januar

Frage 1 Richtige Antwort: Bild B

Frage 2 Richtige Antwort: Steinmarder

März

Frage 3 Richtige Antwort: Junge Waldkauze

Frage 4 Richtige Antwort: Sie werden beringt

Mai

Frage 5 Richtige Antwort: Lilienhähnchen

Frage 6 Richtige Antwort: Türkenbundlilie

Juli

Frage 7 Richtige Antwort: Bild B

Frage 8 Richtige Antwort: Ein Schmetterling

August

Frage 9 Richtige Antwort: Habichtskraut Bild A, Wegwarte Bild B

Frage 10 Richtige Antwort: Ein Tag

Oktober

Frage 11: Richtige Antwort: Sie legt Eier

Frage 12: Richtige Antwort: Spitzsumpfschnecke

Frage 13: Richtige Antwort: Der Hinterleib

Frage 14: Richtige Antwort: Der Gelbrandkäfer

Bewertung

Vierzehn richtige Antworten: Sie dürfen sich als Naturkenner bezeichnen.

Zehn und mehr richtige Antworten: Biodiversität interessiert Sie.

Fünf und mehr richtige Antworten: Mich freut es ganz besonders, dass Sie sich für das Buch interessieren.

NACHWORT AUS KÖLN

Es ist der 28. Juli in diesem so nassen Sommer 2021. Wir haben Besuch im Eriz. Unsere Freunde Benne Jost, Hans-Peter Wymann und Wolfgang Wipking sind Insektenkundler. Benne ist pensioniert und passionierter Fotograf, Hans-Peter wissenschaftlicher Mitarbeiter am Naturhistorischen Museum in Bern und Wolfgang Dozent für Zoologie an der Kölner Universität. Ich skizziere ihnen meine ersten Gedanken zu dem Buch, das Sie nun in Händen halten, indem die «Aufgeräumtheit» der Schweiz, der damit einhergehende Umbau der Landschaft und der negative Einfluss auf Mannigfaltigkeit der Arten und Biodiversität tagtäglich eine zentrale Rolle spielen.

Ganz spontan frage ich Wolfgang, der seit vierzig Jahren das Berner Oberland besucht, ob er nicht als Nachwort im Buch sein nachhaltigstes Erlebnis in der Schweiz in Bezug auf die genannten Schlagworte hier einbringen will. Freundlicherweise erklärt er sich bereit dazu. Und er berichtet Folgendes:

Meine Freunde Benne und Hans-Peter laden mich ins hintere Matter- oder Nikolaital auf die Täschalp ein; dort habe es viele Schmetterlingsarten, die ich in der Schweiz noch nie gesehen habe, wie den Mattfleckigen Weissling oder Eschers Tragant-Bläuling. Ich sage natürlich begeistert zu und so verabreden wir den 26. Juli. Sie verabschieden sich noch mit dem Hinweis, ich solle den Fotoapparat mitnehmen; Von der Täschalp zeige sich das Matterhorn bei gutem Wetter von seiner besten Seite. Ich entgegne überrascht mit der Aussage, «die schönste Seite des Matterhorns sieht man doch nur vom Italienischen her». Die Freunde schweigen, was mich nicht weiter stört.

Am nächsten Tag fahren wir dann von Täsch das kleine Alperschliessungssträsschen hinauf zur Täschalp und schon am ersten Halt präsentiert sich das Matterhorn in all seiner Schönheit und ich kann ein paar Bilder machen. Die Freunde weisen mich sehr intensiv darauf hin, wie viel Mühe es ihnen die ganze Nacht bereitet habe, das Matterhorn extra für mich jetzt so zu drehen, dass ich die «schöne Seite» nun von hier sehen kann. Die Weiterfahrt gelingt dann gut und die Artenzahl und die Individuenfülle der beobachteten Schmetterlinge auf der Täschalp ist für mich überwältigend und noch nie vorher so erlebt.

Damit endet dieser Tag für alle nachhaltig, nämlich, dass die Freunde am Matterhorn kräftig aufgeräumt und sich am Umbau der Alpen beteiligt haben und ich auf der Täschalp sehen konnte, wie in der Schweiz schon ein klein wenig Unaufgeräumtheit auf der Alp sich positiv auf die Artenfülle und Biodiversität auswirkt.

Seither lebt dieser Tag mit seiner ganzen Vorgeschichte immer wieder auf und wird von den Granden der schweizerischen Insektenkunde an den Grillen, den modernen Lagerfeuern des 21. Jahrhunderts, gern besungen.

PD Dr. Wolfgang Wipking

PD Dr. Wolfgang Wipking, Universität zu Köln, Biozentrum Institut für Zoologie-experimentelle Morphologie.

DANK

Neben dem Aufräumen und Aufgabenmachen lehrten mich meine Eltern auch das Danken. Mein Dank gilt allen, welche mich auf dem Weg zu diesem Buch in irgendeiner Form unterstützt haben. Allein wäre es nicht möglich gewesen. Beim Lesen und Betrachten des Buches haben Sie die meisten der Angesprochenen bereits kennen gelernt. Namentlich auch alle, die mir Bilder zur Verfügung gestellt haben. Ein besonderer Dank gilt der Verlegerin Annette Weber und ihrem Team, welche die Veröffentlichung meiner Beobachtungen, Bilder und Geschichten in dieser Form erst möglich machten. Neben Annette Weber geht ein besonderer Dank an Shana Hirschi fürs Layout, an Samuel Krähenbühl für das Lektorat, an Adrian Aellig für die Bildbearbeitung sowie an Heinz Zürcher für das Korrektorat.

Gerade als ich am 2. Januar 2022 am Schreiben dieser Dankadresse bin, wünscht mir Jürg, ein emeritierter Biologie-Professor, per E-Mail viele weitere goldene Momente beim Fotografieren in der Natur. Res, der pensionierte Wildhüter, schickt mir ein kurzes Video von einem Biber in unserer Region. In den Mittagsnachrichten verkündet der Sprecher zu meiner Freude, dass Pro Natura Schweiz den Gartenschläfer zum Tier des Jahres gewählte habe. Aus dem verschneiten Garten meldet mir Thilde einen Rega-Helikopter, der das Hohgantmassiv absucht. Mit Feldstecher und Kamera ausgerüstet, verlasse ich das Zimmer und werde aus Distanz Zeuge, wie eine Person am Seil aus einer heiklen und gefährlichen Situation geborgen wird. Glück im Unglück. Die geborgene Person scheint unverletzt zu sein. Nur wenige Meter von der Landestelle des Helikopters üben sich im «Schneechutzli-Park» die Kleinsten im Skifahren.

Durch mein Fotografieren gestört, ist das unter dem Dach lebende Haussperlingspaar kurzfristig weggeflogen. Die werden wiederkommen. Wieder blühen werden auch die jetzt noch im Garten unter dem Schnee ruhenden Frühlingsblumen. Viele Arten unserer Flora und Fauna sind hingegen in einer bedrohlichen Lage. Ihr Bestand ist stark rückläufig oder sie sind gar vor dem Aussterben bedroht. Die Natur der Schweiz mit ihrer einmaligen Mosaiklandschaft braucht mehr als unseren respektvollen Genuss und Nutzen. Zur Erhaltung der Artenvielfalt braucht sie einen angemessenen Schutz und mittels sinnvoller Projekte unsere Unterstützung.

Ich danke allen Leserinnen und Lesern für ihr Interesse. Ich bin zuversichtlich, dass durch wissenschaftliche Studien, aber eben auch durch eigene Beobachtungen das gesellschaftliche Verständnis über die Wichtigkeit und Bedeutung der Biodiversität gefördert werden kann.

Herzlich

Hanspeter Latour

AUTOR Hanspeter Latour (*1947) ist bekannt aus der Zeit als Trainer des FC Thun, des Grasshopper-Clubs Zürich und des 1. FC Köln und war beliebt als kompetenter SRF-Fussballexperte. Hanspeter Latour ist auch ein begeisterter Naturbeobachter und -fotograf. Er ist ein gefragter Redner für Anlässe und gerngesehener Gast in Fernsehsendungen und setzt alles daran, dass sich Gesellschaft, Wirtschaft und Natur positiv ergänzen.